《列国志》编辑委员会

中国社会科学院重大课题

国家"十五"重点出版项目

列国志

GUIDE TO THE WORLD STATES

中国社会科学院《列国志》编辑委员会

博茨瓦纳

◉ 徐人龙 编著

社会科学文献出版社

SOCIAL SCIENCES ACADEMIC PRESS (CHINA)

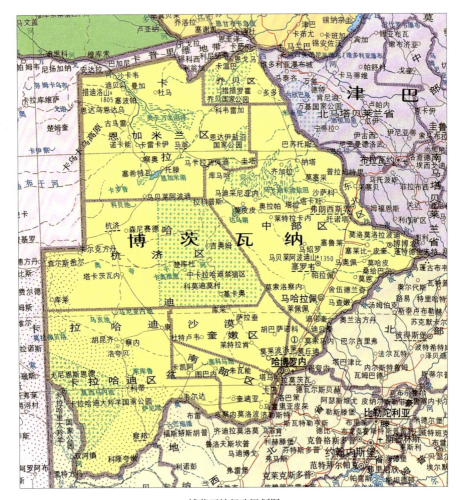

博茨瓦纳行政区划图

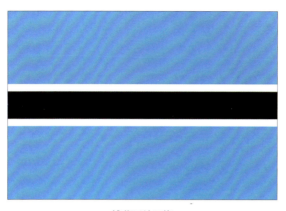

博茨瓦纳国旗

博茨瓦纳国徽

莫雷米野生动物保护区一只猎豹站在蚂蚁山上

在盐沼湖边小憩的鹈鹕群

库布岛上岩石丛中的巨大面包树

博茨瓦纳的牛群

措迪洛山的岩画

奥卡万戈三角洲的大象漫步涉过浅水池

未加工的钻石

鸵鸟蛋做的工艺品

博茨瓦纳布须曼人的木雕

精致的编制物

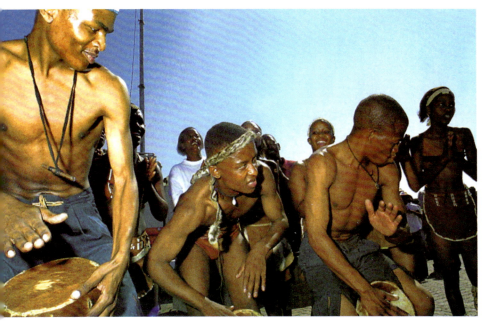

传统舞蹈和鼓手

独木舟

小学生在露天课堂朗诵诗

大棕榈树旅馆

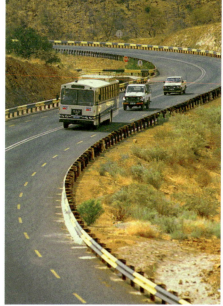

卡尼耶至莫舒帕的高速公路

国民议会大厦前的开国元勋卡马铜像

前　言

　　自 1840 年前后中国被迫开关、步入世界以来，对
外国舆地政情的了解即应时而起。还在第一次鸦片战争
期间，受林则徐之托，1842 年魏源编辑刊刻了近代中国
首部介绍当时世界主要国家舆地政情的大型志书《海国
图志》。林、魏之目的是为长期生活在闭关锁国之中、
对外部世界知之甚少的国人"睁眼看世界"，提供一部
基本的参考资料，尤其是让当时中国的各级统治者知道
"天朝上国"之外的天地，学习西方的科学技术，"师夷
之长技以制夷"。这部著作，在当时乃至其后相当长一
段时间内，产生过巨大影响，对国人了解外部世界起到
了积极的作用。

　　自那时起中国认识世界、融入世界的步伐就再也没
有停止过。中华人民共和国成立以后，尤其是 1978 年
改革开放以来，中国更以主动的自信自强的积极姿态，
加速融入世界的步伐。与之相适应，不同时期先后出版
过相当数量的不同层次的有关国际问题、列国政情、异
域风俗等方面的著作，数量之多，可谓汗牛充栋。它们

对时人了解外部世界起到了积极的作用。

当今世界，资本与现代科技正以前所未有的速度与广度在国际间流动和传播，"全球化"浪潮席卷世界各地，极大地影响着世界历史进程，对中国的发展也产生极其深刻的影响。面临不同以往的"大变局"，中国已经并将继续以更开放的姿态、更快的步伐全面步入世界，迎接时代的挑战。不同的是，我们所面临的已不是林则徐、魏源时代要不要"睁眼看世界"、要不要"开放"问题，而是在新的历史条件下，在新的世界发展大势下，如何更好地步入世界，如何在融入世界的进程中更好地维护民族国家的主权与独立，积极参与国际事务，为维护世界和平，促进世界与人类共同发展做出贡献。这就要求我们对外部世界有比以往更深切、全面的了解，我们只有更全面、更深入地了解世界，才能在更高的层次上融入世界，也才能在融入世界的进程中不迷失方向，保持自我。

与此时代要求相比，已有的种种有关介绍、论述各国史地政情的著述，无论就规模还是内容来看，已远远不能适应我们了解外部世界的要求。人们期盼有更新、更系统、更权威的著作问世。

中国社会科学院作为国家哲学社会科学的最高研究机构和国际问题综合研究中心，有11个专门研究国际问题和外国问题的研究所，学科门类齐全，研究力量雄厚，有能力也有责任担当这一重任。早在 20 世纪 90 年代初，中国社会科学院的领导和中国社会科学出版社就提出编撰"简明国际百科全书"的设想。1993 年 3 月 11 日，时任中国社会科学院院长的胡绳先生在科研局的一份报告上批示："我想，国际片各所可考虑出一套列国志，体例类似几年前出的《简明中国百科全书》，以一国（美、日、英、法等）或几个国家（北欧各国、印支各国）为一册，请考虑可行否。"

中国社会科学院科研局根据胡绳院长的批示，在调查研究的基础上，于 1994 年 2 月 28 日发出《关于编纂〈简明国际百科全书〉和〈列国志〉立项的通报》。《列国志》和《简明国际百科全书》一起被列为中国社会科学院重点项目。按照当时的计划，首先编写《简明国际百科全书》，待这一项目完成后，再着手编写《列国志》。

1998 年，率先完成《简明国际百科全书》有关卷编写任务的研究所开始了《列国志》的编写工作。随后，其他研究所也陆续启动这一项目。为了保证《列国志》这套大型丛书的高质量，科研局和社会科学文献出版社于 1999 年 1 月 27 日召开国际学科片各研究所及世界历史研究所负责人会议，讨论了这套大型丛书的编写大纲及基本要求。根据会议精神，科研局随后印发了《关于〈列国志〉编写工作有关事项的通知》，陆续为启动项目

拨付研究经费。

为了加强对《列国志》项目编撰出版工作的组织协调，根据时任中国社会科学院院长的李铁映同志的提议，2002年8月，成立了由分管国际学科片的陈佳贵副院长为主任的《列国志》编辑委员会。编委会成员包括国际片各研究所、科研局、研究生院及社会科学文献出版社等部门的主要领导及有关同志。科研局和社会科学文献出版社组成《列国志》项目工作组，社会科学文献出版社成立了《列国志》工作室。同年，《列国志》项目被批准为中国社会科学院重大课题，国家新闻出版总署将《列国志》项目列入国家重点图书出版计划。

在《列国志》编辑委员会的领导下，《列国志》各承担单位尤其是各位学者加快了编撰进度。作为一项大型研究项目和大型丛书，编委会对《列国志》提出的基本要求是：资料详实、准确、最新，文笔流畅，学术性和可读性兼备。《列国志》之所以强调学术性，是因为这套丛书不是一般的"手册"、"概览"，而是在尽可能吸收前人成果的基础上，体现专家学者们的研究所得和个人见解。正因为如此，《列国志》在强调基本要求的同时，本着文责自负的原则，没有对各卷的具体内容及学术观点强行统一。应当指出，参加这一浩繁工程的，除了中国社会科学院的专业科研人员以外，还有院外的一些在该领域颇有研究的专家学者。

现在凝聚着数百位专家学者心血、约计200卷的《列国志》丛书，将陆续出版与广大读者见面。我们希望这样一套大型丛书，能为各级干部了解、认识当代世界各国及主要国际组织的情况，了解世界发展趋势，把握时代发展脉络，提供有益的帮助；希望它能成为我国外交外事工作者、国际经贸企业及日渐增多的广大出国公民和旅游者走向世界的忠实"向导"，引领其步入更广阔的世界；希望它在帮助中国人民认识世界的同时，也能够架起世界各国人民认识中国的一座"桥梁"，一座中国走向世界、世界走向中国的"桥梁"。

《列国志》编辑委员会

2003 年 6 月

CONTENTS

目　录

CONTENTS

目　录

CONTENTS

目　录

第三章　政　　治 / 94

CONTENTS

目　录

CONTENTS

目　录

CONTENTS

目 录

CONTENTS

目　录

CONTENTS

目　录

CONTENTS

目 录

序　言

　　博茨瓦纳是南部非洲的内陆国家，独立前是英国殖民地。1966 年独立时，它曾是世界上 25 个最不发达国家之一。但是，大自然赋予它三大财富：丰富珍贵的矿产资源、辽阔茂盛的天然"甜草"牧场、种类和数量众多的野生动物。独立后 30 多年来，博茨瓦纳民主党政府依法民主治国，促进种族和部族和睦相处，社会长期稳定；因地制宜和因时制宜地稳步发展经济，利用现代科学技术并依靠人民的智慧勤劳，已经把得天独厚的三大自然财富转化为造福人民的社会财富，不断改善人民生活条件，逐步提高人民生活水平，使博茨瓦纳从一个贫穷落后的国家变成高中等收入的国家，被誉为非洲国家学习的榜样。

　　在撰写本书过程中，笔者尽量搜集和采用博茨瓦纳本国的图书和报刊资料，希望能够如实、客观和较全面地反映这个国家的各方面情况。我国驻博茨瓦纳使馆的蒋周藤同志，外交部非洲司同事和图资室，西亚非洲研究所的杨立华同志和图资室以及博茨瓦纳驻华使馆外交官员给我提供了大量宝贵资料和信息，在此谨向他们致以诚挚的谢意。由于水平有限，书中疏漏或错误难免，敬请读者批评指正。

本书作者

第一章

国土与人民

第一节 自然地理

一 地理位置

博茨瓦纳是南部非洲的内陆国家，位于东经 20° 与 30° 和南纬 18° 与 27° 之间。总面积 581730 平方公里，南北最长处 1110 公里，东西最宽处 960 公里。全境一半以上地区处于南回归线以北热带区。东部和东北部与津巴布韦相连，南部和东南部与南非接壤，西部和西北部与纳米比亚毗邻，东北一角与赞比亚交界。

博茨瓦纳在南部非洲的地理位置，曾使它在 20 世纪 70 年代中期至 80 年代中期陷于三面受敌的处境。当时，东面是罗得西亚（今津巴布韦）的白人政权，南面是南非种族主义政权，西北部是南非霸占的西南非洲（今纳米比亚），只有东北角的卡宗古拉与独立的非洲国家赞比亚交界。上述三个地区的人民为反对种族主义和殖民主义统治都展开了武装斗争。罗得西亚有津巴布韦人民联盟和民族联盟，南非有南非非洲人国民大会和阿扎尼亚泛非主义者大会，西南非洲有西南非洲人民组织和西南非洲民族联盟。这些解放组织在各自国内进行斗争需要获得外来援助。另一方面，罗得西亚和南非白人政权对解放运动和黑人群众的镇压导致大批难民外逃。博茨瓦纳的战略地位使它成了上述解放组织与黑非洲国家和国际组织联系和接受援助的中转站，也是难民接受国和中转站。罗得西亚和南非白人政权对博茨瓦纳进行了武装袭击和轰炸，企图阻止博茨瓦纳对解放组织的同情和支持。博茨瓦纳政府不顾南非和罗得西亚的威胁，坚持反对殖民主义和种族主义的原则立场，允许黑人自由战士过境，直到他们取得民族独立和种族平等的最后胜利。在南部非洲人民的民族解放斗争中，博茨瓦纳以其独特的战略地位作出了重要贡献。

20 世纪 90 年代以后，博茨瓦纳的地理位置使它成为南非共和国与中部非洲内陆国家交往的必经之路，也是东濒印度洋的莫桑比克和西临大西洋的纳米比亚两洋之间横向陆路通商要道。由于它位居南部非洲中央，形成一个向四周辐射的车轮轴心，在南部非洲经济发展方面，起着独特的枢纽作用。南部非洲发展共同体的秘书处就设在博茨瓦纳的首都哈博罗内。

二 行政区划

博茨瓦纳总统依法授权政府根据实际情况确定全国行政区划，并由政府公报予以公布。全国共有 12 个行政区，4 个城市和 21 个镇。博茨瓦纳是中央集权国家，上述行政区、城镇均为地方政府，属中央政府的"地方政府部"统一领导和管辖。

12 个行政区是：恩加米兰（Ngamiland）、乔贝（Chobe）、中部（Central）、东北（Northeast）、杭济（Ghanzi）、卡拉哈迪（Kgalagadi）、南部（Southern）、东南（Southeast）、昆嫩（Kweneng）、卡特伦（Kgatneng）、哈博罗内（Gaborone）和弗朗西斯敦（Francistown）。除昆嫩行政区外，其他行政区都有国际边界。为方便管理，最大的中部区又划分为 5 个分区：博比尔瓦

（Bobirwa）、图图梅（Tutume）、塞罗韦—帕拉佩（Serowe/Palapye）、博塔蒂（Boteti）和马哈拉佩（Mahalapye）。

4个城市是：首都哈博罗内（Gaborone）、工商业城弗朗西斯敦（Fnancistown）、矿业城塞莱比—皮奎（Selebi-Phikwe）和工业城洛巴策（Lobatse）。

21个镇：由于人口增加和农村经济发展等变化，1991年人口普查后确定5000人以上的村庄划为镇。有些镇就是大部族的首府。每个镇设镇政府，它们是：博博隆（Bobonong）、哈巴内（Gabane）、杭济（Ghanzi）、卡尼耶（Kanye）、卡萨内（Kasane）、莱特拉卡内（Letlhakane）、马哈拉佩（Mahalaphe）、马翁（Maun）、莫丘迪（Mochudi）、莫霍迪萨内（Mogoditshane）、莫莱波洛莱（Molepolole）、莫舒帕（Moshupa）、帕拉佩（Palapye）、拉莫茨瓦（Ramotswa）、塞罗韦（Serowe）、塔马哈（Thamaga）、特洛昆（Tlokweng）、托诺塔（Tonota）、图图梅（Tutume）、吉瓦嫩（Jwaneng）和奥拉帕（Orapa）。其中奥拉帕钻石镇是一个封闭式管理镇。那里的下水道工程、垃圾处理和医疗卫生等公共设施都由矿业公司提供。

三 地形特点

博茨瓦纳是南部非洲高原的一部分，地势东部高，西部低，平均海拔1000米。按其地形特点，可分为两个有鲜明对比的地形地区：丘陵起伏的狭长的东部地带和一望无垠、辽阔的西部地区。

狭长的东部丘陵地带有许多小山岗、河谷和硬草地岩丘牧场。海拔高低参差不齐。其东南洛巴策城附近的奥策山，海拔最高点为1489米；靠近林波波河和沙谢河汇合处海拔最低点为503米。在塞罗韦村附近还有一座高1350米的马贝策阿波迪山。这个狭长地带有哈博罗内市、洛巴策城和图利农场区，是博茨瓦

纳人口集中居住地区。

辽阔平坦的西部地区包括奥卡万戈内陆三角洲、卡拉哈迪（茨瓦纳语称卡拉哈里）沙草荒漠和中部的浅盘地。这片广漠地区，人烟稀少，野生动物群集。

奥卡万戈三角洲在该地区北边，是面积16000平方公里的扇形浅水沼泽地。这片浩淼水乡，弯曲清澈的溪流和大小不等的池沼交相辉映，葱绿秀丽的小岛星罗棋布，形成一个引人入胜的旅游胜地。三角洲大部分保持原生状态，是大量岸栖野生动物的理想家园。

一望无垠的卡拉哈迪沙草原在该地区南边，生长着牧草和旱生刺槐灌木丛。其西南部才是真正的沙漠地区，那里的沙层有些地方厚达100米，并有许多沙丘。它和上述沙草原合称卡拉哈迪沙漠，覆盖全国70%至80%的土地。该地区中部是一个浅盘地，有大小不等和形状各异的盘状洼地1000多个，通常是干涸的。雨季有水时，却是干旱地带主要水源和仅有的地表水。最大的两个盘洼地恩堆堆和苏瓦位于马卡迪卡迪盐沼地，其直径为5公里，深度达10～15米。据说，这些盘洼地是史前时期主要由风蚀形成的。

此外，北部与纳米比亚的卡普里维走廊交界的乔贝河流域有茂盛的植被和成片的森林。

四　河流与湖泊

博茨瓦纳全境大部分地区没有地表水系，只是在边境地带有3条常年有水的河流。它们是，东部边境的林波波河，东北部边境的乔贝河和西北端的奥卡万戈河。此外，西南边境有两条间歇性河：莫洛波河和诺索布河。这些河流都是边界河或是与邻国共有的水系。北部还有一个辽阔的奥卡万戈沼泽地。博茨瓦纳很少有能称做湖的水域。唯一的一个湖——恩加米

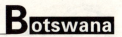

湖，有时也无水见底。此外，还有两个有名无实的湖：达乌湖和马巴贝洼地。虽然博茨瓦纳全境大部分地区无地表水，但却有较丰富的地下水。

1. 河流

林波波河，流域面积 77000 平方公里，估计年流量为 14 亿立方米。它发源于南非威特沃特斯兰德的鳄鱼河，流向东北时，经过博茨瓦纳东部边境和南非的西部边境，形成两国之间长达 402 公里的界河。然后再流入莫桑比克，注入印度洋。这条河还接纳数条季节性支流，是博茨瓦纳东部边境地表水重要组成部分。沿河地带土壤肥沃，适于种植各种作物。

乔贝河，又称关多河或林阳蒂河，是博茨瓦纳与纳米比亚交界的界河，流域面积 145000 平方公里，经赞比亚的赞比西河注入印度洋。在博茨瓦纳境内的沿河流域有乔贝森林保护区和乔贝国家公园。

奥卡万戈河和奥卡万戈三角洲：

奥卡万戈河，流域面积 137000 平方公里，发源于安哥拉高原，流经邻国纳米比亚的卡普里维地带进入博茨瓦纳西北边境，到达卡拉哈迪沙草原后形成辽阔的扇形沼泽地，称奥卡万戈内陆三角洲，面积 16000 平方公里。每年雨季 1 月底和 2 月初，奥卡万戈河的洪水开始涌入，5 月末覆盖整个三角洲，7 月下旬，水势开始减退。这片浩瀚的水域年蓄水量为 110.8 亿立方米，其中部分水被直接蒸发掉或被植被吸收转化消失，部分水从三角洲下端流失。但大部分水渗入土壤成为地下水。

莫洛波河和诺索布河：

这两条河又称干河，因为它们常年干涸。

莫洛波河是博茨瓦纳南部与邻国南非的界河，诺索布河是博茨瓦纳与纳米比亚共有河，也是西南部与南非的界河。上述两邻国河流的支流河水偶尔流入上述两干河，但很快便消失。

此外，在东部和东南部还有沙谢河、塔蒂河、莫特楼策河、哈萨内河和马拉普斯韦河。北部奥卡万戈三角洲下游有一条博塔蒂河。上述河流大多数是间歇性河。

2. 湖泊

恩加米湖，位于奥卡万戈三角洲西南的洼地，水源主要来自当地雨水和奥卡万戈三角洲下泄的水。它的水域面积变化无常，有时多年干涸见底，水域面积为零；有时水域面积长时期保持在200平方公里。1925年，该湖水域面积创记录，大约520平方公里。更早以前，有迹象表明，湖水最大面积曾扩展到约1040平方公里。

达乌湖，位于奥卡万戈三角洲东南，其湖水也变化无常，有时有水，有时无水，主要水源是博塔蒂河泛滥的洪水。

马巴贝洼地，位于奥卡万戈三角洲的东北。据说，它在史前时期曾是一个大湖，现在已成为一个化石湖。偶尔从乔贝河和奥卡万戈水道以及一些小溪注入一些水。当水注入时，洼地上游萨武蒂沼泽会出现一片浅水区。

3. 地下水

由于全境大部分地区没有地表水，地下水就成为人畜生活饮用水的主要来源。现在还没有综合的勘探资料说明全国地下水库究竟蓄有多大水量。但估计，如果年平均降雨量为450毫米，地下水库年再蓄量则为31.5亿立方米。一些间歇性河流的沙石河床下有大量地下水。例如：莫特楼策河的河床下估计蓄有5400万立方米的地下水。东部地区的地下水含杂质少，适于人畜饮用。西部地区的地下水通常含有大量溶解的杂质，味咸或味道不好。

聚居在东部狭长地带的农村居民都开凿水井，饮用地下水。过去人力挖掘，现在机器钻凿。每个村庄和放牧站都有水井。全国总共有10000多眼机井和土井。

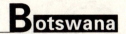

4. 水库

城镇和工矿地区是由地面建造的水库供应生产和生活用水。首都哈博罗内，工业城弗朗西斯敦和洛巴策，矿区塞莱比—皮奎等都建有水库。

哈博罗内水库，蓄水量14亿立方米，建于1964年，当时蓄水量为4000万立方米，供应首都哈博罗内市饮用水。

恩尼瓦内水库，蓄水量250万立方米，供应牛屠宰厂所在的洛巴策城工业和居民饮用水。

沙谢水库，蓄水量8500立方米，供应弗朗西斯敦城和塞莱比—皮奎铜镍矿城的饮用水。

莫皮皮水库，蓄水量9500立方米，供应奥拉帕钻石矿饮用水。

为根本解决东南部地区经济发展用水和城镇居民饮用水问题，博茨瓦纳政府决定实施一项北水南调的巨大工程，建造一条360公里长的输水管道，把北部乔贝河和奥卡万戈三角洲的丰富水源输送到东南部的城镇。这项工程已经启动，计划在2010年或稍后完成。

五　气候

博茨瓦纳国土的2/3位于南回归线以北的热带地区，大体上属亚热带气候。年平均气温在21℃。全年分为两季：11月至4月为夏季，称湿热季；5月至9月为冬季，称干凉季。全国可分为三个主要气候区：北部气候区，东部气候区和西部气候区。

北部气候区包括南纬20度以北地区。这个地区为热带气候，降雨量比其他地区多。年降雨量约为500~700毫米。

东部气候区，大体上是南纬20度以南地区和东经25度以东地区。它是半干旱、亚热带气候，降雨量为400毫米到大约500

毫米之间。但在沙谢河和林波波河之间最东端的低洼处，长时间降雨量不到 350 毫米。

西部气候区，覆盖整个卡拉哈迪沙漠，也是全国最干旱地区。这个地区从东北到西南，降雨量逐渐减少。在最西南端，年平均降水量少于 250 毫米。

雨季从每年 11 月至 3 月，10 月和 4 月是过渡月。1 月和 2 月通常是降雨最多的月份，几乎所有降水都是在夏季月份里，而冬季仅为全年降水量的 1% 到 10%。各年的月降水量和年降水量也有相当大的差别。常年降雨量足够养牛牧草和农作物的生长。但是，不时地出现严重缺雨情况。历史上曾有过周期性干旱，有的持续多年。例如，20 世纪 60 年代初和 80 年代初的两次旱灾，分别长达 3 年之久，导致庄稼颗粒不收，牛羊大批死亡。

大多数降雨是反复无常的雷阵雨，偶尔也有持续半小时之久的倾盆大雨，足以毁坏公路、桥梁、庄稼和房屋。

夏季平均气温最高月份，北半部一般是 10 月，南半部是 1 月；夏季通常气温在 32℃ 和 35℃ 之间。冬季平均气温最低的月份，北半部是 6 月和 7 月，气温为 23℃ 和 25℃ 不等；南半部为 21℃ 和 23℃。气温的倾向是越向北和向东气温逐渐升高。全国大多数气象站记录表明，7 月是平均气温最低的月份。北半部的温差为 2℃ 和 5℃；南半部温差是 5℃ 和 7℃。西南部平均月气温最低。冬季，由于冷空气侵入，偶尔有霜，温度可降至零度。

冬季天空通常晴朗无云。全国大部分地区的日照时间超过 9 小时。但是夏季日照时间长短随地区而异。北部和西北部为 7 小时至 8 小时，南部和中部为 8 小时至 9 小时，而西南部则为 9 小时至 10 小时。

由于日照时间长，通常水蒸发率很高，在 10 月最高，而在 6 月和 7 月最低。每天水蒸发量约为 6 毫米到 12 毫米。东部水

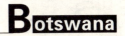

蒸发量小于北部和西部。

　　夏季和冬季的湿度相差较大。夏季早晨的相对湿度为60%～80%，而冬季早晨相对湿度为40%～70%。夏季下午的相对湿度为30%～40%，而冬季下午是20%～30%。在干旱时期，下午的相对湿度可能下降到少于10%。

　　全国主要风向是东风和东北风。但西南地区除外，那里刮的不是东风而是北风为主。夜晚一般平静无风，西南地区尤其经常如此。在雨季，偶尔狂风大作，雷雨交加。不过这种现象一般时间很短，大多数持续几分钟，但其破坏性很大。

第二节　自然资源

一　矿物

　　博茨瓦纳大部分矿藏资源集中在其东南部地区。这是因为东南部有古老的前寒武纪岩石，其中一些岩层是36亿年前形成的。在这些稳定的地块周围是地质结构积极活动带，27亿年前经常出现断裂、地震或火山爆发。这些地质活动的结果是，断裂和火山沉积物覆盖在稳定地块——超集群干草台地上，部分沉积物淤积在活动地带。这种覆盖着沉积物的超集群干草台地，几乎占博茨瓦纳国土的一半，有些地方沉积物厚度超过1500米。这些地下尚未成为岩石的沉积物形成时期大约在2000和2300年以前。这些地质断裂和火山沉积物都富含各种矿物。

　　在博茨瓦纳东南部、东部和东北部发现的矿物有30多种，其中储量较多并已开采的矿物是钻石、铜、镍、煤、苏打灰和盐。钻石储量居世界前列；铜镍储量为6300万吨，从铜镍矿石中还可提炼出少量钴；煤储量为1000亿吨。此外，已探明的矿产还有锰、金、银、锑、铬、铁、铅、铂、锌、云母、玛瑙和半宝石等。

在西部卡拉哈迪沙漠地区已发现三个蕴藏着石油和天然气的深层沉积盆地。勘探和试井取样表明，有良好的开采前景，有待开发。

二　植物

茨瓦纳全国 80％ 的土地覆盖有热带稀树草原型植被，其他地区还有树林和水生草地植被。这些植被包括树木草原、岩丘沙草地、半干旱灌木丛、旱生草地、水生草地、干旱落叶树林和森林带。它们的生长状况和疏密程度与各地区降雨量分布相适应。博茨瓦纳的降雨量的分布是从西南向东和东北逐渐递增。

据统计，全国总共有 3000 多种植物，其中有 650 种树木和 200 多种可食用植物。

西南部卡拉哈迪沙草原，年降雨约 250 毫米。那里生长着灌木草地和许多耐旱块茎和球根植物。这些植被足以养活成群的野生动物。西南端最干旱地带年降雨量少于 127 毫米。那里只是在起伏不平的沙丘之间有一些稀疏草地。

东部狭长丘陵地带年降雨量为 350 毫米，有灌木丛、树林草地和块状岩丘硬草地，生长着牛羊爱吃的牧草，当地人称甜草，是良好的天然牧场。东部与南非交界的林波波河流域，雨量适中，适宜各种植被生长，那里有博茨瓦纳全国最佳农牧场。

东北部乔贝区和奥卡万戈三角洲周围地区降雨量为 650 毫米。这里是真正的森林区，有落叶乔木林和常绿乔木林。博茨瓦纳政府对森林采取保护措施，在这里建立了 6 个森林保护区：卡萨内、卡萨内外延区、乔贝外延区、西布尤、梅卡策洛和卡祖马洼地。

北部奥卡万戈三角洲，雨季大水汪洋，旱季浅水池沼，适宜

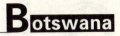

于各种水生植物繁衍。在这片水乡泽国中，小块陆地和池沼水面覆盖着碧油油的青草植被，宁静的水面盛开着赏心悦目的睡莲和异彩纷呈的各种水生野花，还有纵横交错的大莎伞草之类的芦苇，形成一个独特的生态环境。

在东南部丘陵地带还有多年生肉质植物仙人掌和仙人球。

当地常见的树木有津巴布韦柚木、紫檀木、热带铁木树、面包树、桉树、桑树和刺槐灌木丛。此外，还有山梨、白桦、橡树、钻天杨、落叶松、油松、棕榈树等杂色树。

柚木和紫檀木都是木质坚硬的木材，可以作各种家具。

热带铁木树，大面积地分布在国家的东北部和北部。这是一种有经济价值的林木。其木质坚硬耐用，可作矿山坑木、铁路枕木和制作家具，还有防白蚁特性。这种树上寄生着两种飞蛾的幼虫——爬行毛虫，当地人称莫巴哈蜊，富有蛋白质，可以油炸、火烤或盐水煮，是农村居民的美味食品。

面包树，生长在北部地区，是一种常绿乔木。一些巨大的面包树高达 15 米，其最粗树干直径为 28 米。据说，最老的树龄为4000 年，堪称世界的"老寿星树"。这种树全身是宝，其果实像葫芦，果肉白色像面包，海绵状果肉含有可口的酸汁，可食用还能治疗热病和坏血病，幼树的种子和根都可食用。其树皮既可入药，也可用作织布、造纸和编绳子的原料。

桉树，属常绿乔木，树干高而直，生长在东南部地区，有小桉树林。它是有商业价值的树木，其枝叶可提制桉油，树皮可制鞣料，木材供建筑用。农村居民用其枝桠围篱笆或当木柴烧。

遍布各地的刺槐是落叶乔木，枝上有刺，刺中蓄水，所结荚果是野生动物的美味饲料。树皮可治疗头痛症。农村居民通常用其枝干烧火做饭。

桑树生长在北部和西部地带，其果实桑葚可食用，也可酿造啤酒。其木质较软，可制作木盘、木碟和旅游纪念品。

三 动物

博茨瓦纳以其野生动物种类之多和数量之大而闻名。据估计，全国野生动物总共有 300 多种，约 300 万头，号称非洲现存的草原动物最多的宝库之一。这些动物群包括 157 种灵长目动物、其它哺乳动物和 164 种爬行动物。此外，还有 80 种鱼、550 种禽鸟以及数不清的各种昆虫。主要分布在东北部乔贝区、西部卡拉哈迪沙草原和北部奥卡万戈三角洲及其周边地区。许多种类的野生动物都是肉、毛皮和其它动物产品的珍贵资源，也是发展国家旅游业得天独厚的自然资源。

独立后，博茨瓦纳政府在野生动物保护、管理和利用方面采取了一系列重要政策措施，发挥了野生动物资源在国家发展中应起的作用。

这里的灵长目动物主要有三种：丛猴，绒毛猴和狒狒。前两种生活在国家的北部和东部。而狒狒，身体形状像猴，头部像狗，毛灰褐色，四肢短，毛细长，几乎全国各地都有。它们都是群居和杂食性动物。

这里的哺乳动物，就其食性而言，可分为两大类：肉食性动物和草食性动物。

大、小型肉食性动物包括狮子、金钱豹、南非豹、獾、豹、蝙蝠耳狐、黑貂和多种野猫。

狮子和豹子通常单独追捕斑马和羚羊，捕获物与"家人"分享。獾像狗又称獾狗；豺像狼，又称豺狼。这两种凶残动物惯常群体围攻斑马和羚羊或家畜牛羊，抢食捕获物。獴是捕蛇能手，但也吃鼠类小动物。黑貂以鱼、蛙和鼠为食，其毛皮很珍贵。野猫中的麝香猫有经济价值。当地的豹子会爬树，时常把吃剩的猎物带上树，放在树权上，然后在树上睡大觉。如果放在地上獾狗和豺狼闻到血腥味从四面八方蜂拥而至，会狼吞虎咽地把它吃个尽光。放在树上，纠集在树下的鬣狗只好垂涎三尺，高兴而来，扫兴而去。据说，这是豹子对付鬣狗，保存食物的一个绝招。

当地的几种爬行动物也是肉食性动物，如鳄鱼、食蚁兽、蜥蜴和数种毒蛇。鳄鱼主要栖息在林波波河和奥卡万戈三角洲沼泽地一带，有较高的经济价值。鳄鱼的油可治烧伤，肝能治疗肝病，肉鲜美爽口。鳄鱼的皮可制作多种皮制品。凶猛的鳄鱼有锋利的牙齿，除捕食鱼、水禽和小动物外，也伤害人畜。据说，鳄鱼吞食人畜时，一边吃一边流眼泪。因此，鳄鱼的眼泪就成了刻画坏人做坏事假慈悲的形象比喻。食蚁兽，全国各地都有。大的约一米多长，小的不到一米。舌头细长，能伸出口外，舌面能分泌黏液，没有牙，尾巴肥大多毛。这种动物号称神秘的夜游神，因为它们总在夜晚活动，而且是在地下活动，人们很难见到。它们专捅蚂蚁窝，吃蚂蚁，也吃其它小昆虫。

这里的大小草食性动物，主要有大象、长颈鹿、犀牛、河马、野水牛、斑马、角马、猪、羚羊、丛林松鼠和各种野兔和野鼠。

大型草食性动物，性情温和，习惯于集群地栖息在水草较丰富的地带，遇到干旱，还成群结队地向有水草的地方迁徙。

大象分布在国家的东北部和北部。东北部11000平方公里的贝乔国家公园就有3.5万头大象，可以说是南部非洲大象的家园。据估计，全国总共有12万多头大象，是整个南部非洲大象总数的5倍。象牙可雕刻成各种各样的工艺品和装饰品。

长颈鹿分布在北部和东北部，甚至远至西部边界的阿哈山区和中央卡拉哈迪野生动物保护区。长颈鹿以树叶为食，是陆地上身体最高的动物，也是无声动物，因为它不会发声。东北部的恩塔伊盘洼地是欣赏长颈鹿的最佳处。人们在那里一次可以看到多达50头的长颈鹿群体在这片稀树草地上悠然漫步，自由自在地摘食树梢上的嫩叶。

河马，身体很大，大部分时间生活在水中，头部露出水面。

当地人称它为河神。奥卡万戈沼泽地，乔贝河和博塔蒂河都是河马栖息地。但偶尔也有个别河马闯进不适宜其生活的地方。

犀牛为数不多，在乔贝国家公园还有珍稀的白犀牛。犀牛角是珍贵的药材。

斑马数量很多，北部和东北部都有，听觉灵敏，是一种珍贵的观赏动物。在乔贝国家公园外的萨武蒂树林草地，斑马成百成千地群集在那里，最多时可达25000头，蔚为壮观。羚羊种类繁多，据估计有22种，包括条纹羚、黑斑羚、大角羚、小羚、南非羚、狷羚、红驴羚和泽羚等。硕大美丽的条纹羚分布很广，甚至在人口稠密的地区也有。娇小可爱的麂羚也分布很广，但在开阔的草原地区却没有，因为那里没有合适的隐蔽物。这种小羚羊可以长期不饮水，能从植物果实和块茎中吸取水分。此外，还有一种泽羚，大部分时间生活在水中，它的蹄子向前伸分成八字形，在泥沼行走不会陷入拔不出。发现险情时，它就潜入水中，只把鼻尖子露在水面上。博茨瓦纳政府还在西南部与南非交界处建立了一个面积达11000平方公里的国家羚羊公园。

博茨瓦纳还有各种各样的禽鸟，包括现代最大的陆地鸟和最大的水鸟，以及种类繁多的凶猛飞禽和观赏鸟。

鸵鸟是现代鸟中最大的鸟，高达三米，有翅膀，但不会飞；腿长，脚有力，善走。除奥卡万戈水域外，全国其他地区都有。鸵鸟的肉可食。鸵鸟蛋是工艺品，还能加工成白玉似的珠子和薄片，制作非洲妇女喜爱的项圈和手脚圈以及其他佩戴装饰。据说，鸵鸟被追急时，就把头钻进沙里，自以为平安无事。人们就有鸵鸟政策一说，比喻不敢正视现实的政策。

其他的陆地飞禽有肉食性猛禽秃鹫、南非隼、鹤鹣以及各种鸣禽和观赏鸟，如杜鹃、鸸鹋、八哥、红嘴山鸦、长尾马蓝鹊、金翅雀、黑尾巴蜡嘴、文鸟、太阳鸟、食蜂鸟、织巢鸟、伯劳、皇冠珍珠鸟和犀鸟等等。

秃鹫主要吃野生动物腐尸，也吃草以帮助反刍难消化的食物，分布在国家的北部和东北部。由于它每年只产一个蛋，数量在减少，是博茨瓦纳国家保护动物。鸢和南非隼主要在南部和西南部，其他地区也有，吃鸟类，特别是野鸽子和斑鸠。隼还能在空中俯冲捕捉飞鸟，每年产4个奶油状蛋，蛋外有红棕色和深紫色斑点。㑯鹠像猫头鹰，但头部没有角状羽毛，遍布各地，夜间捕食鼠、兔等，是益鸟。

织巢鸟，全国各地都有，特别是常年有水的地方，不过在刺槐丛生的地带也有。每个雄织巢鸟有两只雌鸟"夫人"。雄鸟要为两只雌鸟用草织巢。鸟巢是倒挂在树枝头或两根芦苇梢之间。雌鸟每次产下2~3个蛋，颜色各异，有白色的、粉红色的和蓝色的。

太阳鸟，身体小，嘴细长而尖，羽毛美丽，头部绿色而有光泽，背部橄榄色，腰部黄色，胸部白色，尾巴分叉，是一种令人喜爱的观赏鸟。它们吮吸各种植物的花蜜，也吃小昆虫。

博茨瓦纳最大的水鸟是鹈鹕，体长达二米，翼大，嘴长，善于游泳和捕鱼，群居在乔贝国家公园的湿地。其他的水鸟有：火烈鸟、大鱼鹰、小翠鸟、长脚鹬、铁匠鸻、垂肉鸻、朱鹭、苍鹭、竖冠池鹭、牛鹭、白鹭、秃鹳、白鹳、灰头鸥、小矮鹅和红嘴鸭等。

火烈鸟是一种观赏水鸟。夏季充沛的雨水使博茨瓦纳中部的苏阿盘状洼地和恩堆堆盘状洼地变成泛滥平原。旅游者可以看到成千上万只火烈鸟在这两块芦苇和水草丛生的水乡熙熙攘攘，喧闹欢腾。

博茨瓦纳政府十分重视野生动物这一宝贵而丰富的自然资源，划拨全国土地面积的17%作为国家野生动物公园和野生动物保护区，其中3个国家公园，5个野生动物园保护区。1986年，还根据保持生态平衡和可持续发展原则，制定了保护和合理利用野生动物的法规。此外，政府还配合非政府组织野生动物协会加大宣传力度，提高公众对保护野生动物的认识，共同做好保护和合理利用国家这一自然资源的工作。

第三节　居民与宗教

一　人口

茨瓦纳全国人口普查每 10 年进行一次。最近一次全国人口普查是 2001 年 8 月进行的。根据 2001 年普查结果，全国人口总共 167.8891 万人，比 1991 年普查人数增加 27%。两次普查之间 10 年的每年平均人口增长率为 2.4%。而 1981～1991 年两次普查之间 10 年的每年平均人口增长率为 3.5%。两次普查相比，后 10 年比前 10 年的年均增长率下降 1.1 个百分点。家庭平均人数也从 1991 年的 4.7 人下降到 2001 年的 3.9 人。下降的原因主要是人口平均出生率下降和艾滋病的影响。据联合国 2003 年报告称，博茨瓦纳是全球目前艾滋病流行最严重的国家之一，艾滋病病毒携带者几乎占总人口的 40%。据博茨瓦纳中央统计局公布的数据，2000 年全国人口总死亡率为 13‰，婴儿死亡率为 58‰。

由于经济发展和城镇的兴起，农村居民大量进入城镇。20 世纪 90 年代，博茨瓦纳城市人口猛增。根据这次人口普查，城市人口为 86.6680 万人，占人口总数的 52%；农村人口为 81.2211 万人，占人口总数的 48%。城市人口从 1981 年占总人口的 18% 猛增到 52%，而农村人口则从 1981 年占总人口的 82% 下降到 48%。首都哈博罗内市人口的增加尤为突出。1971 年普查时，哈博罗内市人口仅为 1.8 万人，而 2001 年普查时却增加到 18.5891 万人，30 年增加 10 倍。（见表 1-1）

表 1-1 2001 年博茨瓦纳人口分布表

城镇名称	人口数	占总人口比率(%)	与 1991 普查对比增长率(%)
城市人口	866680	52	43
哈博罗内	185891	11	39
弗朗西斯敦	84406	5	29
塞莱比—皮奎	50012	3	26
洛巴策	29749	2	14
城市化大村庄			
莫莱波洛莱	54124	3	47
马翁	43639	2	30
卡尼耶	40639	2	30
塞罗韦	42283	3	40
马哈拉佩	39574	2	41
莫雷迪沙内	38816	2	172
莫丘迪	36591	2	43
农村人口	812211	48	13
总人口	1678891	100	27

资料来源：博茨瓦纳中央统计局《统计公报》（2002）。

博茨瓦纳的人口分布很不平衡。大多数城镇和村庄位于东南部狭长地带，人口都集中在这个地区，而广阔的西部和北部却人烟稀少。约 50% 的人居住在哈博罗内市 100 公里周边地带。就全国面积来说，人口密度很稀，每平方公里仅为 2.5 人。

二　民　族

博茨瓦纳是一个以讲茨瓦纳语的茨瓦纳民族为主体的黑人国家，也是一个黑人、白人和有色人多种族和睦相处的国家。博茨瓦纳的国名就来源于班图语系的茨瓦纳语。"博"的意思是"国家或土地"，"茨瓦纳"的意思是"茨瓦纳人"。因此，"博茨瓦纳"的意思就是"茨瓦纳人的国家"。茨瓦纳人占全国人口总数的90%，分属于8个部族：恩瓦托、奎纳、恩瓦凯策、塔瓦纳、卡特拉、罗隆、莱泰和特洛夸。这8个以其创始酋长名字命名的部族有着相互交织的血缘和亲缘关系以及类似的文化和风俗习惯。

除上述茨瓦纳人外，还有一些非茨瓦纳语的少数部族群体，主要是卡兰加人、苏比亚人、叶伊人、姆布古舒人、赫雷罗人、卡拉哈里人、萨尔瓦人（亦称桑人或布须曼人）和科图人。另外，还有少数欧洲白人后裔和亚洲人。

茨瓦纳人（Batswana）[①]

据口述历史，茨瓦纳人群体是茨瓦纳人莫哈莱（Mogale）国王的后裔。大约公元1350年，在南非的莫哈莱山（现今南非共和国夸腾省马哈利埃斯堡山）有一个茨瓦纳人的王国，国王叫莫哈莱。广为流传的是，莫哈莱的曾孙马西洛有两个儿子：莫胡鲁舍和马洛佩。后来马洛佩膝下三个儿子：奎纳、恩瓦托和恩瓦凯策。马洛佩去世后，他的三个儿子与他们的伯父莫胡鲁舍发生争执，带领部分同族人离开王国向北迁移到现今的博茨瓦纳，并分别建立了以他们三人名字命名的部族。恩瓦托族定居在现今中部区，首府先在绍尚，后迁至塞罗韦村。恩瓦凯策族，展转数地，最后定居在南部的卡尼耶。奎纳族先到达迪泰吉瓦内，后来在莫莱波洛莱建立了他们部族的首府。

此后，其他进入博茨瓦纳的茨瓦纳人群体或由上述三个部族分离出来的茨瓦纳人分支包括卡特拉族、罗隆族、塔瓦纳族、莱泰族、特洛夸族和胡鲁特舍族，其中恩瓦托族人最多，占全国人口总数的40%。这些茨瓦纳人大小群体构成现今博茨瓦纳居民的主体。

---

① 茨瓦纳语"巴"（Ba）的意思是"人"，因此"巴茨瓦纳"，即茨瓦纳人。

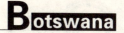

在博茨瓦纳，占人口总数 10％ 的少数民族有两大特点。一是大多数分散居住在边境地区，二是都与邻国同一民族有跨界民族关系。

卡兰加人（Bakalanga）

卡兰加人的祖先在现今的津巴布韦西南部沙谢河上游一带居住过 1000 多年，其中 600 年遭受过几个交替兴衰的其他民族王国的统治。公元 800 年时，卡兰加人的群体进入博茨瓦纳东北地带。他们讲卡兰加语，有自己的风俗习惯。19 世纪末，殖民主义者人为地划分边界，把 75％ 的卡兰加人划入津巴布韦，其余人划入当时英国所属的贝专纳兰保护地（现今博茨瓦纳）。现今，博茨瓦纳的卡兰加人居住在向西北越过纳塔河和向东南沿津巴布韦边界的弗朗西斯敦周围地区。

苏比亚人（Basubya）

据口述历史，苏比亚人、叶伊人和姆布古舒人都是来自中部非洲的博茨瓦纳人，他们与博茨瓦纳其他民族没有直接的关系。18 世纪初，这三个群体一起居住在乔贝河北部和南部地区。后来，姆布古舒人和苏比亚人向北迁移，留下叶伊人。大约 1795 年时，叶伊人开垦了林杨蒂河和奥卡万戈三角洲之间的大片土地，并在奥卡万戈三角洲地区定居下来。苏比亚人向西迁移，占据了叶伊人撤走后留下的乔贝地区。1929 年，殖民主义者人为地划分疆界，把 75％ 的苏比亚人划入当时德国属地西南非洲（现今纳米比亚共和国）的卡普里维地带，25％ 的苏比亚人留在博茨瓦纳北部与纳米比亚接壤的边境地区。博茨瓦纳独立前，苏比亚人、叶伊人和姆布古舒人曾被茨瓦纳族的塔瓦纳人征服，依附塔瓦纳人，为其主人打猎，交纳兽皮和象牙。1966 年，博茨瓦纳独立后，开始进行社会改革，叶伊人和苏比亚人都获得自由，居住在大村庄里，种庄稼，打猎和捕鱼，成为国家发展的重要组成部分。

赫雷罗人（Baherero）

赫雷罗人有三个主要群体：赫雷罗人、特金巴人和姆班德鲁人。大多数姆班德鲁人居住在博茨瓦纳的恩加米湖周围地区，而另外两个群体居住在纳米比亚，其中一些人在安哥拉。在博茨瓦纳，人们一般称姆班德鲁人为赫雷罗人，意思是从西边来的人。20世纪初，这个群体的赫雷罗人，为躲避德国殖民者在西南非洲的严酷统治，来到当时的英国所属的贝专纳兰保护地。保护地当局没收了他们携带的枪支和仅有的少量财富，使这些赫雷罗难民一贫如洗，不得不依附茨瓦纳族的塔瓦纳人充当他们的仆人。但是，这些从事畜牧业的赫雷罗人学会了种植农作物。20世纪30年代，赫雷罗人积累了足够的财富，摆脱了依附关系。现今，一些赫雷罗人已是博茨瓦纳最大的牧场主。他们大多数居住在西北部的托腾和塞希特瓦一带，甚至远至北部与纳米比亚交界的沙卡韦。

卡拉哈迪人（Bakalagadi）

卡拉哈迪人亦称卡拉哈里人（Bakalagari），这个称呼的意思是"严重干旱地方的人"。他们有几个群体，各有自己的名称，包括生活在沙漠周边地区或沙漠里的拉拉人、恩霍洛加人、佩伦人和夸腾人。但是，这些人不喜欢卡拉哈迪人这个称呼，因为它通常含有社会地位低下或仆人的贬义。博茨瓦纳独立前，卡拉哈迪人曾受到茨瓦纳族的奎纳人的排挤，被迫小群体地分散生活在沙漠里，完全靠打猎和采集野生植物为生。博茨瓦纳独立后，他们大多数人聚居在莫莱波洛莱往西直到博茨瓦纳与纳米比亚交界之间的高原地区。现今，全国各地都可见到卡拉哈迪人。

萨尔瓦人（Basarwa）

萨尔瓦人亦称桑人（San）或布须曼人（Bushman），是南部非洲的土著民族，现在国际上和在博茨瓦纳，一般都称他们为布须曼人，意思是"荒漠的人"。据说，布须曼人是博茨瓦纳最早的居民之一。距今3000年前，布须曼人就和科图人居住在包括博茨瓦纳在内的南部非洲大部分地方。他们以打猎和采集野生植物为生，有时跟随羚羊群逐水草迁移。人们可以从他们祖先画的岩画、流传的故事和民歌中了解他们的历史和文化。20世纪90年代，还有将近5万布须曼人，分布在博茨瓦纳的一些地方、纳米比亚东南部以及安哥拉和赞比亚交界的地方。在博茨瓦纳的大部分布须曼人已经居住在小村庄里，饲养家畜并穿着现代服装。他们的人口在增加。文化交流和相互通婚已经大大改变了他们的传统生活方式。博茨瓦纳政府实施了重新安置布须曼人计划，目的在于让布须曼人和其他在边远地区的居民融入现代社会。许多布须曼人已在农场、矿山和公私营部门工作。他们的子女也上学。但是，在博茨瓦纳，仍有3000布须曼人坚持留在中央卡拉哈里野生动物保护地，认为那里是他们固有的家园，坚持他们的古老传统生活方式，住在野外，继续靠打猎和采集野生植物为生。这个问题成了国际人权组织与博茨瓦纳政府之间的一个有争议的问题。

科图人（Bakgothu）

科图人又称科伊科伊人（Khoekhoe），或霍屯督人（Hottente），或布须曼人。这几个名称的群体同属一个族源，都是南部非洲的土著民族，也是博茨瓦纳最早的居民之一。公元1600年，当荷兰人首次在好望角登陆时就遇到科图人和桑人。他们称饲养牛羊者为科图人或霍屯督人，称以打猎和采集野生植物为生者为桑人。这两个群体人讲类似的语言，语言都有卡塔卡塔声音特征。荷兰人以他们说话结结巴巴，便给他们起个名字叫"霍屯督人"。大约3000年前，科图人的两个群体可能就居住在博茨瓦纳和纳米比亚及开普北部和津巴布韦。后来，大多数科图人从这些地区向西南迁移到南非的南部。有少数科图人和桑人留在博茨瓦纳北部。他们的后代就是现今居住在博泰蒂河和塔马拉卡内河沿岸的诺卡人（Banoka），又称河边桑人（River San），他们饲养家畜，种植庄稼，并且是捕鱼能手。

欧洲人和亚洲人

博茨瓦纳还有一万多欧洲白人和亚洲有色人。欧洲白人是居住在北部和东部农场区的现今南非共和国讲阿非利加语的荷兰人后裔阿非利加人的子孙，大多数是农牧场主。为数很少的亚洲人包括印度人和中国人，大都在城市里经商。

三 语言

茨瓦纳全国90％的居民是茨瓦纳人。他们讲班图语系的茨瓦纳语。因此，茨瓦纳语被定为博茨瓦纳的国语。另一方面，由于从19世纪初英国传教士进入博茨瓦纳以及后来英国所属贝专纳兰保护地80年的殖民统治，英国人长期与茨瓦纳人相处，英语便成为博茨瓦纳通用的官方语言。此外，一些少数民族在他们自己的群体中，仍使用他们自己的民族语言。

现今，博茨瓦纳的小学分为茨瓦纳语小学和英语小学。前者一年级至四年级用茨瓦纳语讲课，而英语是必修课。后者，从一年级开始就用英语讲课，而茨瓦纳语是必修课。媒体用茨瓦纳语和英语广播。报纸是一半茨瓦纳文，另一半是内容相同的英文。全国40％的居民能说英语和阅读英文书报。在政府、工商界和教育界，英语是通用语言。

19世纪以前，茨瓦纳人只讲茨瓦纳语，但没有文字。知识和历史都是靠口头叙述，代代相传。谈到茨瓦纳文的拼音文字的创造，需要回顾一下欧洲传教士特别是英国传教士在这方面所付出的辛劳。为在茨瓦纳人中普及基督教福音，传教士们认为，最好的办法是让茨瓦纳人能阅读《圣经》。1819年，英国伦敦宣教会传教士詹姆士·里德（James Read）写了一个茨瓦纳文拼音小册子，其中有其同行约翰·坎贝尔（John Campbell）以茨瓦纳文拼音文字写的《主祷文》。虽然这个主祷文茨瓦纳文本很难看懂，但它毕竟是茨瓦纳文字的开端。后来，英国传教士罗伯特·莫法特（Robert Moffat）在其同行哈密尔顿（Hamilton）的协助下，经过认真的努力，于 1830 年把《圣卢加福音》译成茨瓦纳文并在开普敦付印，成为首本茨瓦纳文书藉。他又于 1831 年在库杜马内开办了一个印刷厂，起初印刷出版《圣经》，后来不仅印刷茨瓦纳文宗教书籍，也印刷茨瓦纳文报纸。1837 年，传教士 J. 阿切尔（J. Archell）编写出最早的茨瓦纳文文法。1857 年，莫法特和威廉·艾什顿《William Ashton）合作把英文《新约全书》译成茨瓦纳文。第一份茨瓦纳文报纸是传教士艾什顿于 1857 年创办的，命名为《茨瓦纳人导师和新闻宣传员》，一些茨瓦纳人为报纸写文章。虽然该报未办多久就停刊，但它是博茨瓦纳历史上第一份茨瓦纳文报纸。

此后，其他教会团体都在他们传教的部族用当地茨瓦纳语方言拼音文字出版宗教书籍。比如，卫理公会在罗隆部族，德国路德教会在奎纳部族，荷兰新教派在卡特拉部族。由于他们使用不同方言的拼音法，以致长期以来未能形成统一的茨瓦纳语拼音法，甚至直到现在，茨瓦纳文拼音法还有待统一和完善。

其他少教民族的语言有：

卡兰加族讲卡兰加语。

赫雷罗族讲赫雷罗语。

布须曼人讲桑人语言。

荷兰人后裔白人讲阿非利加语。

四　宗教

博　茨瓦纳宪法规定，公民宗教信仰自由。全国实际上有两大宗教。一是非洲传统宗教，一是欧洲传入的基督教。名义上多数居民均为基督教徒，其中真正的基督徒约占 40%。农村部分居民，特别是少数民族群体，仍信奉非洲传统的两个超自然的神灵：一是造物者，一是构成较低但部分掌握生死

疾病的神明。桑人（布须曼人）相信上述神灵，但不祭祖先。而赫雷罗族人却相反，只信奉祖先，而不信神灵。

19世纪初期，欧洲传教士在南部非洲很活跃。其中一些英国传教士首先从开普殖民地到达博茨瓦纳。随后德国、荷兰等国传教士接踵而来。传教士先在各部族首府定点宣讲福音，通过帮助茨瓦纳人创造文字和办学校，逐步扩大教会影响，最后遍及全国各地。

1807年，英国伦敦宣教会开普殖民地教堂派出两名传教士J. M. 科克（Kok）和W. 爱德华（Edwards）到博茨瓦纳罗隆部族的特拉平人中传教。1808年，爱德华还到过恩瓦凯策部族首府卡尼耶。但是，由于他把主要精力放在做象牙生意上，在传教方面一事无成。

1813年，伦敦宣教会又派约翰·坎贝尔到博茨瓦纳选定新的教堂地址。他曾到达库杜马内北边的迪塔孔，见到特拉平人酋长莫蒂比（Mothibi）。由于莫蒂比酋长只想做生意，对宗教不感兴趣，他未能在那里开展宗教活动。

1817年，伦敦宣教会再派传教士罗伯特·莫法特到博茨瓦纳建立一个基督教传播站。他选定库杜马内并在那里建立一个基督教讲习所，培训茨瓦纳人福音传教士和教员。莫法特和他的同行哈密尔顿于1821年在库杜马内定居。此后，基督教便从那里由非洲福音传教士向其他地区传播。

莫法特传教士能够在其他传教士失败的地方取得成功并受到茨瓦纳人欢迎，有三个原因：一是他是位勤奋诚实的人，不干涉部族的内部事务；二是他曾带领格里夸人骑兵枪手赶走入侵者，保护了罗隆族人，因此茨瓦纳人部族统治者都希望传教士在他们那里定居，以便得到枪支和保护；三是他曾劝说恩德贝莱王国的国王不要攻打茨瓦纳人，虽未成功，但茨瓦纳人赞赏他的这种行为。

早期，在博茨瓦纳传播基督教的还有德国的路德教会。1859～1862年，德国赫尔曼斯堡的路德教会传教士海因里希·舒伦伯格（Heinrich Schulenburg）在恩瓦托部族首府绍尚创办了小学，并开展传教活动。酋长塞霍马一世没有皈依基督教，但是他的两个儿子卡马（Khama）和加马内（Kgamane）却成了基督徒。1862年，舒伦伯格离开绍尚后，英国伦敦宣教会派约翰·麦肯齐（John Mackenzie）到绍尚传教并接管了路德教会办的小学。后来，恩瓦托部族的路德教会的基督徒都转为伦敦宣教会的信徒。

在茨瓦纳人不同部族中传教的还有其他教会：荷兰新教会在卡特拉部族；德国路德教会在奎纳部族；英国圣公会在塔蒂地区的胡鲁特舍人中传教。到19世纪80年代，每个部族的大村庄都有一个常驻传教士。基督教传播活动开始从部族首府向外扩展到边远地区。

早期，在博茨瓦纳也出现过茨瓦纳福音传教士自办的独立教堂。由于有些欧洲传教士干涉部族内部事务，不让非洲传教士担任教会重要职务而且监督非洲传教士，引起茨瓦纳人酋长和传教士的不满，要求自办教堂。茨瓦纳福音派传教士莫托阿哈埃（Mothoagae）因妻子体弱拒绝去疟疾肆虐的恩加米兰地区传教，被伦敦宣教会开除。他于1902年在恩瓦凯策部族酋长巴托恩一世（Bathon I）支持下在博茨瓦纳创办了第一个由非洲人自办的独立教堂，命名为"莫托阿哈埃教堂"，教徒渐渐增多。一些非洲福音传教士步其后尘，在其他地方也建立了非洲人自办的独立教堂。但是，由于缺乏资金和部族酋长宁愿让欧洲人办教堂，独立教堂运动没有维持多久便消失了。不过，非洲人自办教堂的出现却使欧洲传教士在教堂管理和对待非洲传教士的态度方面进行了一些改革。

欧洲传教士早期在博茨瓦纳不仅成功地使包括部族酋长在内

的众多茨瓦纳人皈依基督教，而且还对博茨瓦纳的文化、教育和社会发展有过较重要的影响。

在文化方面，19世纪以前，茨瓦纳人没有拼音文字。记事和历史全凭口述。1819～1857年期间，为使茨瓦纳人阅读《圣经》，英国传教士经过努力，编写出最早的茨瓦纳文拼音法和文法，并把英文的《圣经》译成茨瓦纳文。伦敦宣教会还在库杜马内开办了一个印刷厂，印刷茨瓦纳文书籍和报纸。其他传教士会也在他们传教的地区用茨瓦纳文出版宗教书籍。

在教育方面，欧洲传教士为博茨瓦纳的现代教育奠定了基础。传教士把创办学校作为在茨瓦纳人中传播基督福音的重要途径。不同的教会团体在他们传教地区都创办了小学。伦敦宣教会还办了一个基督教讲习所和一个初级师范学校，培训茨瓦纳人的福音传教士和小学教员。到19世纪60年代，大多数茨瓦纳人部族都有了学校。只是塔瓦纳部族没有学校，主要原因是，恩加米兰偏远在沙漠附近并且是疟疾高发地区，欧洲传教士不愿去那里办学传教。直到1877年，茨瓦纳人福音传教士库库·莫霍迪（KhuKhu Mogodi）才到那里办起学校并传教。到1900年，当时的贝专纳兰保护地已有20多所小学，约1000名学生。所有学校的教员都是茨瓦纳人。有的学校由部族当局和传教士会合办，部族酋长参与管理学校。

罗马天主教会早期尝试过开办1所中学，但失败了。1934年，天主教传教士卡莱（Kgale）在靠近森林山农场创办1所农业学校，目的在于培训茨瓦纳人农民。学习的课程包括农田灌溉和家畜饲养，还有常识课程，学校没有得到部族当局的支持，因此学生很少。很可能是部族人不支持天主教，因为他们已经是伦敦宣教会的基督徒。该学校于是1940年关闭。

基督教会及其传教士在促进茨瓦纳人社会生产和改变生活方式方面也有过重要影响。恩瓦托部族酋长卡马三世于1875年宣布基督教为国教，并且采纳基督教教义，实行一夫一妻制。欧洲传教士引进了牛拉犁和四轮车。他们教茨瓦纳人种植蔬菜和灌溉农田。他们的妻子教茨瓦纳妇女缝纫、烘烤面包和看护病人。他们还带来了欧洲服装以及诸如面包、咖啡和糖之类的食品。

博茨瓦纳少数民族赫雷罗人是祖先崇拜者。他们相信，一切灾难都是已故的先人带来的。只有族长兼祭司能祈求祖先免于他们的灾难。祈求仪式必须在祖先墓地举行。因此，他们能记得200多年前自己祖先的姓名及其坟墓地址。他们还信奉祖先传下的圣火。据说，圣火是始祖莫古鲁（Mukuru）赐的礼物。族长兼祭司是唯一能点圣火的人，而圣火必须长明不灭。族人的任何决定必须在圣火旁作出。如属重大决定，需要屠宰一头牛放在圣火旁祭祀祖先。如果族长兼祭司死亡，要在一个月或一个多月期间，屠宰 50~100 头牛，把牛头堆放在去世的族长兼祭司的坟墓上。葬礼结束后，全体族人便放弃原来居住的村庄，带着圣火迁移到新村庄所在的放牧地。

第四节　民俗与节日

一　民俗

（一）"牛的国度"

博茨瓦纳有悠久的养牛历史，获得"牛的国度"的美称。人与牛结下不解之缘。民众的生活和习俗都与牛息息相关。从古老的传说和传统的风俗习惯到现代文明生活的方方面面都是与牛联系在一起的。

1. 古老的传说

博茨瓦纳北部奥卡万戈的姆布古舒人有一个关于他们祖先的

传说：他们的始祖尼亚姆比（Nyambi）在天上成了神仙。他从天上用绳子把第一个姆布古舒人放在措迪洛的"女人山"上，放完人后，便放下牛。姆布古舒人至今仍然指着措迪洛山区的羊肠小道说，那是在泥土尚松软时，他们的牛踏出的道路。这个传说表明人和牛同时来到人间，牛为人在人间开辟了前进的道路。

2. 古代岩画

在博茨瓦纳北部的措迪洛山区，从古代起就居住在那里的桑人和后来的讲班图语农民留下了4000多件岩画，其中许多画的主题是牛。有用线条刻画的屹立的牛图形；有人放牧牛和赶牛的图像。这些关于牛的岩画充分显示，当地远古的居民对牛的珍视以及人的生活与牛的密切关系。

3. 牛是财富和地位的象征

博茨瓦纳有大面积的稀树林草地和辽阔的荒漠草原，适宜养牛。全国80%的人口都直接和间接靠养牛为生。拥有牛数量的多少是衡量个人财富多寡和地位高低的标志。牛越多，显得越富，其社会地位越高。酋长是部族的首领，几乎拥有部族的全部牛，是部族最高权威者，也是最富有者。众多部族人是无牛户。根据传统的"代放牧制"，酋长把他的牛分群交给无牛户代放养。代放牧者可用牛耕田，也可食用牛奶。这也是酋长笼络人心和帮助贫困户解决生活困难的一种手段。博茨瓦纳政府规定，公务人员不能经营企业和商业，但可以买牛办牧场。因此，上从总统、部长下到一般官员纷纷饲养牛，办牧场。每到周末或其他假日，官员们驾驶自家的汽车前往郊外牧场与牛一起休闲，避开城市的喧嚣，享受牧场的宁静。这些牧场牛的总头数，像银行的存款一样，是保密的。据说，多的可达数千头和上万头，少的也有几十头。只能从它们每年出售给牛肉加工厂的数目大小，估计其规模大小。

4. 牛圈在村庄大院中央

茨瓦纳人善于饲养家畜，对牛关爱备至。他们传统的居住格局是，每个氏族有一个以族长住宅为核心的村庄大院。大院四周有荆棘桩围栏，南北两面各有一扇门，晚上关闭。东西两面都是住房，两排住房中间是一个宽阔的场地，白天是族人活动的场所，夜晚是牛的栖息地。他们视牛犊如掌上明珠，把它们安置在广场中央，外面还加上一圈栅栏。

5. 牛作彩礼娶新娘

在博茨瓦纳，牛历来作为迎亲的彩礼。女方父母总是向男方提出要多少头牛。男方同意给这份彩礼时，女方才答应嫁姑娘。最少要两头牛，多则十几头，二十几头，但必须是双数。牛的头数是根据男方家庭情况提出的。如果男方确实送不起，可用一两头绵羊弥补牛数的不足。但不能用山羊充数。因为女方总希望女婿像绵羊一样温驯，而不要像山羊那样，总是大喊大叫，一有机会就想冲出围栏，四处乱跑，不愿回家。在娶亲的那天，男方由家族中的长老领队，一般是6男8女，把牛和衣物等彩礼送到女家，女方清点满意后，才同意姑娘嫁到婆家。

6. 牛肉宴和"专吃牛头"的舅舅

博茨瓦纳民间举行各种喜庆活动都少不了牛肉宴，尤其是婚礼。男女双方各家都必须宰一两头牛，招待亲朋好友。其中一头牛是新娘父母送的，另一头牛必须是舅舅送来的。舅舅送来的牛屠宰后，他必须带回牛皮和牛头。因此，人们称舅舅是"专吃牛头的人"。女方对男方送来的牛不能屠宰，而是把这些牛交给新娘的弟弟——未来的舅舅。这未来的舅舅在他的每个外甥或外甥女结婚时，也必须给每人送一头牛，取回牛皮和牛头。

7. 现代社会生活也离不开牛

牛在博茨瓦纳现代生活中占有十分重要地位。博茨瓦纳的国徽图案是枚白色黑边的勇士盾牌，盾面下方有一个带银色犄角的

褐红色牛头。博茨瓦纳总统府、国民议会和高等法院的建筑上都高悬着带有牛头像的国徽。它象征着传统的养牛业在国家经济中所起的支柱作用，也显示了牛在博茨瓦纳人民心中的崇高地位。博茨瓦纳的钱币普拉上有牛的浮雕像，商店里陈列着各色各样的有牛图案的衣物和牛皮、牛角制的工艺品和用品。牛肉和牛皮制品贸易引领博茨瓦纳走向世界。欧共体和日本市场畅销这里生产的优质牛肉，意大利皮货商看好这里加工的鞣皮，德国公司在这里开办了牛角纽扣厂，香港的药材商订购每 20 头牛可能只有一颗牛黄（牛胆结石）。在城镇周围乡村地区的围栏牧场或部族放牧地，可以看到膘壮的牛群，或在草地上漫步嚼草，或在稀树林下反刍小憩，或在茅屋旁水槽边开怀畅饮，一派乡村牧歌景象；驱车至西部荒漠草原新开辟的围栏牧场，可以领略到，"风吹草低见牛羊"的苍茫古朴的原始草原风光。总之，在博茨瓦纳人的生活中，过去离不开牛，现在也离不开牛。

（二）居住

1. 茨瓦纳人居住特点

茨瓦纳人部族从事畜牧业和农业，在居住方面，他们从一开始就不同于其他民族。他们传统的居住格局有三个特点：一是以酋长家族为核心群居；二是村外有村；三是普通部族人有三个家。

（1）以酋长家族为核心的中心村

茨瓦纳人每个部族领地内都有一个以酋长及其家族和族人为主体的中心村，一般建在高地或小山顶上，四周有树桩栅栏或石头围墙。中心村聚居着酋长为首的本族人，包括酋长的妻室、儿女、兄弟、叔伯、表兄弟姐妹以及他们的子女。还有酋长家族的仆人，但仆人不能同主人同屋居住。中心村有一个大广场，是部族人举行各种村社活动的场所。住房一般是圆锥形草顶和土墙房屋。现今，在各地区的许多大村镇仍有以酋长家族为主体的部族聚居的特点。不过一些住房已现代化。

（2）村外村

离中心村不远的地方，则另有一个村庄，里面的居民是脱离其部族母体投奔该部族的茨瓦纳人。这些人有家庭和族长，但他们的地位比该部族人的地位低，并且要接受中心村酋长的统治。距离再远一些，还有一个村庄，村民是为茨瓦纳人部族服苦役的卡拉哈迪人。他们不能与中心村部族人结婚，不允许有财产，还必须向中心村酋长进贡象牙和毛皮。现今，这种按高低等级分居的村外村现象已不存在了。

（3）三个家

博茨瓦纳农村居民一般有三个家：村里家、田间家和放牧站家。种植谷物和放牛有季节性差异。按传统，农村的农耕和放牧活动时间都听酋长安排，谁也不能提前或推迟。夏天雨季来临时，酋长规定耕田、播种、除草和收获时间，男女劳力均在离村庄不远的田间劳动。在那里有个田间家，直到收获为止。冬天旱季，酋长命令到远处草地放牧。男劳力和较大的男孩去放牧站，在那里他们有个放牧站家，可能住上几个月。实际上，全年大部分时间在村里居住的是老人和小孩。农牧业生产的这种季节流动性现今仍是博茨瓦纳农村生活的特点。

2. 可搬走的房屋

博茨瓦纳的赫雷罗人和科伊人饲养家畜，过着游牧生活，逐水草而居，经常搬家。因此，他们的住房简单，基本材料是树枝杆、草垫、绳子、泥土和牛粪。他们在地上划个圆圈，木杆粗的一头绕圆圈插入地下，上面细的一头向内弯曲，扎成拱形圆顶。赫雷罗人在圆形木框架上面铺上草垫，再用绳子从上向下捆紧，一面留个门，就是一个"蒙古包"式的住房。科伊人则在木框架上扎树枝，然后涂上一层泥巴和牛粪混合外壳。这种简易木结构房屋，易造易拆。搬家时，可以把拆下的建材放在牛背上

带走。住在沼泽旁或河边的牧人则把拆下的建材放在独木舟里运走。

（三）男女成年启蒙教育

按照茨瓦纳人的传统，青年男女进入成年期，需要接受成年启蒙教育。这种教育活动一般 4～5 年举办一次。当酋长的儿子年满 16 岁时，酋长就宣布，所有达龄男孩参加成年启蒙教育团。由酋长近亲长老率领到离村庄较远的灌木林地区训练和学习几个月。活动期间，男孩子接受各种严格训练，如吃苦耐劳、攻击自卫等；要学习部族历史、族规和做人规矩，学习成年人所必须具备的各种生产和生活知识。每次为时约 5 个月。这批经过训练和学习的青年人回来后编为一个团队并由酋长命名，随时听从酋长的召唤去参加各种生产活动或劳动，如狩猎、放牧牛、开垦荒地、收割芦苇和建造围墙等。打仗时，这个团队便成为部族的一支军队。在新的启蒙教育团成立时，上届团队任务才减轻，才允许其成员结婚。女孩子成年启蒙教育也是如此组成和进行，只是时间较短，要求不那么严格。男女启蒙教育团的团长都分别是酋长的儿子或女儿。教育期间，男孩子和女孩子还要分别接受割除包皮和阴蒂的切割礼。现今，中、小学教育已代替这种传统教育方式。那些有害健康的切割礼也废除了。

（四）部族图腾

博茨瓦纳的各部族都以一种动物或实物作为其部族的标志。其中茨瓦纳人 8 个部族的图腾分别是：恩瓦托部族，麂羚；奎纳部族，鳄鱼；恩瓦凯策部族，鳄鱼；卡特拉部族，狮子；特洛夸部族，食蚁兽；莱泰部族，水牛；塔瓦纳部族，鹿；罗隆部族，铁锤。

此外，其他部族的图腾分别是：卡兰加部族，班马；卡拉哈迪人，狮子。

关于选定图腾有许多传说，其中较普遍的是，因为那个动物

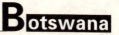

在部族人遇到天灾人祸时曾帮助族人化险为夷。凡作为部族图腾的动物，受到该部族的特别保护，谁若伤害这种动物，将受到该部族的强烈谴责。

（五）热情的招呼语和男女有别的交际

博茨瓦纳居民遇见外国客人，总是热情地说一声"杜迈格·拉"，茨瓦纳语的意思是"先生好"；对女客人则说一声"杜迈格·妈"，意思是"女士好"、"小姐好"。熟人见面，相互不停地说"普拉"，因为"普拉"在茨瓦纳语意思是"雨水"，其广义是指丰收、和平与友好。因此，它也是群众场合的欢呼语。不过，博茨瓦纳是一个男女界限严格的国家，外来男性客人切勿主动伸手同当地妇女握手，也不可单独同女性交谈，更不可对女性显得格外热情。

（六）表示高度的手势

博茨瓦纳人以不同的手势表示人和物的高度。表示人的高度，手掌向前，五指向上，手腕与地面距离为人的高度，意思是人是向上的；表示牛羊等动物高度，拇指朝上，手掌与地面垂直；表示树木和庄稼高度，则手背朝上，手掌朝下。

（七）服装

茨瓦纳人一直饲养牛羊家畜，而辽阔的荒漠草原孕育着各种各样的野生动物。家畜和野生动物的毛皮都是他们制作服装的原料。过去，他们的服装主要用兽皮制作，时常配以串珠腰带、手镯和脚镯以及铜、铁和骨制装饰品。妇女爱戴头巾和披小毛毯，披上小毛毯的妇女表示她已结婚。部族成员猎获的狮子皮和金钱豹皮要献给酋长，而酋长则以牛犊或绵羊回报献皮者。酋长的宝座上铺有一张豹皮。出征的战士前胸后背披挂豹皮。其他绒毛动物皮，如豺狗、貉、猫、狐狸和山猫皮可制作穿戴的服装或帽子。居住在西部的茨瓦纳人还是用兽毛织毯子的能手。现今，城镇居民的服装都已现代化。博茨瓦纳规定，男公务人员上班穿西服，必须打领带；女公务人员上班上装西服，下装必须是裙子。学校学生都穿各自订做的校服。

（八）食物

居住在全国各地区的博茨瓦纳人，由于自然条件的不同，饮食方面也有一些差异。茨瓦纳人的食物主要是高粱米粥、玉米面糊、牛奶、家畜和野生动物肉、谷物和野生植物以及啤酒。东部丘陵地带的居民种植粮食作物，干旱时也采集一些野生植物补粮食不足。有时候到远处狩猎野生动物。南部农村居民也种粮食作物，但是更多的是猎获野生动物。中西部的居民饲养牛，也种少量农作物，如豆类和瓜类，采集野生植物果实。他们猎获的动物，除食用外，还以毛皮与东部的居民换取粮食。他们的主要食物是肉、酸奶和野生食物，如蜂蜜、水果、块茎、毛毛虫、乌龟、野兔、干果、蘑菇和啮齿动物。居住在卡拉哈迪沙漠的布须曼人则靠狩猎和采集野生植物为生。他们的分工是，男人猎取野兽，女人采集野生果菜。他们的食物范围很广，包括龟、蛙、蛇、野兔、豪猪、蝗虫、甲虫、白蚁、各种鸟类及禽蛋等。他们不生吃动物肉，而是钻木取火，吃用火烹煮或烘烤的熟肉。现今在博茨瓦纳仍有几千布须曼人继续这样生活。居住在博泰蒂河边的泰蒂人和河边叶伊人的主要食物是鱼以及其他野生动物和野生植物，特别是河里的睡莲根和大伞莎草的老茎。

博茨瓦纳有一种热带铁木树，树叶茂盛，四季常青。树上寄生着一种“莫巴哈蜊虫”。这种虫多脚，身上长有软刺毛，呈绿色，形状似毛毛虫。每年三四月，树叶嫩绿，这种虫蚕食树叶，长得又肥又壮，可达50~60毫米。这是捕捉食用毛毛虫的最佳时期。一个人每天能捕捉几千条。人们把毛毛虫内藏洗净后，用多种方法制成食品。可以用油炸，用盐煮，也可用火烤，还可以用盐水煮后晒干长期存放。据说，味道鲜美并含有高蛋白。不仅农村居民喜欢吃，城市居民也喜欢吃。

现今，博茨瓦纳城市居民的饮食已全部现代化。

（九）棺葬和奇特的婴儿安葬法

在丧葬方面，博茨瓦纳人的习惯是，成年人死后，总得要请来亲友，由年长者将死者装入棺内，并在教堂主持悼念仪式，然后进行棺葬。为了避免死者给活着的人带来不吉利，死者的墓地总是选择离村庄较远的地方。

然而，如果一个三五个月的婴儿夭折，其安葬地方却与大人相反。婴儿死后，他（她）的母亲就在房屋内，有的在自己家的院子里，挖个坑，用毯子之类的东西裹起来埋在坑里。埋在家里的意思是，婴儿虽已出世，但还没有真正见过世面，周围的人还不认识和不了解他，因此，他死后就不能出家门。

二　节日

博茨瓦纳有 6 个全国性公众假日。

新年　1 月 1 日。元旦，总统发表新年贺词。这是博茨瓦纳政府法定的假日。占全国人口 40% 的基督教徒的习惯，从 12 月 25 日圣诞节起欢度这个假期，直到 1 月 1 日。

劳动节　每年 5 月 1 日为劳动节。

塞雷茨·卡马爵士日　7 月 1 日，是博茨瓦纳共和国开国总统塞雷茨·卡马的诞生日。为纪念这位开国元勋，博茨瓦纳政府确定这一天为纪念日，并在塞罗韦村卡马墓地举行纪念仪式，表达对他的怀念。

总统日　每年 7 月的第三个星期一。总统日前后，社会各界和公众通过媒体向总统夫妇表示祝贺并对现任总统执政以来的政绩进行评议。庆祝活动持续 3 天，包括国家体育场的庆祝活动，总统夫妇在总统府举行庆祝酒会以及音乐会。

独立日　9 月 30 日。1966 年 9 月 30 日，博茨瓦纳摆脱英国

殖民统治，宣布成立博茨瓦纳共和国。每年这一天，在首都哈博罗内的国家体育场举行隆重的庆祝活动，有军乐队表演、群众队伍游行、文艺节目表演和足球赛。国家和政府领导人和外国来宾出席庆祝活动并观看演出。

圣诞节 12 月 25 日。由于博茨瓦纳人口中有 40% 的基督徒，博茨瓦纳政府规定，从 12 月 25 日圣诞节开始至 1 月 1 日为年假。

此外，还有非全国性的节日：教师节和植树日。

教师节 根据 1997 年实施的《修订的国家教育政策》，博茨瓦纳政府规定，每年 6 月的第一个星期二为教师节。

植树日 每年 11 月的第三个星期六，博茨瓦纳环境保护部门组织全国范围植树活动，有时总统也参加这项活动。

第二章

历 史

第一节 史前和史后初期

一 桑人和科伊人原始群时期（公元前 1000 ~ 公元 500 年）

根据在博茨瓦纳发现的石器时代桑人和科伊人（亦合称科伊桑人）祖先制作的石器工具、岩石刻画和壁画、他们居住遗址以及他们后裔现今的生活方式，博茨瓦纳历史学者认为，博茨瓦纳这块土地上的最早居民是桑人和科伊人。大约 3000 年前或不到 3000 年，桑人和科伊人已经分布在包括博茨瓦纳在内的整个南部非洲。2000 年以前，他们在博茨瓦纳的分布情况是：北部和东北部多水地区是科伊人，西部和西南部干旱地区是桑人，而中部则是讲科伊人方言按桑人生活方式生活的科伊桑人。

桑人和科伊人看上去很相似。不过桑人体形瘦小一些，科伊人体型粗大一些。据说，他们同属非洲的一个黑人种族。在南部非洲和东部非洲发现的科伊桑人骨架的年代距今有 1.5 万多年。

他们讲类似的语言。发音比较特别，说话时需倒吸气，发音

有些像鸟鸣或口吃。因此，公元 1600 年，荷兰人在开普地区初次见到现代科伊人时称他们为"霍屯督人"，意思是"说话口吃的人"。他们没有文字，但在博茨瓦纳北部措迪洛山岩壁上却留下了令人赞叹的岩刻画和岩壁画的艺术珍品，记载了他们远古的生活情景。

当时，桑人和科伊人的谋生手段是狩猎野生动物和采集野生植物，都不种庄稼。桑人完全靠狩猎和采集为生。桑人有两个部落，即昆人和格威人。他们以宗族为主要社会结构形式，各宗族由几个家庭组成。每个宗族各自为治，没有族长或头人；在多数宗族内部，遇到特殊情况发生，由技术好的猎手或年长者运用其影响而不是施加其权威。他们以 15 人到 18 人小群体聚居。每个聚居点都被认为是聚居者所辖范围，也是他们狩猎和采集地区。通常未经允许，其他群体人不得在其地区狩猎或采集。他们的分工是：男人两或三人一组，带着弓箭和长矛出去打猎，寻找羚羊、长颈鹿和角马以及看到的任何猎物。女人和较大的孩子外出寻找野生食物：植物块茎、根、球根、果实、坚果、毛毛虫、禽鸟蛋和乌龟等。婴儿和老人及病人留在家里。科伊人主要靠狩猎和采集为生。但一些科伊人饲养了牛羊。他们饲养牛，不是为食用牛肉，而是饮用牛奶。这是科伊人和桑人在生活方面的一个重要差异。后来，科伊人因饲养牛群致富，而桑人一直不饲养牛，除了简单的猎具和草房外，一无所有，因此不能致富。

由于要随气候变化，寻找野生动物群和野生植物，桑人和科伊人都没有固定的住处，经常从一处迁至另一处。有时，他们随羚羊群流动而迁徙；有时为享有异地成熟的野菜和瓜果而搬家。他们的茅屋大同小异，很简单。这类茅屋易建易拆，所用材料还能拆下带走，很适合经常迁徙的原始群体的生活习惯。

桑人和科伊人就是这样生活在晚石器时期，直到公元 5 世纪时，早期讲班图语农民的到达，带来农耕和炼铁技术，博茨瓦纳社会才发生历史性变化，进入早铁器时期。

二 早期班图语农民与科伊桑人共处时期（公元 500～1000 年）

历史学家认为，距今约 4000 年前，讲班图语的农民来源于现今喀麦隆周围的热带雨林地区。现今"班图语系人"这个名称是指南部非洲、东部非洲、中部非洲和部分西部非洲地区的黑人。

在非洲西部，考古发掘物表明，距今约 2500 年前，班图语系农民就制作石器并且种植一些块根农作物，也会炼铁。他们还饲养能抗萃萃蝇病害的山羊。

距今大约 2500 年以前，非洲出现一次大移民潮。500 年后，一些讲班图语的农民向东迁移到达东部非洲的大湖地区。其中一些群体向南流动，分成两大股移民流：东股移民流带着家畜首先到达南部非洲现今的赞比亚和津巴布韦；西股移民流沿海岸向南流动，主要靠贝壳类和鱼类为生，到达现今的南非和纳米比亚。

这些先期到达南部非洲的班图语农民与当地的科伊桑人相处。后来，他们又从上述地区因不同原因于不同时间和方向进入博茨瓦纳。

考古工作者在博茨瓦纳几个不同地区的班图语农民遗址中发现了陶器片、石器、铁器、石磨、玻璃珠和贝壳等。这些遗物说明，早期到达的班图语农民在博茨瓦纳与当地科伊桑人共处和社会发展情况。

在博茨瓦纳发现的班图语农民的遗址有：

1. 东部地区遗址

大约公元 500～650 年期间，班图语农民从津巴布韦进入博

茨瓦纳东部的弗朗西斯敦周围地区、塞罗韦至绍尚地区，并沿沙谢河到达沙谢河和林波波河汇合处。这三处遗址发掘的陶器碎片与公元 350 年津巴布韦班图语农民使用的戈科梅雷陶器相似。这表明，这些农民制作陶器，会炼铁，饲养家畜，还种植高粱、粟子和瓜类农作物。他们居住的村庄起初小而分散，后来逐渐发展成大而集中。

2. 东南地区遗址

在哈博罗内附近约 20 公里的莫里萨内山发现的班图语农民遗址，年代大约为公元 600 ~ 700 年。遗址里发现有炼铁痕迹和小铁块，还有牛、山羊、绵羊和野兽骨头以及粮仓支柱和铜珠子。在一个坟墓里掘出几千粒来自波斯或印度的玻璃珠子。在南非的德兰士瓦也发现了同样的班图农民的遗址。这说明，这些农民是从南非迁移来的。在莫莱波洛莱西南大约 10 公里的马哈拉佩的遗址，年代约为公元 600 ~ 980 年。这个遗址面积约 4 公顷，有 60 间房屋。遗址的地窖里有陶器碎片，一些铁矿渣、高粱和谷物、动物骨头，其中还有晚石器时期科伊桑人妇女制作鸵鸟蛋壳珠子用的石槽。这说明，班图农民与当地科伊桑人可能有通婚关系。

3. 东北地区遗址

很久以前，班图农民就定居于乔贝河地区。在卡萨内西边约 20 公里的塞隆德拉附近发现的遗址表明，大约公元 600 和 750 年时，在那里居住的农民与当时居住在赞比亚的农民一样。在马翁北边 12 公里的马特拉帕嫩发现的遗址表明，约在公元 700 年时，那里也有农民居住。

4. 西北部地区遗址

西线来自刚果海岸地区的班图语移民大约于公元 600 年时到达博茨瓦纳西北部措迪洛山区，在"女人山"上现今称迪武尤的地方建立一个村庄。村庄遗址中有铁和铜制的物品，还有一些铁矿渣和陶土制的鼓风管以及一条短铜链、玛瑙、贝壳和玻璃珠子。遗址中的牛骨头占他们所食大动物骨头的 30%。这说明，他们有牛，可能是他们自己从北方带来的，也可能是与奥卡万戈三角洲周围的科伊人牧民交换来的。矿石是从距离 70 公里的沙卡韦运来的。出土的文物还表明，他们与东南部产铜地区和东海岸地区做生意。在措迪洛山区岩洞遗址中发现铁器时期的陶器和石器时期的工具混放在一起。这表明，生活在这里的农民与科伊桑人有密切的交往。距离奥卡万戈河西边约 300 公里的纳米比亚的卡帕科也发现了类似的岩洞居住遗址。这些农民可能是于公元 850 年从纳米比亚，或许从安哥拉，进入博茨瓦纳的。

在上述不同地区发现的遗址表明，大约到公元 1000 年，班图农民已经在博茨瓦纳的北部和东部地区定居下来，而卡拉哈里沙漠周边和南部仍是科伊人和桑人。它还表明，班图农民的到达和定居给博茨瓦纳社会带来了早铁器时期的文化，其特征是：（1）开采和冶炼铁，制作和使用铁工具，而不像科伊桑人那样使用石器工具；（2）种植农作物，而不像科伊桑人那样单纯采集野生食物；（3）饲养家畜，特别是牛，而不像科伊桑人那样主要依靠狩猎野生动物；（4）营造木—土结构房屋并择地定居，而不像科伊桑人那样逐水草临时栖息；（5）在本地区与科伊桑人并与其他地区进行以物换物的商品贸易。可以说，从公元 500 年左右到公元 1000 年的几百年期间，博茨瓦纳是班图农民和科伊桑人共处时期，也是早铁器时期文化和晚石器时期文化并存时期。到公元 1000 年，早铁器时期文化在不同地区不同时间继续向前发展，特别是畜牧业和贸易，因为博茨瓦纳有适宜养牛的天然放牧场和丰富的野生动物资源（象牙和野生动物毛皮）。这两大行业的发展导致财富的集中和酋长国的兴起，推动博茨瓦纳社会进入晚铁器时期。

第二节　15 世纪前的博茨瓦纳
（1000～1454 年）

一　几个小酋长国的兴衰

　　由于 17 世纪以前，南部非洲和博茨瓦纳没有文字记载的历史，本节所谈的从津巴布韦和南非进入博茨瓦纳的早铁器时期的群体都无法考证其名称，只能根据考古发现的遗址地名或陶器出土的地名来命名。比如，泽佐人、图茨韦人、艾兰人、马姆博人和巴姆班迪阿纳洛人。

　　公元 950 年以后，由于养牛业和采矿业的发展以及贸易兴盛，南部非洲和博茨瓦纳的东部和东北部及南部地区发生了许多社会和政治变化：财产开始集中于少数人手中，社会划分为富人和穷人，统治者和被统治者，出现了一些小酋长国；东部的津巴布韦出现了大津巴布韦国。博茨瓦纳社会也从早铁器时期文化转入晚铁器时期文化，增添了许多新事物。

　　这个时期，博茨瓦纳见证了几个小酋长国的兴衰和大津巴布韦国的统治。

　　1. 泽佐人

　　大约公元 600 年时，来自津巴布韦的泽佐人越过沙谢河进入博茨瓦纳的塞莱比—皮奎以西地区，并继续扩张到苏阿沼泽地和卡拉哈里沙漠边缘地区。

　　起初，这些人像早铁器时期人一样，分散居住在这片有茂盛草地的地区。公元 1000 年时，这些人善于利用天然牧场发展养牛业，拥有的牛群由小变大，并以牛与其他地区的人交换象牙、毛皮、铜、铜首饰、铁器，甚至交换女人做妻子。少数人变成富翁和有权有势的统治者。他们分别在图茨韦山、博苏茨韦山和森山，建立了三个小酋长国。其首府分别建在这三座山的山顶上。从其居住遗址的布局看，考古学者认为，三个酋长国社会分 4 个层次：酋长及其王室成员住在山顶中心村（首府）；为酋长和王室种田和放牧的农民住在山周围平地的较小村庄里；稍远一些小村庄里居住的是服侍富人和统治者的佣人；最外层则是最贫穷的科伊桑人。最大的村庄面积为 60000 平方米。山下平地较富裕的村庄面积在 5000～10000 平方米之间。到公元 1250～1300 年期间，可能由于人口过多和环境恶化，加上当时曾发生过严重旱灾，这些酋长国的人抛弃村庄，离家走人。其中许多人可能投奔居住在南边的莫特楼策河、沙谢河和林波波河一带的同一群体的泽佐人。三个小酋长国遂因此而消失。

2. 巴姆班迪阿纳洛酋长国

公元 950 年之后的某个时候，来自南非的德兰士瓦地区的利奥帕特的科普杰人（亦称豹山科普杰人）越过林波波河和沙谢河进入博茨瓦纳，定居于东部林波波河和沙谢河汇合处的巴姆班迪阿纳洛河谷。到公元 1000 年时，这些新来的居民接过早期泽佐人从事的贸易，以象牙和毛皮与东海岸交换玻璃珠子，控制了沿林波波河直至东海岸的主要贸易通道。后来又扩大贸易，出口黄金，从而变得很富有。大约公元 1075 年时，这个群体人口增多，整个河谷都住满人。少数富人搬至附近的马蓬古布韦山顶上居住，建立了酋长国。因其首府在马蓬古布韦山上，故又称马蓬古布韦酋长国。到 1200 年，这个酋长国向西扩张到博苏茨韦山，向南扩张到马哈拉佩。

考古学者在其首府遗址中发现了纺纱锤轮、玻璃珠子、铜首饰、金珠子和一个涂薄金箔的木制兽像。酋长国的重要人物都埋葬在山顶的村庄里。大约公元 1250 年，贸易中心转向大津巴布韦城，马蓬古布韦酋长国首府被遗弃。这个群体可能迁移至大津巴布韦国，因为大津巴布韦城居住格局与马蓬古布韦酋长国的居

住格局很相似。

3. 马姆博酋长国

公元 950 年以后，从津巴布韦西部进入博茨瓦纳并定居于弗朗西斯敦和马茨塔马周围地区的马姆博人，起初村庄很小，而且经常搬家，牛圈也小，粮食不多。在公元 1000 年和 1200 年期间，马姆博人开采铜矿，并善于从花岗岩的含金石英脉提取金子。他们用铜和黄金交换牛、象牙、毛皮、玻璃珠子和布匹，靠采矿和贸易变得很富有。到 1200 年，马姆博人把村庄迁至马姆博山顶上，建立了马姆博酋长国。1250 年以后，与东海岸和内陆的贸易中心从马蓬古布韦转至大津巴布韦城。这个酋长国的许多人离开这个地区向北迁移至在津巴布韦境内新建的酋长国首府。

4. 艾兰人群体

大约公元 1000 年时，在南非现今的姆普马兰和夸祖鲁—纳塔尔地区居住了几百年的群体向西扩张，其中一些人越过恩霍特瓦内河到达博茨瓦纳东南部，定居于洛巴策、哈博罗内、莫丘迪和莫莱波洛莱山区。他们饲养牛，种植谷物，并且狩猎野生动物。后来，他们在这些山区开采铁矿并且成为闻名的铁矿开采者。他们以铁交换牛，甚至交换女人做妻子，并靠采矿致富。致富后，他们把村庄建在山顶上，住房围绕着牛圈，牛的数量增多。但是，没有发现正式酋长国的迹象。考古学者从他们的遗址中发现石器工具以及少量的玻璃珠子和海贝壳。这说明，他们与科伊桑人有交往，也与东海岸有少量贸易。在其遗址中出土的陶器碎片表明，这种类型的陶器起初是在南非的艾兰地方发现的，故称他们为艾兰人。这种类型陶器可能是来自非洲北部的西线班图语移民制作的。但是，大约公元 1100 年以后，在南非已不再制作了。而在博茨瓦纳向西远至塞霍马沼泽地一带仍发现过这种艾兰陶器，年代约为 1740～1800 年。由此可见，艾兰陶器在博茨瓦纳流传地域较广，时间较长。

5. 西北部炼铁农民村庄消失

公元 900 年时，博茨瓦纳西北部措迪洛山区曾经是贸易交往枢纽。来自赞比亚的铜和铜制品经过这里向南运至图茨韦酉长国，而来自图茨韦酉长国的牛经过这里运往赞比亚。炼铁农民也用开采的铁进行贸易，在措迪洛山区和奥卡万戈三角洲东部建立了村庄。但是，大约公元 1100～1200 年期间，炼铁的农民迁走了，这些村庄也废弃了。历史学者认为，迁走的原因可能是东北部马姆博人开采铜矿和生产的铜比从赞比亚输入的铜便宜，原来的贸易线路不需要了，留下来的是祖祖辈辈生活在那里的科伊桑人。

二　大津巴布韦国的统治

12 世纪初，在博茨瓦纳的东邻津巴布韦出现了大津巴布韦国，其首府称大津巴布韦城。公元 1300 年以后，大津巴布韦国向西扩张到博茨瓦纳的马茨塔马和弗朗西斯敦周围地区。大津巴布韦国统治者把他们所占领的地区划分为产黄金和铜的大省和产高粱等谷物的小省，任命省长或由当地酋长进行统治，控制当地的生产和贸易。考古学者在博茨瓦纳的塞比纳附近的多姆博沙巴，在莱波科莱，在塞罗韦以及远至苏阿沼泽东部边缘，在托伦约和特拉帕纳，在洛萨内河与林波波河交汇处附近的洛萨内河沿岸，都发现了津巴布韦式的石围墙村庄遗址。每个石围墙遗址都曾是大津巴布韦国一个长官府或一个当地酋长国首府。但是，大津巴布韦国的势力范围并未进入卡拉哈里沙漠和茨瓦蓬山以南地区。这些委派的长官都是大津巴布韦国国王的亲戚。他们负责收集象牙、毛皮、铜和黄金，并确定价格，然后送往大津巴布韦城。他们还代收向国王交纳的贡赋，还代表王以一些玻璃珠子和布匹回赠纳贡的臣民。

公元 1400 年时，大津巴布韦国权力达到顶峰，但也开始失去对东海岸贸易的控制权。到 1450 年，在其西边现今的布拉瓦

约附近出现一个新兴贸易中心卡米城，取代其与东海岸的贸易，再加上人口过多和生态环境恶化，这个庞大的国家瓦解了。

综上所述，这个时期，博茨瓦纳社会已从早铁器时期进入晚铁器时期，具有以下几方面的历史性变化：

（1）社会财富大大增加，人们学会利用丰富的自然资源创造大量的物质财富；不仅从野生动物猎取象牙、犀牛角和毛皮，还学会饲养家畜牛创造财富；从开采铁矿进而开采铜矿和金矿，并制作铁器工具和铜、金装饰品；从内陆贸易发展到与东海岸以外的印度和波斯进行贸易。

（2）社会分工开始专业化，出现了专门矿业开采者和金属工匠，专门饲养牛的牧民，专门种植粮食的农民以及专门从事货物交换的商人。

（3）社会阶级分化，人人平等的社会消失。社会分为富人和穷人，统治者和被统治者，出现了封建酋长国的政治统治形式。

（4）世代生活在这块土地上的科伊桑人，通过贸易交往和联姻关系，开始使用铁器工具代替石器工具，进入铁器时期。

这一时期，从非洲北部，可能是坦桑尼亚地区迁来的西线班图语移民群体进入南非的德兰士瓦东部，并且开始向南和向西扩张。其中进入博茨瓦纳的一些茨瓦纳人群体就是现今博茨瓦纳居民主体茨瓦纳人的祖先。

第三节　15世纪至19世纪末的博茨瓦纳
（1454～1885年）

一　茨瓦纳人部族进入并建立酋长国

博茨瓦纳的社会发展史与周边国家南非、津巴布韦和赞比亚的社会变化有密切关系。特别是这个较长的历史

46

时期，茨瓦纳人部族和非茨瓦纳人群体从上述周边地区进入博茨瓦纳，流动定居，分化组合，成为这块土地的主人。其中茨瓦纳人部族，经过天灾人祸的磨难和洗礼，占据大部分地区，并在各自领地建立酋长国，形成现今博茨瓦纳居民的主体。这一时期，其他非茨瓦纳人群体，有的与茨瓦纳人部族融为一体，有的依附于茨瓦纳人部族，有的在小范围内独立生活，后来都成为这块土地的少数部族居民。此外，这一时期，津巴布韦和赞比亚的一些酋长国的疆域曾复盖博茨瓦纳部分地区，南非的夸祖鲁的战乱曾殃及博茨瓦纳许多部族，对博茨瓦纳的社会发展产生了很大影响。

考古学者和历史学家认为，茨瓦纳人的祖先是索托—茨瓦纳人，即来自大湖地区移民、第一个千年早铁器时期南部非洲居民和晚石器时期人祖先三者的混血人种。南部非洲大多数讲班图语的人也认为，他们的祖先来自非洲东北部的多湖地区。这两种来历说法基本一致。

但是，关于祖先的来历，茨瓦纳人却有另一种传说：他们的最早祖先马茨恩（Matsieng）在大地岩石尚松软时，带着他的族人和牲畜从地下一个岩洞里走出来，并在松软的岩石上留下他的巨大脚印。博茨瓦纳现有几个以他的名字命名的岩洞，其中最著名的是拉塞萨附近的大脚印。虽然许多人不相信这个带有神话色彩的传说，但它却说明，很久以前，茨瓦纳人就居住在这块土地上，他们对这块土地享有不可剥夺的权利。考古学者从南非的德兰士瓦省和博茨瓦纳南部出土的莫洛科型和艾兰型陶器论证，茨瓦纳人祖先于12世纪时定居于德兰士瓦东部并于13世纪时向西扩张进入博茨瓦纳。

据茨瓦纳人部族口头传说，大约公元1300年，居住在德兰士瓦的茨瓦纳人群体已经具有部族特征。这些部族大都以其创始领袖的名字命名。比如，罗隆部族就是以其酋长罗隆命名的，年

代约为 1274 年。

公元 1400 年以后，居住在德兰士瓦的茨瓦纳人已经以小群体、分散地进入博茨瓦纳。最早进入博茨瓦纳南部地区定居的是茨瓦纳人罗隆部族。他们定居于卡拉哈里人居住的地区。此后，奎纳部族和卡特拉部族相继进入并择地定居。1500～1700 年期间，奎纳部族一分为三：奎纳部族、恩瓦托部族和恩瓦凯策部族。1790 年，恩瓦托部族又派生出塔瓦纳部族，向北迁移，定居于恩加米湖一带。卡特拉部族也经历了两次分裂。16 世纪期间，卡特拉部族一分为二，成为特洛夸部族和胡鲁特舍部族。17 世纪期间，居住在比勒陀尼亚北边的卡特拉部族因继承权问题一分为二：跟随酋长女儿莫塞特拉的卡特拉族人称自己为姆马纳阿纳的卡特拉部族，进入博茨瓦纳定居于莫舒帕、塔马哈和卡尼耶的哈马非卡纳区；跟随酋长儿子卡费拉的族人则自称卡费拉的卡特拉部族，其首府在现今的莫丘迪。1817～1852 年期间，布尔人在德兰士瓦占据大片土地，迫使居住在那里的茨瓦纳人的特洛夸部族和莱泰部族向西迁移，进入博茨瓦纳。莱泰部族大多数人的祖先是恩古尼人，但是他们长期与茨瓦纳人生活在一起以致在语言和风俗习惯方面与茨瓦纳人已无区别。他们起初住在奎纳部族领地内，并向奎纳部族交纳贡赋，后来于 1895 年离开奎纳部族定居于拉莫茨瓦。特洛夸部族起初也居住在奎纳部族领地内，后来离开，定居于洛巴策和哈博罗内一带。

在这段漫长的历史时期，茨瓦纳人部族不仅有过因继承权和其他内部纠纷引起的分裂，而且还遭到严重旱灾和战乱的祸害。17 世纪期间，博茨瓦纳发生过严重旱灾，食物极度匮乏，牲畜大量死亡，一些部族化整为零，四散逃荒，蒙受了惨重损失。

1817 年，在南部非洲，南非的夸祖鲁部族掀起一场战乱，很快殃及博茨瓦纳。三股武装群体（普丁人、弗肯人和恩德贝莱人）从南向北越过博茨瓦纳，抢夺粮食和牲畜，掳掠妇女和儿童。定居在博茨瓦纳的茨瓦纳人部族几乎无一幸免，部族被冲散，四处逃难。有的族人躲入山区，有的甚至逃进卡拉哈里沙漠。这场战乱持续了 20 多年，直到 1840 年。动乱结束后，茨瓦纳人部族，特别是恩瓦托、恩瓦凯策和奎纳三个较大部族，通过聚合散落各地的本部族人，融合非茨瓦纳人小群体，逐渐恢复壮大起来。它们还以枪支武装部族军团，增强自卫和反击外来入侵的能力，并且用武力征服领地内外不愿效忠的非茨瓦纳人群体，重建起部族酋长国。到 1852 年时，茨瓦纳人部族都有自己的领地，基本上占有了博茨瓦纳的大部分土地，已成为这块土地居民的主体。

二 非茨瓦纳人群体进入和分化组合

这一时期，从周围地区进入博茨瓦纳的还有许多非茨瓦纳人群体。它们包括，卡拉哈里人、卡兰加人、叶伊人、姆布古舒人和赫雷罗人。

卡拉哈里人（亦称卡拉哈迪人）：考古学者和历史学者认为，卡拉哈里人的祖先也是 11 世纪居住在德兰士瓦地区的索托—茨瓦纳人。他们与茨瓦纳人同一族源。两者的语言和风俗习惯相似。由于他们的群体小、分散，组织松散，逐水草而居，未能形成组织完善的部族。实际上，卡拉哈里人不是一个单独的部族名称，而是许多名字不同小群体的综合名称。它的原意是"最干旱地区的人"。它包括恩霍洛哈人、帕伦人、沙哈人、夸腾人和拉拉人等小群体。这些小群体先后分散地进入博茨瓦纳，在卡拉哈里沙漠边缘和沼泽地边缘流动，逐水草而居。干旱季节，他们赶着牲畜从一个沼泽到另一个沼泽；雨水季节，他们在有水地方逗留，种植瓜豆为食。这些小群体后来集中居住在从莫莱波洛莱村西边延伸到博茨瓦纳与纳米比亚交界的高原地区。茨瓦纳人部族进入博茨瓦纳后，都是定居在卡拉哈里人业已居住的地区。

一些卡拉哈里人小群体已被奎纳、恩瓦托和罗隆等较大的茨瓦纳人部族所融合。一些卡拉哈里人则成为茨瓦纳人部族的附庸，为其主人进行繁重的劳务，失去人身自由，不能拥有财产。茨瓦纳人可以娶卡拉哈里人妇女为二房或三房妻子，但所生的孩子不能成为茨瓦纳人部族成员。这种不平等的关系，一直持续了几百年，直到博茨瓦纳独立后颁布宪法，卡拉哈里人才恢复自由，成为享有平等权利的公民。

卡兰加人：卡兰加人讲卡兰加语，一种与绍纳语相似的语言。据此，人们普遍认为，他们源于大约10世纪时在津巴布韦的一个群体。卡兰加这个名称大约在1700年时才采用。在此之前，他们曾是津巴布韦境内布图阿王国的主要居民，一直称自己为利利马人。罗兹维人入侵该国后，他们才改称自己为卡兰加人。这个名称是布图阿王国最后统治者的名字，意思是"惩罚者"。

卡兰加人一直居住在津巴布韦西南部和博茨瓦纳的弗朗西斯敦周围与津巴布韦交界的狭长地带。19世纪，殖民者人为划分疆界时，把卡兰加人一分为二：大多数被划入津巴布韦，少数划入博茨瓦纳。他们是非茨瓦纳人群体中人数最多的一个群体。现今的东北行政区就是卡兰加人聚居区。

三　周边地区王国的影响

公元1450年，在博茨瓦纳东部的津巴布韦，代替大津巴布韦国的是布图阿国，又称托尔瓦国。这个王国曾是当时南部非洲最大和最富有的国家，其首府在卡米，势力范围曾扩张到博茨瓦纳的马茨塔马和弗朗西斯敦周围地区，但从未进入卡拉哈里沙漠和茨瓦蓬山以南地区。这个王国统治时间长达400多年，即从1450～1840年。虽然在17世纪期间，王国的王位曾被尼查西凯及其子孙所篡夺，但其国家继续存在，只是首府从卡米迁至达纳恩贡贝，离博茨瓦纳边境更远。因此，后期影响较少。王国要求其所统治的地区臣民向国王交纳贡赋，包括谷物、毛皮和象牙。这个王国于 1840 年被恩德贝莱人灭亡。

在北部，一些历史书说，1750 年以前，那里的主要居民是晚石器时期的狩猎—采集者。16 世纪期间，赞比西河中游的洛兹人王国向南扩张，进入叶伊人、姆布古舒人和苏比亚人居住地区。为逃避向洛兹国纳贡，这三个群体人向南和向西迁移。叶伊人迁移到乔贝河一带；许多姆布古舒人向西迁移，起初到达宽多河，后来继续西进到达奥卡万戈三角洲；苏比亚人则定居于现今的卡萨内周围地区。

这一时期，在西部，赫雷罗人从纳米比亚逐渐向东南迁移，进入他们同一族源的姆布古舒人居住区以及讲科伊桑语的牧民区。

上述这些非茨瓦纳人小群体都在各自的小块土地上生活，成为后来博茨瓦纳共和国居民的组成部分。

四　茨瓦纳人反对布尔人的虐待和侵略

18 37 年，荷兰人后裔布尔人（亦称阿非利加人）越过瓦尔河（亦称法尔河）向西扩张。在茨瓦纳人罗隆部族的支持下，他们把"动乱时期"的祸首恩德贝莱人酋长姆齐利卡齐赶出德兰士瓦。1838 年，恩瓦托部族在博茨瓦纳境内击溃窜入博境内进行骚扰的姆齐利卡齐及其残部并迫使他们逃往现今津巴布韦的布拉瓦约。动乱时期遂告结束。

在德兰士瓦和博茨瓦纳境内的茨瓦纳人部族逐渐恢复元气，重建酋长国。但是，好景不常，他们又面临新的威胁：布尔人的虐待和侵略。布尔人认为，德兰士瓦是他们用武力夺取的，他们应是这块土地的主人。起初，居住在德兰士瓦的茨瓦纳人的卡特拉、特洛夸和莱泰等部族还能与布尔人分享土地，和平相处。但是，后来布尔人越来越多，攫取茨瓦纳人的土地兴办农牧场，并

强迫茨瓦纳人在农牧场从事奴隶似的无偿劳动，甚至当众鞭打反对奴隶性劳动的卡特拉部族酋长。德兰士瓦的茨瓦纳人被迫离开那里投奔博茨瓦纳境内的茨瓦纳人奎纳部族。

布尔人野心勃勃，还企图统治周围地区所有的茨瓦纳人部族。1852年，布尔人与英国签订《桑德河公约》。公约规定，英国允许布尔人统治瓦尔河以北地区的非洲人，不予干涉。同时还规定，英国只向布尔人出售枪支弹药，不向非洲人出售枪支弹药。实际上，布尔人和英国人联手反对非洲人。公约签订后，布尔人召集茨瓦纳人部族酋长开会。布尔人在会上宣布，茨瓦纳人部族已受布尔人统治。但是，茨瓦纳人各部族酋长都反对布尔人的统治，其中尤以奎纳部族酋长塞切莱一世最坚决。

布尔人遂把矛头针对奎纳部族，并于1852年7月30日派军队袭击奎纳部族首府迪马韦，烧毁首府房屋，毁坏庄稼，并掳走200多妇女和儿童。布尔人军队还袭击奎纳部族的盟友恩瓦凯策部族和恩瓦托部族，企图消灭他们。茨瓦纳人虽然没有打赢这场战争，但是他们击毙36名布尔人士兵，打击了布尔人的侵略气焰。此后，茨瓦纳人部族联合起来，购买枪支弹药，武装自己。他们还主动出击，进入德兰士瓦，烧毁布尔人农场房屋，夺走布尔人牛群，迫使布尔人放弃农场向东迁移，从而制止了布尔人的扩张和侵略。从这个意义上看，这场反侵略战争是茨瓦纳人的胜利。

第四节　殖民地时期（1885～1965年）

19世纪最后25年，欧洲列强为攫取原料和市场掀起一场瓜分非洲的争夺。为避免因争夺殖民地而打仗，欧洲国家于1884年在德国柏林召开和平瓜分非洲的会议。会议后，非洲国家除埃塞俄比亚和利比里亚外，都失去独立，沦为欧洲列强的殖民地。英国所属贝专纳兰保护地就是这个大争夺的产物。当时，英国称博茨瓦纳为贝专纳兰（Bechuanaland）。1884 年，德国宣布在纳米比亚沿海地区建立德国西南非洲保护地，并且从那里向内陆扩张。布尔人于 1883 年在现今南非的德兰士瓦成立德兰士瓦共和国并策划夺取茨瓦纳人在贝专纳兰的土地。在此形势下，英国担心，布尔人从东边，德国从西边，联合起来接管纳米比亚、坦噶尼喀和德兰士瓦之间地区，从而切断英国从开普殖民地向北通往矿产丰富的津巴布韦（当时称马绍纳兰和马塔贝莱兰）和赞比亚的通道。这条通道是英国在开普建立殖民地后开辟的，即从开普敦经过马弗京和博茨瓦纳的卡尼耶和莫莱波洛莱到达绍尚，然后从绍尚分别前往津巴布韦和赞比亚的交通要道。当时英国开普殖民地总理塞西尔·约翰·罗得斯（Cecil John Rhodes）已拥有南非的金伯利钻石矿，并且决心要垄断赞比亚铜矿和津巴布韦金矿开采权。此外，这条通道也是英国商人和传教士以及钻石矿招募劳工必经之路。它是大英帝国在南部非洲的经济大动脉。

为保护这条通道，1885 年 1 月，英国政府派遣查尔士·沃伦将军（Chales Warren）率领一支大约 4000 人的军队抵达马弗京一带茨瓦纳人罗隆部族定居区，把企图夺取罗隆部族土地的布尔人赶回德兰士瓦。沃伦将军和德兰士瓦共和国总统克鲁格在福尔廷河上会晤，双方同意划定德兰士瓦共和国西部边界，从而排除了布尔人对这条通往北方通道的威胁。1885 年 3 月，英国通知德国，英国已把莫洛波河以北的"贝专纳兰保护地"扩大到南纬 22 度，其北边界限达到现今的塞莱比—皮奎。4 月，沃伦将军在传教士麦肯齐陪同下带着大约 70 名士兵进入贝专纳兰，告诉茨瓦纳人恩瓦托和奎纳两部族的酋长卡马和塞切莱，他们的酋长国已是英国"贝专纳兰保护地"的组成部分。英国就这样用武力在茨瓦纳人事先一无所知的情况下宣布对博茨瓦纳的殖民化，从而保护了它通往北方的通道。

英国政府提出把"贝专纳兰保护地"交给开普殖民地管辖。但是，开普殖民地不愿接管。于是，1885 年 9 月 30 日，英国政府决定，"贝专纳兰保护地"一分为二：莫洛波河以南地区为英属贝专纳兰女王殖民地；莫洛波河以北地区，即现今博茨瓦纳仍然称"贝专纳兰保护地"。前者于 1895 年 11 月最终并入开普殖民地，而后者按原名保持下来。

一　茨瓦纳人勉强接受英国"保护"

国是在茨瓦纳人部族酋长事先一无所知的情况下突然宣布对他们的酋长国实行保护的。因此，恩瓦凯策部族酋长哈塞茨韦一世和奎纳部族酋长塞切莱都强烈反对这种保护。他们质问沃伦将军，他们没有受到任何威胁，也没有要求保护，为什么要保护他们。酋长们担心，这种保护将使他们失去独立和土地。只有恩瓦托部族酋长卡马表示接受保护，并在传教士麦肯齐怂恿下答应向英国提供不属于其领地的土地让英国人来定居。他这样做的目的是想利用英国定居者来保护他的部族不受布尔人从德兰士瓦入侵。最后，反对保护的茨瓦纳人统治者在英国武力威胁下被迫勉强地接受了保护。但是，他们提出，要保留酋长对部族内部事务的管理权力，保护地当局不得干涉部族内部事务。英国对贝专纳兰（博茨瓦纳）的殖民统治就是这样开始的。1890 年，保护地的管辖范围又扩大到北部恩加米兰地区的塔瓦纳部族酋长国，最后达到乔贝河和赞比西河，包括整个北部地区。

在其对贝专纳兰长达 80 年的殖民统治期间，英国殖民者在政治方面不设中央政府，实行"间接统治"；在经济方面，让茨瓦纳人交纳沉重的税收支付殖民行政经费；殖民当局长期漠视经济发展和社会事业。结果，殖民者留给博茨瓦纳的遗产是一穷二白。

二　政治方面的"间接统治"

在茨瓦纳人主要部族接受"贝专纳兰保护地"的既成事实后，由于保护通往北方道路的目的已达到，英国对于管理贝专纳兰则不感兴趣。英国政府决定，在贝专纳兰不设中央政府，由开普殖民地总督管辖，下设一位驻节长官协助管理。当地茨瓦纳人部族事务仍由各部族大酋长按传统方式进行统治。英国殖民官员卢加德勋爵（Lord Lugard）称这种殖民统治方式为"间接统治"，因为他在尼日利亚北部实行的就是这样的殖民统治。

第一任兼管贝专纳兰保护地的总督是赫尔克里士·鲁宾逊（Hercules Robinson）。负责直接管理保护地的是驻节长官和两位副长官。首任驻节长官是西德利·希伯德（Sidley Shippard）。他的两位副手分别常住在贝专纳兰境内的哈博罗内和帕拉佩（后迁至弗朗西斯敦）。1935 年后，驻节长官改称地方长官。整个殖民时期，驻节长官署一直设在南非境内的马弗京，而长官署的大多数官员是从南非招聘的。

副驻节长官的职责是，协助驻节长官管理保护地，维护那里的和平与秩序，代表驻节长官处理不属于茨瓦纳人部族的涉及白人、亚洲人和非洲人之间的所有问题。他还受权作为法官审理有关茨瓦纳人的重大案件，如杀人案。这种刑事案件不能在大酋长主持的习惯法庭（村社会议）上审理。副行政长官要尽量不干涉茨瓦纳人大酋长处理部族事务的权力。

1885 年还建立了一支"贝专纳兰保护地"边防骑警，开始时人数很少。1889～1895 年期间扩大至 500 人。其任务是维护"保护地"的和平与秩序，防止茨瓦纳人重新要求独立。此外，防止毗邻的恩德贝莱人和布尔人的入侵。这支骑警一度与英国南非公司的骑警合并，帮助该公司在赞比亚开拓殖民地。后来于

1902 年又分开，仍为"保护地"骑警。

殖民初期，即从 1885～1889 年期间，英国很少过问贝专纳兰的事情。当地茨瓦纳人的事务完全由各部族酋长按传统方式进行统治，酋长们也愿意这样做。但是，到 1890 年，周边地区情况发生了变化。由于英国南非公司已实现其在津巴布韦和赞比亚的殖民统治，"贝专纳兰保护地"的地位变得越来越重要了。1891 年 6 月 10 日，英国政府发布第 2 号枢密令，授权开普殖民地新任总督亨利·洛德爵士（Sir Henry Lord）在"贝专纳兰保护地"建立基于英国法律的白人殖民政府，赋予驻节长官及其常住哈博罗内和帕拉佩的副长官一些新权力，颁布了经营枪支弹药需领执照的法令，并宣布"保护地"的北部边界扩展到乔贝河和赞比西河，设立法庭审理白人之间案件以及白人和黑人之间的案件。新成立的白人政府与茨瓦纳人基于部族传统建立的部族政府是平行的，但却不是平等的。因为总督及其下属官员现在已成为酋长及其部族人的合法当局。尽管总督在处理与部族有关的事务时要尊重那些与英国法律不悖的部族传统和风俗习惯，但是他也可以不理睬那些与英国法律相悖的茨瓦纳人的风俗习惯。殖民政府获得的这些新权力遭到茨瓦纳人部族酋长的反对。但是，管辖贝专纳兰殖民政府的总督现在有权处罚不遵守法律和不听话的酋长。洛德爵士因奎纳部族酋长塞贝莱不执行营业执照法而罚他 10 头牛并迫使他依法办事。更有甚者，总督还以坚持部族独立性和维护部族风俗习惯为由，公然废黜塔瓦纳部族酋长合法继承人塞霍马·莱特绍拉泰贝并把他投入哈博罗内监狱监禁 6 年。实际上，这时英国总督已成为"保护地"的太上皇。他根据英国政府的意志颁布法令，茨瓦纳人部族酋长，只有遵守的义务，没有反对的权利。

虽然总督的权力大大加强并且可以随意处罚茨瓦纳人部族酋长，但是酋长仍保持着相当大的权力。因为殖民政府官员要依靠他们收集税款，维持和平，解决部族内部纠纷，通过酋长执行法令并为公共事务提供劳力。一些酋长也利用殖民政府对他们的依赖，滥用权力，扩大自己领地势力范围，不准受其统治的小群体离开或恢复原有部族名称和自主权。殖民当局一般都偏袒大部族酋长的这些专横跋扈行为。

殖民当局和酋长的这种从上而下的独断专横的统治持续了将近 20 年。但是，历史车轮在前进。随着非洲各地争取民族独立浪潮的兴起，到 20 世纪 20 年代，一些茨瓦纳人知识分子开始向这种专横殖民统治提出挑战。受过良好教育的普通茨瓦纳人西蒙·拉特绍纳（Simon Ratshona）首先发难，提出普通的茨瓦纳人应参与管理自己的国家，认为酋长不再是他们理所当然的代表。他的理由是，茨瓦纳人是纳税人，应当参与制定法律。在酋长阶层，受过现代教育的伊桑·皮拉内（Isang Pilane）酋长提出，应建立一个强大的茨瓦纳人会议，团结一致，保护自己的利益。

1919 年，为了平息茨瓦纳人知识阶层的不满情绪，并想了解茨瓦纳人对管理国家的想法，总督有条件地同意建立"土著人咨询会议"，条件是，该会议只能提供咨询意见，无权制定、修改或废除法律；殖民政府可以不接受其咨询意见；会议由各个部族大酋长指定的代表组成（通常是头人），大酋长是成员，驻节长官是该会议的主席。后来，这个咨询会议更名为"非洲人咨询会议"，因为非洲人不喜欢"土著人"这个称呼。

"非洲人咨询会议"的成立和运作，标志着茨瓦纳人争取自治和独立的民族主义觉醒，为争取独立迈出了重要的一步。后来，这个咨询会议成为可以讨论任何问题的论坛，并且就许多问题对殖民政府提出批评。比如，政府中没有茨瓦纳人公务员，政府工作中有种族歧视现象，服装行业的非洲人工资低，贝专纳兰没有发展经济，教育和卫生设施很差等等。

非洲人代表还通过该会议强烈反对殖民政府让南非接管贝专纳兰，并挫败了这个兼并图谋。在咨询会议中，各部族代表学会了用一个声音说话，为整个国家利益说话，而不是为各个部族利益说话。该咨询会议还成功地使驻节长官每年向会议作殖民政府工作报告，并就报告提出改进工作意见。

1920 年，殖民政府应贝专纳兰欧洲人定居者的要求建立了"欧洲人咨询会议"，专门讨论保护地内涉及白人的问题。这个咨询会议的成员由欧洲人选区选举产生，其中一些成员由殖民政府任命。驻节长官也是该会议的主席。它与非洲人咨询会议是平行的。但是，从一开始，非洲人就反对分别建立白人和黑人咨询会议。理由是，这样做会使国家分裂，并为种族主义法律开道。此外，非洲人咨询会议对欧洲人咨询会议的一些成员敦促殖民政府把贝专纳兰转交给南非联邦的行为感到愤怒。不过，欧洲人会议中一些成员与非洲咨询会议的成员，主张应把贝专纳兰保护地当作一个国家予以发展。两个会议观点相同的成员一起敦促殖民政府建立联合咨询会议。1950 年，殖民政府同意建立联合咨询会议，由两个会议各出数目相等的代表组成。殖民政府派代表参加。茨瓦纳人利用这个机构争取在"保护地"事务管理方面有更多发言权，争取平等权利。起初，黑人和白人代表在一起工作感到很困难。1956 年以后，殖民政府授予联合咨询会议更大权力，并尽可能地按照该会议的意见进行管理。联合咨询会议从1950 年建立至 1965 年实行内部自治时结束。代替它的是，内部自治立法会议。

三　殖民时期茨瓦纳人的内忧外患

在整个殖民时期，茨瓦纳人除了为维护部族权益与殖民当局斗争外，还战胜了严重的外来兼并威胁，经历了小部族闹分离的事变。

（一）茨瓦纳人坚决反对外来兼并威胁

英国认为，贝专纳兰是块贫穷的半沙漠地带，总想找机会把它转让给别人。1885 年英国宣布贝专纳兰为其保护地后，茨瓦纳人虽然暂时免受布尔人的袭击，但是此后不久，他们又面临分别来自罗得斯的英国南非公司和南非联邦的兼并威胁。

在整个殖民统治时期，茨瓦纳人通过各种方式坚决反对外来兼并威胁，使来自两方面的外来兼并图谋未能得逞。

1. 反对来自英国南非公司的兼并威胁

塞西尔·约翰·罗得斯是英国海外最大工商资本家和野心勃勃的殖民者。他的殖民狂妄野心是，要在非洲建立一个南起开普敦、北至开罗的大英殖民帝国。在南部非洲，他要攫取全部矿产开采权。1889 年，英国批准罗得斯成立英国南非公司时，就已经把贝专纳兰保护地划入该公司管辖的范围，成为其后来要求兼并贝专纳兰的法律依据。1894 年，在实现南北罗得西亚（现今津巴布韦和赞比亚）的殖民化目标后，罗得斯紧接着就要求英国政府遵守诺言，立即将贝专纳兰保护地转交给他的公司管辖。

茨瓦纳人看到罗得斯及其公司在南北罗得西亚掠夺非洲人土地和财产，并且血腥屠杀和虐待恩德贝莱人和其他非洲人，因而十分憎恶罗得斯及其公司，强烈反对罗得斯兼并贝专纳兰的要求。

从多种渠道得知罗得斯对贝专纳兰的兼并迫在眉睫时，茨瓦纳人主要部族的 4 位大酋长卡马、塞贝莱、林翠和巴托恩于 1895 年 7 月联名向英国殖民大臣递交请愿书，要求贝专纳兰保护地继续受英国管辖，反对罗得斯接管。与此同时，恩瓦凯策、恩瓦托和奎纳三个部族大酋长巴托恩二世、卡马和塞贝莱前往伦敦，直接向英国政府申诉，并寻求英国公众的同情和支持。伦敦宣教会为他们组织了多次游说公众集会，并通过媒体反映茨瓦纳人反对兼并的呼声。英国殖民大臣约瑟夫·张伯伦劝说酋长们与

罗得斯的代表谈判接管贝专纳兰的条件，但遭到酋长们的拒绝。殖民大臣收到许多宗教界和商界人士抗议信，要求贝专纳兰继续受英国管辖。在此情况下，英国政府担心得罪众多选民，影响下届大选。于是，拟出一个妥协解决办法。

1895 年 11 月 7 日，张伯伦大臣会见三位酋长并与他们签订了一个照顾双方利益的协议。主要内容是：茨瓦纳人部族允许英国南非公司在贝专纳兰保护地东部狭长地带建筑一条铁路，并割让筑路用的土地；贝专纳兰划分为茨瓦纳人部族保留地和英国女王土地；恩瓦凯策、恩瓦托和奎纳三个部族领地继续为英国保护地，酋长统治地位不变；征税支付保护地政府的经费；部族的禁止烈性酒法不变。签约后，酋长们发现，他们只保住了"半壁江山"，因为这个协议对于卡拉哈里沙漠区、卡特伦区和恩加米兰区的部族人没有任何用途。与此同时，罗得斯的亲信詹姆森博士以建筑铁路为借口从莱泰和罗隆两部族获得靠近南非德兰士瓦边境的两块租借地。罗得斯立即任命詹姆森为这两块土地的驻节长官，并策划了一起武装袭击德兰士瓦共和国事件，企图煽起暴乱，乘机夺取德兰士瓦，赶走布尔人。但事与愿违，参与袭击的武装人员竟向布尔人投降了。世界各国舆论为此谴责英国利用贝专纳兰为跳板侵略邻国的行径。英国担心其国际声誉受损，决定贝专纳兰不再转交给罗得斯的公司，并且收回罗得斯已经租借的上述两块土地。尽管罗得斯的狂妄侵略野心使他攫取贝专纳兰的美梦彻底破灭，但是他在贝专纳兰的经济利益却有所得。1904 年，英国政府批准他的公司建造一条穿过贝专纳兰东部狭长地带的铁路。此外，图利、哈博罗内和洛巴策三个农场区划归该公司所有，成为三个欧洲人定居区。

2. 反对来自南非联邦的兼并威胁

1908～1909 年期间，英国政府和布尔人商谈建立南非联邦事宜。1910 年关于建立南非联邦的法案就写明，开普殖民地总督管辖的贝专纳兰（今博茨瓦纳）、斯威士兰（今斯威士兰）和巴苏陀兰（今莱索托）三个保护地应转交给南非联邦。而英国也愿意这样做，因为当时英国认为，这三个保护地本身经济无发展前途，它们是为南非联邦矿山提供劳工的基地。

茨瓦纳人坚决反对把贝专纳兰保护地并入南非联邦，因为南非联邦的布尔人实行种族主义政策，压迫和虐待非洲人。

1908 年，在得知开普殖民地总督准备把贝专纳兰转交给南非联邦的信息后，茨瓦纳人奎纳部族酋长塞贝莱会同恩瓦凯策、卡特拉和莱泰三部族酋长（恩瓦托部族酋长后来也参加）一起向英国政府提出请愿书，要求贝专纳兰保护地应保持英国管辖现状，不应并入南非联邦。巴托恩和塞贝莱两酋长又委托信得过的商人杰兰斯（Gerrans）在伦敦公开发表茨瓦纳人反对贝专纳兰并入南非联邦的理由。英国报纸刊登了茨瓦纳人的呼声并且获得英国反对种族主义的政治家的同情和支持。

由于贝专纳兰、斯威士兰和巴苏陀兰三个保护地的非洲人都反对把他们的土地并入南非联邦，英国政府决定推迟并入时间，并宣布今后转交之事应与三个保护地酋长们协商后再解决。

1924 年，布尔人狂热的种族主义者赫尔佐格（Hertjog）将军出任南非联邦总理。他对英国政府施加压力，要求开普殖民地总督立即把三个保护地转交给南非联邦。贝专纳兰的白人农场主支持赫尔佐格的要求。在此期间，英国殖民大臣访问了三个保护地，看到了茨瓦纳人的反对情绪是如此强烈。他担心，如果强行这样做，可能会引起茨瓦纳人部族的暴动。

鉴于赫尔佐格在南非联邦大力推行种族主义法律，英国政府和选民都不赞成种族主义暴政，倾向于继续管辖三个保护地。当英国政府在这个问题上犹豫不决时，赫尔佐格对贝专纳兰施加了经济压力：限制进口贝专纳兰的牛，减少从贝专纳兰招聘季节劳工。这种经济压力持续了较长时间，给茨瓦纳人经济造成很大损

失。但是，茨瓦纳人设法顶住了压力，没有屈服。

20 世纪 50 年代，非洲大陆殖民地人民掀起要求民族独立运动。1959 年，英国宣布了给予殖民地自治和独立的政策，从而包括贝专纳兰在内的三个保护地就不存在转交给南非联邦问题，并将像其他英国殖民地一样走向自治和独立。

综上所述，在英国殖民统治大部分时间里，贝专纳兰一直受着外来兼并威胁。正是茨瓦纳人的一些部族酋长塞贝莱、卡马和巴托恩等凭借他们的勇气和政治谋略，在部族人和英国同情者的支持下，挫败了这些兼并图谋，捍卫了国土的完整。他们的英勇斗争事迹，受到茨瓦纳人的赞誉，载入博茨瓦纳的史册。

（二）三起内部闹分离的风波

殖民统治前，一些小部族群体因逃避战乱投奔茨瓦纳人大部族，成为后者的附属群体。殖民统治后，殖民当局于 1891 年划定部族领地边界时，一些小部族定居点被划入茨瓦纳人大部族领地，成为其附属群体。大部族在殖民时期加强了对其附属群体的专制统治，引起附属群体的不满和反抗。一些小部族群体拒绝接受大部族统治，要求建立自主自管的部族社区。殖民时期，在茨瓦纳人大部族中，就发生过三起为时较长、影响较大的附属群体闹分离的政治风波。

1. 比尔瓦人闹分离的风波

比尔瓦人有许多群体，一直居住在贝专纳兰的东南部。殖民统治前，恩瓦托部族声称，这个地区，是其部族管辖区，但是从未控制过这个地区。因此，那里的比尔瓦人认为自己是独立的部族。殖民时期，殖民当局划定部族领地边界时，把比尔瓦人聚居的图利区给予英国南非公司，其余部分划入恩瓦托部族领地。恩瓦托部族为加强对其附属群体的统治，在该地区的博博隆建立一个比尔瓦人中心村，并派遣恩瓦托人为长官，统治比尔瓦人。一些比尔瓦人不迁入中心村，拒绝接受恩瓦托人长官的统治。另一方面，1910 年，英国南非公司开始出售图利地区土地给白人办农场。那里的比尔瓦人失去了土地。那些不愿成为农场佃户的比尔瓦人被命令离开农场区。但是，马莱马领导的比尔瓦人群体拒绝离开自己祖先留下的土地，也不迁入博博隆村。1919 年，殖民政府让恩瓦托部族大酋长卡马三世处理此事，因为这些比尔瓦人曾是恩瓦托部族领地的居民。卡马派遣全副步枪武装的部族军团进入那里的比尔瓦人村庄，烧毁房屋，掠夺财产，不准比尔瓦人收割已成熟的庄稼。马莱马逃往德兰士瓦，他的许多族人逃至南罗得西亚和南非，投奔在那里定居的比尔瓦人。留在图利农场区的比尔瓦人被迫从事奴隶般的劳动。1922 年，流亡在德兰士瓦的马莱马聘请律师把卡马三世告上法庭，控告他掠夺比尔瓦人祖先的土地，虐待比尔瓦人并要求卡马酋长赔偿 4 万英镑的财产损失费。由于殖民当局阻碍案件的审理，马莱马无望获胜，撤销诉讼。马莱马流亡在外，直到 1944 年关于他的禁回令取消后才回到贝专纳兰的莫拉拉托。他的后代和追随者一直定居在那里。独立后，比尔瓦人群体都享有博茨瓦纳公民权利。马莱马的孙子姆米尔瓦·马莱马现在是博博隆村比尔瓦人群体的头人。

2. 卡兰加人闹分离的风波

约翰·恩斯瓦兹维领导的卡兰加人群体是卡兰加部族的一个分支，居住在恩瓦托部族领地的东北部。他们因战乱逃难投奔恩瓦托部族并在其领地内建立定居点。恩斯瓦兹维于 1920 年成为卡兰加人这个群体的领导人。此前，他曾在南非当过矿工。这个群体有自己的头人，接受恩瓦托部族大酋长的间接统治。蔡凯迪·卡马接任恩瓦托部族酋长后，因向卡兰加人征税并侵犯卡兰加人牧场，引起卡兰加人不满。1929 年，恩斯瓦兹维绕过蔡凯迪大酋长直接向殖民当局的驻节长官指控蔡凯迪粗暴对待卡兰加人，征收牛税和漠视发展本地区教育事业。为此，蔡凯迪命令恩斯瓦兹维到塞罗韦接受审讯。恩斯瓦兹维逃至马弗京，要求驻节

长官保护。驻节长官让常驻塞罗韦的地方长官就此事进行调查。调查报告作出有利于蔡凯迪的裁决。结果是,恩斯瓦兹维及其追随者被放逐到塞罗韦。这时候,蔡凯迪的反对者在英国报纸上发表文章曝光卡兰加人遭受苦难情况,一些卡兰加人写信给驻节长官,要求放回恩斯瓦兹维并要求独立。驻节长官认为,一些指控是对的。恩斯瓦兹维被释放,但需付给蔡凯迪大酋长 85 头牛的税款。卡兰加人的这个群体继续反抗恩瓦托人的统治。

为进一步加强控制,蔡凯迪把卡兰加人集中居住在较大村庄并派恩瓦托人长官管辖村庄,强迫卡兰加人为恩瓦托部族服劳役,甚至阻止罗马天主教士为卡兰加人提供卫生设施。

双方紧张关系加剧。1942 年,蔡凯迪以拒不参加他召集的会议罪名判处恩斯瓦兹维 18 个月的监禁。出狱后,恩斯瓦兹维不顾蔡凯迪的反对,回到自己族人中,受到英雄般的欢迎。蔡凯迪得知此事后派他的代表带着殖民当局骑警去抓捕恩斯瓦兹维,卡兰加人向骑警投掷石块拒捕。殖民当局对此作出强烈反应,派出全副武装的恩瓦托部族军团在殖民当局骑警和南罗得西亚军队的协助下,进攻卡兰加人村庄,战机在上空盘旋助威。恩斯瓦兹维及其追随者被逮捕并带到塞罗韦受审,然后放逐到马弗京。

但是,卡兰加人这个群体没有屈服,选出尼叶纳·齐梅拉为群体的酋长,继续拒绝接受恩瓦托人的统治并要求独立。1947 年 9 月,蔡凯迪再次派恩瓦托部族军团在殖民当局骑警的协助下袭击卡兰加人群体,烧毁房屋和财产,迫使这个群体的大约 1600 卡兰加人逃回他们的老家吉特吉尼。1948 年,流亡在马弗京的恩斯瓦兹维及其追随者获准前往南罗得西亚投奔在那里的同族人。这场附属群体闹分离的冲突直到 1958 年蔡凯迪卸任大酋长后才告结束。恩斯瓦兹维的这个群体的许多卡兰加人回到贝专纳兰并在马拉蓬定居。1960 年,恩斯瓦兹维在吉特吉尼逝世。

3. 卡特拉人闹分离的风波

霍布阿曼酋长领导的卡特拉人群体是卡特拉部族的一个分支，居住在莫舒帕。动乱时期，这个群体逃避动乱投奔茨瓦纳人恩瓦凯策部族并成为其附属群体。1930 年，恩瓦凯策部族大酋长巴托恩事先未与卡特拉人商量就决定向卡特拉人男人征收 2 先令的人头税，并要卡特拉人为恩瓦凯策人修建卫生设施。霍布阿曼酋长拒绝纳税。为此，巴托恩大酋长要撤销霍布阿曼的酋长职位。但是，驻节长官不同意撤掉霍布阿曼的酋长职位，命令把他带到卡尼耶，使他离开族人。但是，卡特拉人仍然拒绝纳税，也不参加巴托恩大酋长召开的会议。

在此情况下，巴托恩大酋长派军警去逮捕霍布阿曼酋长并把他带到卡尼耶。在卡特拉人交纳 25 头牛的罚金后，霍布阿曼才回到莫舒帕。但是，这位卡特拉人酋长仍不服从巴托恩大酋长的统治，拒不出席大酋长召开的会议。

1932 年 4 月，巴托恩大酋长在殖民政府常驻卡尼耶的地方长官库曾的支持下，要求霍布阿曼及其领导的卡特拉人群体离开恩瓦凯策部族领地。新任地方长官莱德布尔批评其前任库曾和巴托恩大酋长对此事处理不当，并进行调查。但是，调查人偏袒巴托恩大酋长，在调查报告中建议，如果霍布阿曼拒绝承认巴托恩为他们的大酋长，就把这些卡特拉人送回南非的德兰士瓦；还建议把霍布阿曼酋长放逐到杭济。殖民当局驻节长官甚至提出派飞机轰炸莫舒帕村。但是，开普殖民地总督和英国政府都不同意这些建议，责令殖民当局逮捕霍布阿曼，并把他送至哈博罗内警察营地监禁 7 个月。

1935 年，霍布阿曼酋长及其大约 5000 族人离开恩瓦凯策部族领地的莫舒帕并在昆嫩区的塔马哈定居。1940 年，这位倔强的老酋长逝世，享年 95 岁。留在莫舒帕的卡特拉人仍然不承认巴托恩为他们的大酋长。

四 殖民时期茨瓦纳人的沉重经济负担

英国在贝专纳兰保护地实行"间接统治"并非是真正尊重茨瓦纳人的传统和风俗习惯,而是因为"间接统治"可以不花钱,或少花钱,通过纳税让茨瓦纳人自己负担殖民统治的费用。这也是英国对其殖民地统治的一个重要原则。虽然殖民当局的征税计划是在1888年决定的,但是由于茨瓦纳人的反对,一直到1899年才付诸实施。1895年,茨瓦纳人的恩瓦凯策、恩瓦托和奎纳三个主要部族的大酋长有条件地同意征税,条件是英国政府不得把他们的部族领地转交给英国南非公司。

殖民时期,茨瓦纳人交纳两种税:一是"人头税",二是"附加分级税"。

1. "人头税"

1899年,管辖贝专纳兰保护地的总督洛德宣布对茨瓦纳人征收10先令的"茅屋税",即居住在一间茅屋的成年男人每年需交纳这种税;如果两个以上男人同住一间茅屋,每个男人都要交纳这种税。1907年,这种税更名为"人头税",税款由10先令增至20先令。1919年在"人头税"上又增加3先令的"土著人税"。这3先令的附加税纳入"土著人基金",用于非洲人的教育、卫生、农业和其他福利事业。1938年,"人头税"和"土著人税"合并为"非洲人税",是每个年满18岁的成年男人必须交纳的年税。

2. "附加分级税"

除"人头税"外,殖民当局还征收"附加分级税":凡饲养牛不足9头或年收入不足48英镑者,每年需交纳分级税5先令;凡饲养牛300头以上或年收入500英镑者,每年需交纳10英镑分级税。

税收法规定,对于不交税者,罚款5英镑或判处三个月的监禁。

"附加分级税"只涉及少数大、中牧主，影响不大。而"人头税"则涉及千家万户，对广大无牛户穷人和无现金收入的小农牧户却是沉重的负担。由于当时在贝专纳兰几乎没有可赚钱的工作，小牧户为得到现金纳税，只得卖牛，变成无牛户。广大无牛户被迫前往南非矿山或农场当移民工，赚取现金纳税。这种移民工是从19世纪40年代开始的，到20世纪60年代，人数最多时为5万多。

税收总额的大部分归殖民当局用作行政管理经费，其中1/3用于维持一支警察部队，最多时约500人。总额的10%作为佣金给予各部族大酋长，因为大酋长是税收的征集人。这样就保证了税收的征集工作能顺利进行。

但是，另一方面，在贝专纳兰保护地定居的白人及其经营的农场或商业，都不纳税。尽管1922年殖民当局曾宣布要向白人群体征收个人所得税，但却没有执行。这就是说，富有的殖民者可以不纳税，而贫穷的殖民地人民必须纳税。

由于茨瓦纳人交纳的税收的大部分用于行政管理，对于贝专纳兰的经济发展和社会事业，殖民当局长期采取漠视态度。

五　殖民当局长期漠视经济发展和社会事业

英国宣布贝专纳兰为其保护地的目的是保卫其通往北方的经贸通道。这个目的达到后，英国对于这块贫穷的半沙漠土地的发展不感兴趣，并且总想把它转交给英国南非公司或南非联邦。因此，在其对贝专纳兰殖民统治期间，殖民政府长期漠视那里的经济发展和社会事业。在长达80年的统治期间，有50年根本不过问这些方面的事情。直到1945年第二次世界大战结束后，才开始考虑这些问题，并进行调查研究。1954年，英国政府派考察团调查贝专纳兰的发展情况，得出的结论是，在

两次大战期间，贝专纳兰在发展方面没有取得什么像样的发展。在殖民统治结束前10年，在各方面的压力下，英国政府才由其殖民发展部拨款，做了一些事情。这样的结果是，博茨瓦纳独立时，除养牛业有所发展外，其他经济领域几乎没有什么发展可言，社会事业也很落后。

以下是殖民时期，贝专纳兰经济领域和社会事业方面的发展情况。

1. 畜牧业

贝专纳兰有大面积良好的天然牧场，适于饲养牲畜。茨瓦纳人宁愿养牛，而不愿种庄稼。殖民政府最感兴趣的是养牛业，因为牛肉销售给它带来收入。茨瓦纳人部族都重视发展养牛业，大多数部族不要殖民政府帮助，主动饲养良种牛，注重肉牛质量。但是，养牛业方面的一个主要问题是兽疫。1896～1897年，贝专纳兰曾发生牛瘟，导致成千上万头牛死亡。殖民政府于1905年建立了兽医署，为牛打防疫苗，帮助牧场树立防护栏，建立防疫区。由于兽医署的工作，一些牛瘟消灭了，牛口蹄疫爆发时即被制止。1934～1943年期间，兽医署在全贝专纳兰执行发展畜牧业计划。在每个地区建立一个畜牧业发展站，讲授改良畜牧业方法，建立培育良种公牛和公羊场，并以补贴价卖给茨瓦纳人牧主。此外，还提供母牛人工授精服务。

畜牧业的另一个主要问题是，贝专纳兰没有销售市场，也没有牛屠宰厂，只能向南、北罗得西亚及南非出口活牛。为发展养牛业，英国冷冻公司曾于1934年在洛巴策建立一个牛屠宰厂，但因多种原因关闭了。1954年，英联邦开发公司在洛巴策重建牛屠宰厂，并于20世纪50年代在欧洲国家和以色列开辟了海外市场，取得成功。但是，牛肉出口业主要的受益者是殖民政府、联邦开发公司、少数茨瓦纳人大牧主、白人牧场主和做牛买卖的白人中间商。而大多数茨瓦纳人无牛户没有受益。

由于兽医署采取的防治兽疫和培育良种措施以及牛屠宰厂的建立，贝专纳兰的牛存栏总数由 1946 年的 95 万头增加到 1966 年的 123 万头，养牛业有较大的发展。

2. 农业

由于干旱缺雨和原始的耕作方法，茨瓦纳人的农业生产靠天收，一般只能自给自足。遇到旱灾，则要逃荒，采集野生植物为生。殖民政府对茨瓦纳人农业生产落后状况一直采取漠视态度。多亏传教士引进铁犁，茨瓦纳人才使用牛或驴拉犁代替了刀耕火种的原始耕作方式。但是，另一方面，殖民政府 1891 年划定部族领地边界时，却把许多自然条件好的土地划归英国人或布尔人开办农场，并给白人农场主贷款购买设备，为农场修建通往铁路的公路，方便他们出售农产品。这些地区的非洲人失去了土地。

1938 年，殖民政府才在马哈拉佩设立农业署，但因无钱购买必要的物资和设备，长期不能运作。1954 年，农业署举办了非洲人农业示范站，但由于茨瓦纳人无钱购买农业设备，示范工作也不成功。

总之，殖民时期茨瓦纳人的农业生产的落后状况一直没有得到改善。

3. 工业

殖民时期，贝专纳兰保护地，除洛巴策的牛屠宰厂外，几乎没有其他工业可言。能称作工业的还有牛脂肥皂厂、奶制品厂和牛肉罐头厂。这些小厂在产品价格和质量方面都无法与南非同行竞争，因此效益差。此外，就是茨瓦纳人自办的啤酒酿造和手工艺作坊。以上就是殖民政府给博茨瓦纳留下的工业遗产。

4. 采矿业

由于殖民政府长期不进行地质勘探工作，殖民统治时期采矿业很少，也不赚钱。1869 年罗得斯的英国南非公司在塔蒂地区开采金矿，但产量小并于 1964 年关闭。1891 年恩瓦托部族领地

内开采过煤，但因南罗得西亚和南非开采的煤价格便宜而被迫停产。20 世纪 20 年代，恩瓦凯策部族领地的卡尼耶附近开采过石棉。在该部族和莱泰部族领地内还有锰矿，但都是小矿。

直到第二次世界大战后，殖民政府才开始对矿业感兴趣，因为 1943 年英国公共工程部派考察团到贝专纳兰进行系统的地质勘查，寻找矿产和水源，调查团的报告列出一些地区发现了铁、铜和石棉矿物。这也引起矿产公司的兴趣。在弗朗西斯敦附近建立了"布须曼"铜矿。1959 年，南罗得西亚的罗安选矿公司与恩瓦托部族签订了一项勘探协议并于 1965 年在塞莱比—皮奎发现了铜镍矿。到 1966 年，几乎所有小矿都因为不赚钱而停产。殖民统治结束时，采矿业收入在殖民政府的岁入中只占 5%。

5. 交通运输

殖民时期，贝专纳兰东南部狭长地带有一条所有权属英国南非公司的单轨铁路。它是该公司建造的。它不是为贝专纳兰保护地发展服务的，而是为了运输南罗得西亚的矿产，发展南罗得西亚的经济。茨瓦纳人没有从这条铁路得到直接好处，只有一些间接好处，即能够从商店里买到铁路运来的进口物品。殖民政府长期漠视公路基础设施建设。全境 7200 公里道路，几乎都是牛拉车土路。仅有 6 公里沥青路面公路，其中 5 公里在洛巴策，是 1947 年为英王乔治六世访问洛巴策修建的。另外 1 公里在白人商业镇弗朗西斯敦。直到殖民时期的最后几年，殖民当局才修筑了洛巴策至杭济和弗朗西斯敦至马翁的较好的公路。沿铁路和公路干线装有电话线。邮政服务只限于人口聚居的大村庄。

6. 教育和卫生事业

教育：殖民当局不愿在经济发展方面花钱，也不愿在教育和卫生事业方面花钱。贝专纳兰保护地的现代教育事业是由传教士办小学开始的。后来茨瓦纳人各部族相继自筹资金兴办自己管理的小学和中学。殖民当局直到 1904 年才派调查团了解保护地的教育情况。调查团的结论是，教会办的小学强调宗教宣传，不受茨瓦纳人欢迎，而部族自办的学校很受欢迎。调查团建议，政府每年应当资助学校。1904 年，英国政府不顾调查团的结论，竟然只给伦敦宣教会 500 英镑资助，而不给茨瓦纳人办的学校资助。殖民当局的这种厚此薄彼的做法是一贯的。例如，1931～1932 年度，英国政府为贝专纳兰不到 200 名殖民者子女小学拨款几千英镑，而对上小学的 8000 名茨瓦纳人儿童却分文不给。

关于中等教育，卡兰加部族人卡莱曼·杜梅迪绍·莫策特（Kgaleman Tumedisho Motsete）于 1932 年在卡兰加部族资助下兴办过 1 所初级中学，后因缺少经费于 1942 年关闭。办学时间不长，但却培养出许多有用人才，如教师、司机、店员、警察和法院翻译。1934 年，天主教会曾办过 1 所农业学校，因得不到部族的支持而于 1940 年关闭。后来，这个教会于 1944 年办起圣约瑟初级中学兼教商业课程，颇受欢迎。

1940 年，殖民政府才在塞罗韦和卡尼耶两地各办 1 所师范学校，培养小学教师。1951 年，恩瓦托部族自筹资金办了莫恩公学，开始只接收本部族子女。1956 年，殖民政府接管这所公学并向所有茨瓦纳人子女开放。20 世纪 50 年代，卡特拉、奎纳和恩瓦凯策等部族都开始办自己的部族中学，但所有这些中学都缺少有资历的教师和购买设备的经费。1964 年，8 个初级中学仅有 4 个教授 5 年级课程。这些最高班级一共只有 39 名学生。

至于高等教育，殖民时期，贝专纳兰保护地的少数茨瓦纳人都是到南非或英国上大学。1964 年，天主教会和英国政府达成协议，把设在巴苏陀兰（今莱索托）的天主教办的庇护 12 世学校改为"巴苏陀兰—贝专纳兰—斯威士兰"大学，为总督管辖的三个保护地的非洲人学生提供受高等教育机会。

卫生事业：在殖民时期，殖民政府最漠视的一个方面就是卫生事业。当时几乎所有卫生工作都是传教士兼办的。

在莫莱波洛莱、莫丘迪、卡尼耶和马翁等部族中心村的医院都是教会开办的。基督复临安息日会开办了最早的护士培训中心。1945年以后，殖民政府才在塞罗韦、马翁和弗朗西斯敦的公立医院培训女护士和男护理。像在教育方面一样，殖民政府只为白人定居者提供良好的医疗卫生设施，即使非洲人的健康状况比白人更差。例如，20世纪30年代，贝专纳兰保护地每250名白人定居者有一张病床，而非洲人每2850人一张病床。非洲人生病，主要靠掷骨头治病的巫医。有经济条件的少数人生病必须去南罗得西亚和南非治病。据统计，1960年全贝专纳兰只有16名医生，中心村外面没有医院或卫生所。

六　三个影响较大的国际事件

殖民时期发生过三件国际大事，对贝专纳兰的政治和社会发展以及茨瓦纳人的思想变化产生了较大影响。它们是：第一次世界大战、第二次世界大战和塞雷茨·卡马的婚姻。

1. 第一次世界大战（1914～1918年）

在这次世界大战中，茨瓦纳人部族支持英国并派出大约555名茨瓦纳人参战。茨瓦纳人士兵编入"土著人劳工军团"，在法国服役。这些茨瓦纳人士兵包括酋长王室成员和普通族人，分别来自恩瓦凯策、卡特拉、奎纳、莱泰和特洛夸部族以及塔蒂地区的卡兰加人。此外，还有405名卡特拉和莱泰两部族士兵在西南非洲服役。一些塔瓦纳人和赫雷罗人参加贝专纳兰保护地的警察部队并于1914年11月从德国人那里夺取卡普里维走廊，把它置于贝专纳兰保护地管辖之下，直到1930年才划归南非统治的西南非洲。

恩瓦托部族没有派人参战，但捐款支援战争。

为抗议南非军官对军团中的非洲人士兵的种族歧视，茨瓦纳人士兵退出"土著人劳工军团"。这些退出的茨瓦纳人士兵却遭到虐待，被关进俘房营。这种虐待使大多数奎纳部族的士兵在战争结束后拒绝接受战争奖章。

2. 第二次世界大战（1939～1945 年）

二次大战爆发后，英国向德国宣战并要求贝专纳兰保护地的各部族效忠并支持英国。开始时，英国只要求茨瓦纳人种好庄稼，保证粮食自给，并自己负担殖民政府的经费，组建警察保卫铁路及其沿线的电话线防止布尔人破坏。不久，因战事需要，英国政府决定在总督管辖的三个保护地征招工兵。贝专纳兰保护地总共招收 1 万多人，编成 24 个连，各部族按人口多少分摊兵员。恩瓦托部族人数最多，依次是奎纳、恩瓦凯策、卡特拉和塔瓦纳部族以及塔蒂地区的居民。罗隆、莱泰和特洛夸部族兵员因人数少，合在一起编成一个连。贝专纳兰、巴苏陀兰和斯威士兰三个保护地的非洲人连队合在一起组成"非洲辅助先锋军团"，在中东、北非和意大利战场服役。在战争中，茨瓦纳人士兵英勇作战。1 万多名士兵中有 210 人在战斗中或因其他原因牺牲，637人受伤或致残。1946 年，15 名茨瓦纳人参战士兵参加了在英国举行的庆祝二战胜利的游行。为纪念在二战中阵亡的茨瓦纳人士兵，在哈博罗内建立了一座纪念碑。

在两次世界大战中，贝专纳兰保护地的茨瓦纳人不仅派兵参战，而且还提供了粮食和金钱。他们种"战时田"为战争生产粮食，交纳战时税（总共 89000 英镑），节省了殖民政府的管理经费（总共节约 346000 英镑）。部族人还捐款 5200 英镑，为英国军队购买了两架飞机，分别命名为"贝专纳兰号"和"卡拉哈里号"。在捐款中，截留一部分存入"贝专纳兰士兵福利基金"用于战后复员士兵的福利事业。

在两次世界大战中，茨瓦纳人士兵不仅接触并接受了新思想，见证了不同种族和肤色人平等和睦相处的现实，而且还学到

文化知识和新技术。

在交往中，来自美洲、西印度群岛和其他殖民地的黑人兄弟鼓励茨瓦纳人士兵团结起来争取自由和独立。在战斗中，茨瓦纳人士兵也同欧洲白人士兵（包括女兵）并肩作战，平等和睦相处。这在当时种族主义猖獗的南部非洲是绝不允许的。大战结束后，复员的士兵菲利普·马坦特和阿莫杰·丹贝在争取民族独立运动中成为政党领导人，起了重要作用。

在战争服役期间，茨瓦纳人士兵还学会了新技术，比如开机器，驾驶车辆，木工，建桥修路和铺设管道。在军团办的识字班里，学会读写英文，并养成阅读军队办的茨瓦纳文报纸的习惯。这些掌握了一些新技术和文化知识的茨瓦纳人在推动贝专纳兰社会进步方面起了积极作用。

3. 塞雷茨·卡马婚姻

塞雷茨·卡马（Seretse Khama）是恩瓦托部族大酋长塞霍马·卡马二世的儿子。1925 年，塞霍马因病逝世。按部族传统，卡马应继位当大酋长。但当时小卡马仅 4 岁，年幼不能视事，由其叔叔蔡凯迪·卡马摄政并负责抚育和监护幼主直至其成年正式接位。

1944 年，卡马 23 岁时在南非的黑尔堡大学毕业获历史学士学位。他叔叔要他回部族当大酋长。但是，卡马要继续求学。1947 年，26 岁的卡马在英国牛津大学攻读法律。在一次伦敦宣教会举办的社交活动中，他结识了英国姑娘露丝·威廉斯小姐（Ruth Williams）。露丝小姐是伦敦劳埃德保险公司美洲和外国营业部的秘书。两人虽然不同种族也不同肤色，但却一见钟情。一年后，卡马完成法律专业学业，获得中殿法学会律师资格。他和露丝小姐决定在伦敦结婚。

这个消息传出后，在南部非洲和英国立即引起一场轩然大波。这桩婚事遭到两方面的强烈反对。首先，卡马的叔叔、恩瓦托部族摄政坚决反对，因为按部族传统，大酋长继承人的婚姻大事必须由部族村社会议讨论决定，而且女方必须是本部族人，至少是非洲人。而卡马竟擅自决定同一个外族人，而且是一个欧洲人结婚，这是违反部族传统而不能容忍的事。他竭力劝阻卡马放弃这个"邪恶的念头"。

反对最激烈的还是南非和南罗得西亚的种族主义政府。尤其是南非，因为当时南非种族主义者正在制定禁止白人同非白人通婚的《禁止通婚法》。南非政府为此事警告英国政府，黑人和白人不同种族之间通婚将在南部非洲引起危险的政治冲突。并威胁说，如果这样，南非将根据《联邦法》把贝专纳兰保护地并入南非联邦。为了维护英国在南部非洲的殖民利益，英国工党政府首相艾德礼亲自过问这件事，下令伦敦的所有基督教堂都拒绝卡马和露丝在那里举行结婚仪式。但是，部族旧传统势力和南非种族主义者施加的巨大压力都没有使这对忠于爱情和追求种族平等的青年人屈服。1948 年 9 月 27 日，他们机智地避开了各种干扰悄悄地在伦敦的鲜为人知的肯新顿婚姻登记所举行了一个简单的结婚仪式，实现了有情人终成眷属的美好愿望。

卡马和露丝在他们与旧传统势力和种族主义的斗争中虽然获得了第一个回合的胜利，但是，部族旧传统的卫道士和种族主义者却继续使用各种手段对他们进行刁难和迫害。

恩瓦托部族摄政蔡凯迪连续召开 4 次村社会议讨论卡马的婚事，试图让部族人否决这桩婚事；而卡马也想通过部族人集会，劝说族人接受他的婚事。在连续 4 天的会议上，大多数部族人都站在摄政蔡凯迪一边，反对这桩婚事。卡马没有退缩，要求再召开一次会议。1949 年 6 月为此事召开了 6000 人参加的大会。在会上，卡马劝说部族人接受种族融合和睦的新思想，并就他未能按照部族习惯结婚一事向族人表示道歉，同时声明，如果他们不承认他的妻子，他们就将失去他。恩瓦托部族人不愿失去这位通

情达理的大酋长合法继承人。当卡马说，"凡是反对我和我妻子的人，请站起来！"站起来的是 40 位部族长老。接着他又大声说，"凡是承认我和我妻子的人，请站起来！"话音刚落，全场 6000 人发出一片欢呼声。大多数部族人承认卡马的婚姻以及他作为大酋长的合法继承人。

卡马在村社会议上获得的胜利激怒了摄政蔡凯迪，也使南罗得西亚和南非的种族主义者十分恼怒。

摄政蔡凯迪利用村社会议的计谋失败后，离开了恩瓦托部族领地，要求英国殖民当局对 6 月的部族村社会议和卡马当大酋长的合法性进行司法调查。但是，他的这一招也未得逞。以 3 个保护地首席法官哈里金为首的调查团调查后得出的结论是，6 月村社会议是依法召开的，卡马是大酋长的合法继承人。不过这个报告当时不敢公布，直到 1982 年卡马逝世两年后才公之于世。

南非政府在得知恩瓦托部族承认卡马为大酋长继承人的消息后，立即下令禁止卡马夫妇从南非过境或入境，并对英国政府施加压力，要英国政府竭力阻止卡马回恩瓦托部族领地当大酋长。为了讨好南罗得西亚和南非的种族主义者以维护英国在那里的巨大经济利益，英国政府邀请卡马到伦敦谈判。英国政府提出，如果他留在英国并放弃当大酋长，就给他每年 1100 英镑的年俸并在巴哈马为他安排一个外交官职位。但是，卡马拒绝了这些高官厚禄的利诱，坚持要回本部族当大酋长。于是，英国政府对他下禁回令，至少在 5 年内他不得回恩瓦托部族领地。卡马被软禁在英国。英国还企图废黜卡马，要恩瓦托部族人另选一位酋长，遭到部族人的坚决反对。

在恩瓦托部族无酋长管理的情况下，英国任命殖民当局的地方长官为"非洲人当局"并由"部族高级代表"基阿博卡·卡马内协助，暂时管理部族事务。恩瓦托人不满意这种安排，不服从地方长官领导，拒绝交纳税收并举行抗议活动，要求卡马回部族。在马哈拉佩村，一群妇女还袭击了殖民当局的警察站。恩瓦托部族领地处于混乱之中。

在英国，卡马也有许多同情者和支持者，其中包括一些议员，特别是工党议员。还有牛津大学社会主义俱乐部和西印度群岛社会和宗教组织。1956 年 7 月，英国政府批准罗安选矿公司同恩瓦托部族商谈开采铜镍矿协议。恩瓦托部族人提出的谈判条件是，卡马夫妇必须出席，否则拒绝谈判和签订协议。1956 年 7 月，摄政蔡凯迪从贝专纳兰前往伦敦，并秘密会见卡马。两人化解分歧并商定向英国政府递交一份协议。协议说，卡马放弃大酋长职位，作为平民回家乡，而蔡凯迪也不谋求当大酋长。

迫于各方压力并利用卡马和蔡凯迪两人放弃当酋长的诺言，英国政府于 1956 年 9 月 28 日取消对卡马的回禁令。卡马偕家人回到家乡塞罗韦村，受到部族人的热烈欢迎。回来后，卡马以平民身份参与恩瓦托部族事务，被选为部族会议副主席、主席。保护地的立法会议成立时，他是该会议的非洲人首席代表，从而进入保护地的政治核心。他妻子露丝则热心地在部族人中办慈善事业，做救灾工作，深受部族人爱戴。部族人亲昵地称她为"我们的母亲"和"我们的王后"。

虽然卡马在英国殖民者逼迫下放弃了当大酋长的权利，但是恩瓦托部族人却一直把他看成是部族人的领袖，并于 1963 年决定，塞雷茨·卡马的女儿雅克琳、长子伊思·卡马以及孪生子安东尼和蔡凯迪 4 人都有继承部族大酋长的合法权利。

七　茨瓦纳人争取独立的斗争

20 世纪中叶，在世界各地民族解放运动蓬勃发展的形势下，非洲的殖民地人民也纷纷展开摆脱殖民统治、争取民族独立的斗争。1957 年，英国在非洲的殖民地黄金海岸（后称加纳）宣布独立，它促使非洲人更加迫切地要求独立。

1959年，英国政府见大势已去，只得顺应历史发展的潮流，改变对殖民地的政策，宣布准于殖民地通过内部自治取得独立。

贝专纳兰保护地的茨瓦纳人在世界民族解放运动和加纳独立的鼓舞下，积极投入争取国家独立的斗争。在英国殖民地，建立立法会议是走向独立的一个重要步骤。早在1952年9月，恩瓦凯策部族大酋长巴托恩二世就提出在贝专纳兰保护地建立立法会议问题。但是，这个倡议遭到殖民政府的驻节长官爱德华·比瑟姆的拒绝，理由是贝专纳兰建立这个机构的条件不成熟。1958年，恩瓦托部族的有影响的知名人士蔡凯迪·卡马和塞雷茨·卡马与巴托恩二世在非洲人咨询会议上再次提出这个问题，并说服欧洲人咨询会议的一些成员支持成立立法会议。他们在联合咨询会议上共同提出一项动议，呼吁立即在贝专纳兰保护地建立立法会议。于是，他们成立一个立宪委员会，负责起草立法会议宪法。这个委员会成员包括塞雷茨·卡马、巴托恩二世、莫莱马博士和吉米·哈斯金斯。

立法会议于1960年成立并于1961年召开了第一次会议。立法会议由数目相等的非洲人和欧洲人代表组成。亚洲人社区也有1名代表参加。立法会议代替了原来的非洲人咨询会议、欧洲人咨询会议以及联合咨询会议。1961～1965年期间，非洲人代表通过立法会议批评殖民政府漠视贝专纳兰保护地的经济发展，并提出改进意见。尽管立法会议的权力有限，但是它却使非洲人能够直接参与讨论贝专纳兰未来的发展问题，并且通过立法会议要求独立。在建立立法会议的同时，还建立了酋长院，酋长们通过酋长院就部族事务和酋长有关的问题向立法会议提供咨询意见和建议。1961年的立法会议的宪法为贝专纳兰保护地进一步走向独立提供了一个平台。

与此同时，贝专纳兰保护地的具有民族主义觉悟和泛非主义思想的知识分子开始组织政党，进行争取独立的斗争。

1959 年，恩瓦托部族的知识分子利蒂莱·拉迪特拉迪在塞罗韦村创建了贝专纳兰保护地的第一个非洲人政党——联邦党，主张改革酋长制，反对种族主义，要求建立一个民主选举的政府。这个党很小，到 1962 年底就消失了。

1960 年 9 月，从南非回来的有政治经验的莫萨迈·姆波和 K. T. 莫策特在帕拉佩村建立了贝专纳兰人民党（独立后称博茨瓦纳人民党），姆波任总书记，莫策特任党主席，菲力普·马坦特任副主席。该党是博茨瓦纳历史上第一个全国性政党。它反对种族主义，要求废除酋长制，主张立即实现独立。为迫使英国早日放弃殖民统治，该党组织群众抗议活动，其中一次，马坦特副主席带领 800 多群众在洛巴策镇的高等法院门前举行了声势浩大的示威游行。该党在城镇得到工人和居民的支持，但在农村由于它要废除酋长制而得不到支持。此外，该党领导在南非受到泛非主义者大会党的影响，赞成"非洲人的非洲"激进主张。该党于 1962 年 8 月分裂成两派，力量削弱，但仍有影响力。1964 年，姆波被开除出党，另组新党，名为贝专纳兰独立党，其政治主张与人民党没有区别。英国殖民当局认为人民党是"极端主义的非洲民族主义政党"。独立后，人民党成为议会中的主要反对党。

1962 年，具有政治经验的知识分子塞雷茨·卡马和奎特·马西雷等在哈博罗内村建立了贝专纳兰民主党（独立后称博茨瓦纳民主党），也是一个全国性政党。它的奋斗目标是，争取国家独立，主张建立多党民主制的种族和睦和统一国家，保留酋长制，但限制其权力。该党在农村获得广大部族人支持，也得到一些白人定居者的支持，因为它主张种族和睦相处。英国殖民当局认为，民主党是一个植根于本土的负责任的政党。

1965 年独立前夕，又成立了一个政党，名称是博茨瓦纳民族阵线。这是独立前成立的最后一个政党。其创始人是肯尼思·

考马。他是律师，曾在南非、英国和苏联受过良好的教育。该党的政治主张是，实现独立并建立社会主义。其党员多为劳工团体成员和一些公务人员，也有一些退出人民党的党员。由于成立时已举行过内部自治议会大选，考马没有参加选举竞争议会席位。

以上是独立前几年，贝专纳兰保护地成立的几个政党。尽管这些政党的政治信仰和主张各异，但是他们都一致要求结束英国殖民统治，实现国家独立，并且共同为实现这个目标进行斗争，作出各自贡献。

1963年7月，贝专纳兰保护地的政党领导人、立法会议的非洲人代表和一些部族的大酋长在洛巴策镇举行会议，讨论内部自治宪法。与会者达成以下协议：

（1）建立国民议会，其议员由成年人投票选举产生。国民议会可选出4名议员，还有两名英国官员为议员。但当选议员应占大多数。

（2）独立之前，英国负责外交、国防和文职人员事务。

（3）内阁由总理和5位部长组成。主席是英国高级专员。高专根据内阁意见办事。在有关部族事务和酋长事务方面，国民议会应征求酋长院的意见和建议。

洛巴策会议为贝专纳兰走向独立铺平了道路。在此情况下，塔蒂地区的少数白人农场主闹分裂，企图把塔蒂地区分割出去，单独成立一个国家。如果不能成为单独国家，就并入南非或南罗得西亚。茨瓦纳人谴责并坚决反对这种分裂国家的图谋。这一小撮人要南非帮忙，遭到拒绝，又派人去国际联盟活动，也未得逞。这些白人农场主碰壁失败后只得迁往南非和南罗得西亚定居。

根据洛巴策会议通过的内部自治宪法，1965年3月1日，贝专纳兰保护地举行了1人1票的国民议会选举。塞雷茨·卡马领导的民主党以其殷实的部族社会基础、温和的政治纲领以及

卡马个人享有的政治声望和影响，赢得了议会 31 个席位的 28
席，人民党取得 3 个席位，而独立党领导人姆波落选，未获得
席位。

在大选获胜后，民主党负责组阁，成立内部自治政府，塞雷
茨·卡马担任贝专纳兰的第一个非洲人政府的总理。首都从南非
的马弗京迁至贝专纳兰境内的哈博罗内。

内部自治不是茨瓦纳人奋斗的最终目的。为争取完全独立，
1966 年 2 月，卡马总理率领贝专纳兰各政党和部族代表前往伦
敦同英国政府谈判独立问题，并在那里举行制宪会议，制定并通
过了独立宪法。在谈判中，代表团要求英国政府履行其于 1965
年 10 月答应给予贝专纳兰保护地独立的承诺。英国政府应允履
行承诺。

1966 年 9 月 30 日，贝专纳兰摆脱英国长达 80 年的殖民统
治，宣告独立。根据独立宪法，新国家定名博茨瓦纳共和国。民
主党总裁塞雷茨·卡马就任共和国首任总统。崭新的博茨瓦纳国
旗代替了英国国旗，《我们的国土》国歌代替了《上帝保佑女
王》的英国国歌。

第五节　博茨瓦纳共和国时期
（1966 ～　　）

19 66 年 9 月 30 日，博茨瓦纳宣告独立。根据《博茨瓦
纳宪法》，博茨瓦纳共和国实行多党议会制。建国 30
多年来，博茨瓦纳民主党在历次大选中均获胜，持续执政至今。
现任共和国总统是民主党总裁费斯图斯·莫哈埃，前两任总统塞
雷茨·卡马和奎特·马西雷也都是博茨瓦纳民主党总裁。三任总
统在他们执政期间，根据民主党制定的"民主、发展、自力更
生和团结"建国四原则（1997 年又增加"社会和谐"，成为五

原则）和宪法，以民主和法制治国，因地制宜和因时制宜发展经济，使博茨瓦纳政局长期稳定，经济持续发展，人民生活逐步改善，从一个贫穷落后的国家变成一个"高中等收入"国家。

一　卡马总统时代（1966～1980 年）

1966 年 9 月 30 日，博茨瓦纳宣告独立。根据宪法，时任贝专纳兰保护地自治政府总理的塞雷茨·卡马转任博茨瓦纳共和国总统。此后，1969、1974 和 1979 年三次大选中，民主党均获胜，卡马三次蝉联总统。

独立时，英国殖民统治给博茨瓦纳留下的遗产是一穷二白。原始粗放的农耕和放牧，工业几乎是空白。当时又逢严重旱灾，全国 1/5 人口靠救济粮生活，40 万头牛死亡。在此严峻形势下，卡马总统首先主持制定了《过渡时期社会和经济发展计划》，重点在于救灾和恢复农牧业生产。这个计划收到了预期效果。

建国伊始，在经济方面，博茨瓦纳政府面临着一缺资金、二缺人才的十分困难处境。卡马总统妥善处理与原宗主国——英国的关系。从 1966 年独立至 1971 年的 6 年期间，博茨瓦纳政府的财政开支一半靠英国补贴，并且聘用几千名英国行政和技术人员帮助管理行政和生产部门。当时，博茨瓦纳 80% 的居民靠农牧业为生。卡马总统认为，"博茨瓦纳人的生活主要依靠饲养牲畜和种植庄稼。牛是国家经济的主要财源。"因此，他主持制定了《可耕地发展计划》，扶助和鼓励中小农户恢复和发展粮食生产。实施《部族放牧地政策》，大力发展养牛业。早在独立前 1 年，时任自治政府总理的卡马就赎买了英国公司在洛巴策的牛肉联合加工厂并于独立当年成立国家肉类公司，由国家对牛肉及其产品出口进行统一管理和控制，获得一笔收入。

1969 年，博茨瓦纳联合莱索托和斯威士兰两国与南非谈判，迫使南非同意提高《南部非洲四国关税同盟》中三个小国的分成额，从而又增加了外汇收入。

农牧业生产的恢复，牛肉出口销售看好和关税同盟分成的增加，使博茨瓦纳政府渡过独立初期财政难关。1972～1973年度，卡马总统宣布，博茨瓦纳政府开始实现财政开支自给，不再要英国的补贴。1976年，博茨瓦纳政府成立博茨瓦纳银行，发行本国货币"普拉"，代替长期沿用的南非货币"兰特"。

为改变主要依靠养牛业的单一经济结构并寻求新的财源推动经济发展，卡马总统决定利用本国矿产资源，发展采矿业。独立后第二年，他就带领内阁部长到各部族，说服酋长和部族人同意将部族领地内的矿产权归国家所有。议会遂据此制定了《部族领地内矿产权法》，为国家统一掌管重要自然资源提供了可靠的法律保证。根据此法律，博茨瓦纳政府利用外国资金和先进技术与外国公司于1971年合营兴办了奥拉帕钻石矿；1973年建立莫鲁普莱煤矿；1974年建立铜—镍矿；1977年兴办第二个钻石矿。采矿业开始代替养牛业成为国民经济的主要支柱，也改变了单一经济格局。

在其施政期间，卡马总统根据民主党的建国四原则和宪法，制定了《地方政府法》、《部族领地内矿产权法》、《部族土地法》、《酋长法》和《习惯法》等一系列法律，使国家有法可依，依法治国，加强了中央集权制，逐步削减酋长干预国家政治和经济的权力。与此同时，根据宪法设立酋长院，保留了酋长地位并肯定了传统的民主协商形式，照顾了部族小群体的传统风俗习惯。法律还规定，酋长享受文职官员待遇，领取优厚年薪，但不得参与政党活动和竞选议员。上述这些法律和措施既统一了原来属于大酋长的分散权力，又照顾了酋长在部族的传统地位和影响。酋长各得其所，部族相安无事，为国家的统一和政局的稳定奠定了基础。

在其施政期间，卡马总统坚决反对种族主义，坚持种族和睦共处。在博茨瓦纳有 1 万多欧洲人和亚洲人。其中许多英国人已成为博茨瓦纳公民。他们人数虽不多，但在经济方面的实力却相当雄厚。这些人大都拥有自然条件好的农牧场或经营工商业，掌握专门技术，擅长经营管理。对待欧洲白人，卡马总统一直坚持黑人和白人和睦相处的原则。博茨瓦纳国民议会议长曾是博茨瓦纳籍白人，大法官聘请的是英国人，内阁部长和议员中有博茨瓦纳籍白人，政府部门和工矿企业部门聘用了大批白人专家和技术人员。在塞莱比—皮奎铜镍矿城建设中，卡马总统反对南非矿区把白人居住区和黑人居住区截然分开的设计，坚持建立黑人和白人统一居住区。对于损害种族和睦的言行，他曾严加斥责。在民主党的年会上，他说，一些国会议员用公开攻击政府中某些白人官员的办法，企图破坏我们的非种族主义政策。假如让种族主义在我们之间抬头，我们不仅会失去作为一个非种族主义国家的信誉，而且还会失去我们朋友的尊敬和全世界的钦佩。

在卡马总统执政时期，博茨瓦纳只有 4 个政党，其中民主党是执政党，人民党、民族阵线和独立党是反对党。卡马总统一直本着民主协商精神对待反对党。尽管政见各异并在竞选和议会中争论激烈，但遇到国家大事需作重大决策时，卡马总统时常邀请反对党领导人举行圆桌会议，共商国是。在他第三次蝉联总统期间，他曾提名反对党领导人为议会特选议员并任命他为地方政府和土地部副部长，一时传为佳话。

在外交方面，卡马总统为博茨瓦纳确定了和平与不结盟的外交政策。在阐述博茨瓦纳的外交政策时，他明确指出，我们不结盟政策要求我们不管意识形态如何，要与世界上所有国家发展关系。不仅要使我们的对外关系多元化，而且要使外国投资和我们的贸易关系多样化，以增加我们执行独立外交政策的能力，使我们对重要的国际事件持独立的立场。在美国和苏联两大集团对立时期，博茨瓦纳同两大集团的国家都发展关系，没有受到"集团外交"的冲击，反而从不结盟中获益。他访问了四大洲的几十个国家，争取外援、投资和贸易关系的多样化。他还积极参加英联邦、非洲统一组织、联合国和不结盟运动举行的国际会议。在国际讲坛上，他代表博茨瓦纳主张和平解决国际争端，支持民族自决。

1980 年 4 月，在他倡议和推动下，南部非洲 9 国在赞比亚首都卢萨卡举行首脑会议，建立了南部非洲 9 国发展协调会议，以加强南部非洲国家之间的经济合作，减少它们对当时南非的依赖。卡马总统当选该地区组织的首任首脑会议主席，为博茨瓦纳赢得了国际荣誉和地位。

独立后一段较长时期，博茨瓦纳三面受敌，处境艰危。卡马总统在阐述博茨瓦纳外交政策时还着重指出，博茨瓦纳是南部非洲有生命危机的国家之一，因为它处于敌对和种族主义少数人政权的包围之中。因此，博茨瓦纳的外交政策是由保护和促进民族利益的需要决定的。其基本目标是，巩固国家的独立和逐渐扩大国家的行动自由。根据这些原则，博茨瓦纳在处理它与邻国南非白人种族主义政权的关系时，采取了既坚持原则，又谨慎务实的方针。独立后，博茨瓦纳与坚决反对种族主义的非洲国家赞比亚和坦桑尼亚建交，不同南非建交。70 年代，它联合南部非洲的独立国家以前线国家首脑会议形式支持南部非洲的民族解放运动，向津巴布韦游击队提供过境通道，接受南非的解放组织成员在博茨瓦纳避难。但是，博茨瓦纳政府也明确宣布，不允许南非的解放组织利用博茨瓦纳领土进行反对南非的武装活动，因为这样将危及博茨瓦纳的独立。在经济方面，博茨瓦纳政府断然拒绝南非种族主义当局提供的官方援助，但继续与南非保持"民族生存所必需的关系"。博茨瓦纳没有退出南部非洲 4 国关税同盟，继续通过南非的铁路和港口输出输入货物。几万名博茨瓦纳劳工仍在南非的矿山工作。在与南非没有外交关系而遇到经济和贸易方面的麻烦时，卡马总统创造了别具一格的"电话外交"，双方官员通过电话解决问题。

1980 年 7 月 13 日，卡马总统在任因病逝世。在其 14 年的施政期间，他为博茨瓦纳政局长期稳定和经济持续发展奠定了基础，也为博茨瓦纳确定了外交方针并为博茨瓦纳经济建设创造了外部和平环境。

二　马西雷总统时代（1980～1998 年）

80 年 7 月，博茨瓦纳首任总统卡马病逝后，博茨瓦纳国民议会根据宪法，选举时任副总统的奎特·马西雷继任总统。在此后的 1984、1989 和 1994 年的三届大选中，博茨瓦纳民主党均获胜，马西雷蝉联总统，直到 1998 年 3 月主动提出退休。在其施政期间，马西雷总统遵循其前任制定的方针政策，继续以民主和法制治国，并根据形势发展需要，实施新的政策，保持政局稳定，经济持续发展，人民生活不断改善。

在其执政期间，马西雷总统继续大力发展采矿业和农牧业。1982 年，建立第三个钻石矿——吉瓦嫩钻石矿，1984 年，博茨瓦纳钻石产量为 1292 万克拉，一跃而成为当时世界四大钻石生产国之一；1982 年还在首都建立钻石分类和分级中心——钻石大厦；1995 年建立苏打灰公司，生产苏打灰和盐。在农牧业方面，制定并实施《加快雨浇耕地计划》，帮助中等农户发展粮食生产；后来又启动《国家粮食战略》，鼓励投资者兴办大型商业农场；1983 年在北部马翁镇和 1989 年在东部弗朗西斯敦城又分别建立一座现代化牛屠宰厂。

由于采矿业的发展，特别是钻石产量的大幅上升，80 年代中期，博茨瓦纳经济进入高速发展阶段。1985～1989 年期间，博茨瓦纳经济平均年增长率高达 10.6%，居黑非洲国家之冠。

在经济迅速发展时期，马西雷总统有远见地看到，矿产蕴藏量有限，终有一天会枯竭。据估计，塞莱比—皮奎铜镍矿可开采到 21 世纪初。他及时地提出了经济多元化和可持续发展战略，于 1988 年决定在铜镍矿城创办经济开发区，并在第七个国家发展计划（1991～1997 年）中明确规定，调整单一经济结构，实行经济多元化可持续发展战略，在保持矿业稳定发展基础上，优先发展制造业、金融业、服务业和旅游业等，鼓励建立劳动密集型企业。

在吸收外资方面，1982 年 5 月，政府实施《财政援助政策》，鼓励外资在博茨瓦纳建立和发展进口替代型和出口导向型企业。1989 年 12 月，又实施一项税收特别优惠政策，给予在开发区建立企业的国际公司，除《财政援助政策》各项优惠外，还享有几项特别税收优惠。90 年代，博茨瓦纳吸收外国资本10 多亿美元，人均吸收外资额在非洲居首位。

在处理与反对党的关系方面，马西雷总统继承卡马总统的民主协商精神，听取并采纳反对党提出的合理有益的建议。比如，他采纳了反对党提出的关于选民年龄由 21 岁降至 18 岁以及公立中学实行免费等建议，并付诸实施。反对党民族阵线总书记希迪埃认为，马西雷总统接受反对党的一些建议，是博茨瓦纳和平的保证。政府允许反对党在首都的自由广场发表演讲，申述其主张并提出批评或建议。但是，不允许反对党以非民主手段夺取政权。博茨瓦纳政府还以未曾关押过持不同政见者而感到自豪。

在历次大选中，反对党曾试图联合起来对付民主党，但因小党担心联合起来被大党兼并而未能成功。加上最大反对党民族阵线内部分裂，小党众多（现在有 15 个政党），力量分散，在今后一段时间内，反对党还不能在大选中对执政的民主党构成威胁。

在外交方面，马西雷总统从 1980～1996 年一直担任"萨达克"首脑会议主席，为南部非洲国家的经济合作和发展做了许多工作，受到国际赞誉。在他执政期间，博茨瓦纳积极参与联合国、非统组织和"萨达克"组织的维和行动，为维护国际和地区和平作出贡献。

1998 年 3 月 31 日，马西雷总统 72 岁，主动提出退休。他的在任主动退休让贤的风范受到国内外的赞誉。

三 莫哈埃总统时代（1998～ ）

1998 年 3 月 31 日，马西雷总统在任退休。根据宪法，副总统费斯图斯·莫哈埃于 4 月 1 日宣誓就任共和国第三位总统。此后，1999 和 2004 年大选，博茨瓦纳民主党均获胜，他作为民主党主席蝉联总统。

莫哈埃总统在前两位总统为政治和经济奠定的基础上，继续保持政局稳定，并在保持矿业稳定发展的同时，优先发展制造业、金融业、服务业和旅游业。2003 年，博茨瓦纳外汇储备为 77 亿美元，人均国内生产总值为 4278 美元。联合国和世界银行已把博茨瓦纳列为"高中等收入国家"。他主持制定和实施了第九个国家发展计划（2003～2009 年），其主旨是，努力实现《2016 年的远景规划》，在全球市场竞争中保持经济持续和多元化发展，延续第八个国家发展计划的框架，实现经济多元化，创造就业机会，缓解贫困状况，保持宏观经济稳定和财务纪律，进行国营部门的私有化改革和提高公民的经济实力，开发国家人力资源（包括防治艾滋病），在经济持续发展中，实行谨慎的财政政策，积累资金投入发展所需的物质基础设施和人力资源开发。

为对付近几年新出现的阻碍经济发展和危害人民健康的艾滋病，莫哈埃总统宣布，为防治艾滋病，国家处于紧急状态，成立了以他为主任的全国艾滋病协调署，在首都建立了非洲最大的艾滋病疫苗研究所，动员全国人民合力防治艾滋病。

30多年来，上述三任总统在他们施政期间，不仅致力于发展经济，也十分重视发展与国计民生攸关的社会公益事业，改善人民生活条件，提高人民生活水平。70年代，财政开支自给有余后，政府在此后的国家发展计划中，每年拨款几亿至十几亿普拉兴建公路、城乡供水设施和发展教育和卫生事业。沥青路面公路由独立时的6公里增加到现今的7000公里；1998年建成长595公里的跨哈拉哈里沙漠公路，不仅使博茨瓦纳西部和东部连成一片并促进了西部地区的经济发展；更新了铁路路轨并建立了现代化国际机场；首都及工矿城镇都建立了水库，农村供水机井和土井已达1万多眼；为彻底解决东南部居民和工矿业饮用水问题，博茨瓦纳政府于1995年启动北水南调工程，把北部乔贝河和奥卡万戈三角洲的丰富水源通过360公里的管道输送至东南部新建的莱茨博霍大水库，为东南部居民造福。这个大工程预计在2010年或稍后完成。医疗卫生条件由巫医治病发展到现在已有包括16所现代综合医院在内的1396个公立大小医疗机构，农村地区已达到方圆15公里范围内可以就医的要求，并对居民实行免费医疗。在教育方面，公立中小学都免费。小学从独立时的25所增加到现在的738所（2000年）；中学从8所增加到现在的270所。1982年7月建立自己的高等学府：博茨瓦纳大学。计划于2007年再建1所科技大学和1所医学院。

在政治和经济发展过程中，博茨瓦纳还存在一些有待解决的固有的社会矛盾和新出现的问题。近几年来，失业率增加，城乡贫富悬殊加大，农业生产滞后，农村居民的贫困和粮食自给问题还有待解决。此外，艾滋病肆虐。博茨瓦纳政府重视并努力设法解决这些影响政治和经济发展的社会问题。

第六节　著名历史人物

塞雷茨·卡马（Seretse Khama）　独立后首任总统，博茨瓦纳"国父"。1921年7月1日生于博茨瓦纳的恩瓦托部族首府塞罗韦村。他父亲塞霍马·卡马是恩瓦托部族大酋长，在位不久，于1925年逝世。卡马时年4岁，因年幼不能视事，由其叔父蔡凯迪摄政，并负责抚育和监护这位幼主成年就位。

卡马幼年的启蒙教育是在塞罗韦村由家庭教师教授的。10岁时，卡马至南非的三所学校接受中学教育。1940年，卡马从洛夫多尔中学毕业并于1941年进南非的黑尔堡大学学习历史和政治学，1944年毕业获历史学学士学位。为继续求学，卡马于1947年前往伦敦在牛津大学巴利奥尔学院攻读法律并取得伦敦中殿法学协会律师资格。他在伦敦社交活动中结识英国白人姑娘露丝·威廉斯。两人相爱，不顾部族长老和南非种族主义者的反对，毅然于1948年在伦敦结婚。

部族的传统卫道士和南非种族主义者运用各种手段对他们进行刁难和迫害。摄政蔡凯迪召集部族村社大会，试图让部族人废除卡马的酋长继承权。但事与愿违，卡马却说服了大多数部族人接受他和他的妻子，承认其继承大酋长的权利。英国政府为维护其在南部非洲的巨大经济利益，在以高官厚禄利诱卡马放弃当酋长的计谋失败后，悍然下令，宣布卡马在5年内不得回塞罗韦村。在此期间，英国殖民当局曾策动恩瓦托部族人另选一位大酋长，但遭到拒绝。1955年，英国殖民当局批准罗安选矿公司同恩瓦托部族商谈一项开采铜镍矿协议。部族人提出的条件是，卡马夫妇必须出席，否则拒绝谈判。1956年7月摄政蔡凯迪和卡马和解，并在伦敦秘密会见，向英国政府递交他们达成的协议：

他们都不当酋长，但要求回塞罗韦与部族人一起生活，因为与部族人在一起才有力量。

部族人拥护卡马的坚决态度以及卡马和蔡凯迪放弃当酋长的承诺，使英国重新考虑不准卡马夫妇回贝专纳兰的禁令。1956年9月28日，英国取消对卡马的禁回令。

1956年，卡马以平民身份偕家人回到故乡塞罗韦村，受到部族人的热烈欢迎。回到部族后，卡马集中精力帮助部族管理事务，小心翼翼地接近部族权力中心。1957年，英国政府改变殖民统治方式，决定成立部族会议。部族人选举卡马为该会议副主席。从这时起，卡马开始在部族人生活中起领导作用。同年，卡马及其叔父蔡凯迪联名要求在贝专纳兰成立立法会议。起初，英国政府不批准。当时，英国驻贝专纳兰保护地的行政长官约翰·马乌德是位坚决主张自治的人士，加上英国舆论抨击南非政府加紧炮制种族歧视法规，强化种族隔离制度，觊觎近邻。由于以卡马为首的非洲人代表的坚持以及英国舆论和行政长官的推动，英国政府于1961年12月同意在贝专纳兰建立由非洲人代表和欧洲人代表组成的立法会议。卡马是该立法会议的非洲人首席代表。立法会议的成立标志着贝专纳兰向独立迈出了不可逆转的第一步。与此同时，卡马联合马西雷和其他立法会议代表以及贝专纳兰联邦党的穆西等一批知识分子于1962年11月27日在哈博罗内宣布成立贝专纳兰民主党，卡马当选该党总裁。他主张以"和平交权"方式取得独立，实现黑人和白人和睦相处，建立统一的独立国家。1963年7月，卡马作为立法会议代表和民主党领导人参加了各政党和酋长在洛巴策镇举行的制宪会议。与会者一致同意普选产生自治立法议会。根据1963年的自治宪法，贝专纳兰保护地于1965年3月1日举行立法议会选举，卡马领导的民主党赢得了立法议会31个席位的28席。卡马出任自治政府总理。

但是，自治不是卡马奋斗的最终目标。为争取早日实现完全独立，1966 年 2 月，卡马率领贝专纳兰各政党代表团前往伦敦同英国谈判独立问题，并在那里举行了制宪会议，起草独立宪法，迫使英国政府履行其于 1965 年 10 月答应给予贝专纳兰保护地独立的承诺。

1966 年 9 月 30 日，博茨瓦纳共和国宣告成立。卡马就任共和国首任总统。此后，在 1969、1974 和 1979 年三次普选中民主党均获胜，卡马三次蝉联总统。

独立时，卡马总统确定了"民主、发展、自力更生和团结"的四项建国原则。博茨瓦纳民主党政府根据上述原则，依法治国，民主执政，妥善处理部族、种族及与反对党的关系，政局长期稳定。与此同时，采取符合实际的发展经济的政策和措施，使博茨瓦纳在他执政的 14 年期间经济获得较快的发展，并于 20 世纪 80 年代初期摘掉了"最贫穷国家"帽子，走上小康之路。

在任期间，卡马总统断然拒绝与南非种族主义白人政府建交并不接受其官方援助，但与南非保持"民族生存所必需的"经济和贸易关系。他访问了四大洲的几十个国家，争取外援、外资和贸易关系多元化。他还积极参加联合国、非统组织、英联邦、不结盟运动和前线国家举行的国际会议。在国际会议上，他主张和平解决国际争端，支持民族解放运动和民族自决。1980 年 4 月，在他倡议和推动下，南部非洲 9 国在卢萨卡举行首脑会议，成立南部非洲 9 国发展协调会议（今南部非洲发展共同体）以加强南部非洲国家的经济合作，减少他们对南非的依赖，卡马总统当选为该组织的首任主席，为博茨瓦纳赢得了国际荣誉和地位。赞比亚前总统卡翁达称赞卡马为建立该组织所起的作用时说，"他对非洲和第三世界作出了伟大贡献。"该组织在他去世后决定设立"卡马勋章"以表彰他创建该组织的功勋。

1980 年 7 月 13 日，卡马总统在任病逝。他在博茨瓦纳人民心目中是一位反对种族主义的勇士、民族独立的缔造者和国家建设的奠基人。为纪念这位开国元勋，博茨瓦纳政府在他的故乡塞罗韦村建立了庄严朴素的卡马墓并命名首都的现代化机场为"塞雷茨·卡马机场"。

他的遗孀卡马夫人曾是博茨瓦纳红十字会会长和妇女理事会主席，已于2002年5月22日去世。他有4个子女。长子伊恩·卡马应恩瓦托部族人要求，于1979年就任该部族大酋长，并曾任博茨瓦纳国防军司令，现任博茨瓦纳副总统。

英国女王曾敕赐他大英帝国爵士称号，美国纽约的福特哈姆大学授予他荣誉法学博士和哲学博士学位，牛津大学巴利奥尔学院授予他荣誉研究员职称。他曾是博茨瓦纳、莱索托和斯威士兰3国合办的大学的校长。他的业余爱好是足球、橄榄球和拳击。

1976年7月26日至8月9日，卡马总统夫妇对中国进行了正式访问，签订了博、中两国政府经济技术合作协定，为发展两国友好合作关系奠定了基础。

第三章

政　治

第一节　国体与政体

一　政治演变

前 1000～公元 500 年，博茨瓦纳居民为科伊桑人。他们以宗族为主要社会结构形式。各宗族由几个家庭组成。每个宗族各自为治，没有族长或头人。遇到特殊情况时，由技术好的猎手或长者运用其影响出面处理。实际上是原始群社会。

公元 1450 年后，茨瓦纳人部族于不同时期从不同方向进入博茨瓦纳定居并分别建立酋长国。酋长是部族国王，享有绝对权威，是部族土地和牛群的占有者和支配者；主持习惯法庭，审理和解决部族人之间的纠纷；主持村社会议，讨论和决定涉及部族的重大问题。酋长家庭和亲属为王室，在土地和牛群分配方面享有特权，酋长"生下来就是酋长"。部族实行的是长房长子继承制的封建统治。

1885～1965 年，殖民统治时期，英国在其所属贝专纳兰保护地实行"间接统治"，未设中央政府，任命开普殖民地总督管理贝专纳兰。总督派出一名驻节长官常驻南非境内的马弗京。驻

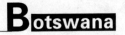

节长官的两位副长官分别驻在贝专纳兰境内的哈博罗内和帕拉佩（后迁至弗朗西斯敦），直接管理保护地的事务。当地的各部族事务，仍由各部族大酋长按照传统方式进行统治。

殖民当局分别建立了非洲人和欧洲人咨询会议，后来合并为联合咨询会议。1958年，非洲咨询会议代表卡萨、蔡凯迪·卡马、塞雷茨·卡马和巴托恩二世酋长提议在贝专纳兰建立立法会议。英国殖民当局先成立一个由塞雷茨·卡马、巴托恩二世酋长和莫莱马博士组成的立法会议宪章委员会，起草立法会议宪章。1960年，由数目相等的非洲人和欧洲人代表组成的立法会议正式成立并于1961年6月举行了第一次会议。立法会议代替了联合咨询会议。非洲人除选举代表参加立法会议外，还新成立非洲人会议。这个会议在1961～1965年期间，就非洲人事务与驻节长官讨论有关非洲人问题并提出建议。1965年成立酋长院代替非洲人会议。酋长院为内部自治议会咨询机构，无立法权。

20世纪60年代，立法会议中的非洲人代表通过立法会议要求自治和独立。与此同时，贝专纳兰的知识分子开始组织政党要求独立。

1963年7月，贝专纳兰各政党领导人、立法会议的非洲人代表和一些部族大酋长在洛巴策镇举行会议，讨论并通过了内部自治宪法。

1965年3月1日，根据自治宪法，贝专纳兰保护地举行了国民议会选举。塞雷茨·卡马领导的贝专纳兰民主党赢得内部自治议会31个席位的28席，负责组阁，卡马出任自治政府总理。英国总督主持内阁会议，英国政府负责国防、外交和文职人员事务。

1966年2月，卡马总理率领贝专纳兰各政党和部族代表团前往伦敦同英国政府谈判独立问题，并在那里制定了独立宪法。英国政府同意给予贝专纳兰独立。

1966 年 9 月 30 日，根据独立宪法，贝专纳兰结束内部自治过渡期，宣告独立，成为博茨瓦纳共和国。

二　国家性质与形式

独立前，博茨瓦纳是英国所属贝专纳兰保护地。独立前夕，贝专纳兰保护地的一批茨瓦纳人民族主义知识分子组织政党，要求独立。贝专纳兰人民党主张用激进手段取得独立。贝专纳兰民主党主张和平过渡取得独立。英国政府支持民主党通过内部自治取得独立。

独立后 30 多年来，博茨瓦纳民主党（前身是贝专纳兰民主党）一直执政。博茨瓦纳人口 80% 是长期受部族大酋长和大中农牧场主控制和影响的广大农牧民。博茨瓦纳政府有一条规定，政府官员不准办企业和经商，但可以拥有牛，办牧场。因此，上自总统下至公务员或多或少都拥有自己的牧场或牛群。部族大酋长也是部族最大的牧场主，拥有的牛群多达几千上万头。

博茨瓦纳民主党政府实行多党议会制，但保留酋长制，设立酋长院作为政府的咨询机构。酋长对本部族人仍有很大影响力和号召力。博茨瓦纳民主党精英通过部族大酋长对广大部族农牧民施加影响，从而使 8 个茨瓦纳人部族，尤其是占人口 40% 的恩瓦托部族人，成为其在历次大选中获胜的社会基础。

随着工矿业和商业的发展以及城市的兴起，工矿和商业城镇的工人、各行各业员工纷纷组织代表各自利益的政党，参与政治。现今，除执政的民主党外，博茨瓦纳已有 14 个反对党。但他们代表的阶层与农村广大部族农牧民相比，人数少，力量分散，尚不能形成一支能与民主党相抗衡的政治力量。在历次大选中，反对党大多数不能获得议会席位。因此，从历史和当前实际情况看，博茨瓦纳是资产阶级民族主义国家，实行的是一党执政、多党和酋长参政、具有非洲特征的政治模式。

三 宪 法

根据1959年英国宣布的给予殖民地自治和独立的政策，贝专纳兰需要经过内部自治过渡到独立。因此，内部自治时期曾有一个内部自治宪法。独立时期的宪法是《博茨瓦纳宪法》。

（一）内部自治宪法

1963年7月，贝专纳兰保护地的各政党领导人、立法会议非洲人代表和大酋长代表在贝专纳兰保护地南部的洛巴策村举行会议，讨论并制定内部自治宪法。会上，政党领导人和酋长们争论最激烈的问题是，自治和独立后如何对待酋长制问题。贝专纳兰民主党主张保留酋长制，限制酋长权力；贝专纳兰人民党主张废除酋长制；酋长们主张成立像英国上议院一样的酋长院。各方最后就这个问题达成协议是，保留酋长制，设酋长院，作为政府咨询机构。

洛巴策会议制定的内部自治宪法包括以下主要内容：

（1）建立国民议会，当选议员由成年人投票选举产生；议会选举4名特选议员并有两名英国官员。当选议员应占大多数。

（2）在国民议会内设酋长院，作为政府咨询机构，无立法权。

（3）独立前，英国负责自治政府的外交、国防和文职人员事务。

（4）成立内阁，由总理和4位部长组成。英国女王总督主持内阁会议并按内阁意见办事。

（5）国民议会就酋长和部族有关事务征求酋长院意见。

根据这部宪法，贝专纳兰保护地于1965年3月1日举行了国民议会选举，成立内部自治政府。经过1年多的内部自治时期，于1966年9月30日，根据《博茨瓦纳宪法》宣布独立。

（二）《博茨瓦纳宪法》

1966 年 2 月，贝专纳兰保护地自治政府总理卡马率领贝专纳兰各政党和酋长组成的代表团前往伦敦同英国政府谈判独立问题，并在那里讨论并制定了独立宪法。这部《博茨瓦纳宪法》共 9 章 128 条，于同年 9 月 30 日宣布独立时生效。

宪法规定：博茨瓦纳是主权共和国，实行多党议会制。国家权力机构实行三权分立——行政、立法、司法机构各司其职，但作为最高行政当局的总统享有最大权力。

总统是国家元首、政府首脑兼武装部队总司令。总统和国民议会组成国会，行使立法权。

酋长院为国会的咨询机构，无立法权。

总统和内阁行使行政权。

各级法院和大法官独立行使司法权。

宪法规定：公民不分种族、籍贯、肤色和性别，均享有个人生存的基本权利以及信仰、言论、集会、结社自由；享有家庭财产不被无偿剥夺，不受奴役和强制劳动（刑法除外），不受非人待遇和种族歧视的权利；享有迁徙自由。

宪法规定：不允许政府随意行事。如果政府违反宪法，任何公民都有权把它告上法庭。

关于修改宪法的规定：修改公民资格条款，需议会半数以上议员通过；修改实质性条款，需 2/3 多数议员通过；修改宪法重大条款，需举行全民公决。

1997 年 10 月 4 日，博茨瓦纳举行了历史上第一次修宪全民公决，通过了以下四条重大宪法修正案：

（1）大选法定投票年龄由 21 岁降至 18 岁。

（2）境外博茨瓦纳人参加大选投票。

（3）建立独立选举委员会负责大选工作。

（4）总统任期 5 年，最多连任两次；总统死亡或辞职时，副总统自动接任总统职务。

此外，宪法中关于国民议会当选议员席位总数曾作过多次修正：1965～1973 年为 31 席；1974 年增至 32 席；1984 年增为 34 席；1989 年增至 40 席；2004 年增至 57 席。

四 国家元首——共和国总统

《博茨瓦纳宪法》规定，总统是国家元首兼武装部队总司令和政府首脑。独立以来，博茨瓦纳总统一直由在历届大选中获胜的执政党的领袖担任。因此，总统集党政军大权于一身，是国家政治生活中最有权力的人物。

1. 总统的选举

宪法规定，凡年满 30 岁的博茨瓦纳公民、符合议员条件并至少应得到 1000 名已登记的议会选举选民支持的，均可当总统候选人。民选议员候选人在大选前的申请登记中必须指明他所支持的总统候选人。总统选举与议员选举同时进行。总统候选人必须取得通过大选产生的议员过半数的支持，才能当选总统。总统不必是经选举产生的国民议会议员。总统经国民议会选举产生后，其议员身份直接依总统的官职而被确定，即当选为总统后就成为当然议员。

2. 总统的职权

宪法规定，总统作为国家元首、政府首脑和武装部队总司令，享有以下职权：

总统有权从议员中任命副总统及各部部长和副部长，组成内阁。总统在任命或罢免内阁成员问题上，除任命副总统需经过国民议会批准外，任命或罢免其他部长不需要征得国民议会的同意。

总统有权任命总检察长、总审计长、国防军司令、警察总监、首席法官、内阁秘书和驻外使节等高级军政官员。

总统与国民议会一起组成国会。国民议会通过的决议和法案须经总统批准才能生效。总统有权召集或解散国民议会，宣布解散国民议会要在《政府公报》中予以公告。在一般情况下，总统只在国民议会开幕时或解散国民议会时发表演讲。

总统有权宣布全国紧急状态，颁布特赦令，宣布缓刑、减刑或免刑。

总统有权宣战，签订和约及承认国家和政府。

总统在任期内，享有不受刑事和民事诉讼的特权。

总统出国以及由于疾病或其他原因不能视事时，由总统书面授权副总统代行总统职务；总统在任期内离职或病逝由副总统自动接任总统。

总统任期每届 5 年，最多连任两届。

3. 历届总统

博茨瓦纳自 1966 年独立至 2004 年，共举行过 9 次国民议会和总统选举。在历次大选中，博茨瓦纳民主党一直获胜执政。连续当选的三位总统均为博茨瓦纳民主党总裁（现称主席），其中前两位三次连任。1997 年全民公决通过的宪法关于总统连任修正案规定，总统最多连任两届。历届总统如下：

塞雷茨·卡马 独立前 1965 年 3 月 1 日，贝专纳兰保护地根据内部自治宪法举行大选，塞雷茨·卡马领导的贝专纳兰民主党获胜。卡马作为党的总裁出任自治政府总理。1966 年 9 月 30 日，博茨瓦纳宣告独立。根据《博茨瓦纳宪法》，自治政府总理转任博茨瓦纳共和国总统。1969、1974 和 1979 年三次大选中，博茨瓦纳民主党均获胜，卡马蝉联总统。在卡马总统连续执政期间，他制定了"民主、发展、自力更生和团结"建国四原则，以民主和法制治国，恢复和发展经济，使博茨瓦纳从最贫穷的国家走上小康之路。1980 年 7 月 13 日，卡马总统在任因病逝世。

奎特·马西雷 在前任总统卡马因病逝世后，根据宪法，博茨瓦纳国民议会应选举 1 名议员为总统，直至下届大选。议会于 1980 年 7 月 18 日选举时任副总统的马西雷为总统。1984、1989 和 1994 年三届大选中，博茨瓦纳民主党获胜，马西雷蝉联总统。在马西雷总统连续执政期间，他继承其前任制定的建国四原则，发展采矿业，特别是钻石生产，实施经济多样化和可持续发展战略，使博茨瓦纳经济获得较快发展，成为"高中等收入"国家。1998 年 3 月 31 日，马西雷总统在任期主动提出退休，被誉为"非洲贤人"。

费斯图斯·莫哈埃 前总统马西雷主动退休后，根据宪法，副总统莫哈埃于 1998 年 4 月 1 日自动接任总统。此后，他于 1999 和 2004 年两次大选中作为博茨瓦纳民主党领导人蝉联总统。在其连续执政期间，他继承前两任总统制定的大政方针，保持政局稳定，努力发展经济，正在执行《2016 年远景规划》，努力实现该计划要达到的长远目标：博茨瓦纳在独立 50 周年时赶上新兴工业化国家发展水平。

第二节 国家行政机构

根据《博茨瓦纳宪法》和《地方政府法》，博茨瓦纳的行政机构分中央政府和地方政府两级。中央政府即总统内阁，由总统、副总统、部长、若干名副部长和公务员（政府雇员和警察）组成，管理国家事务。内阁成员是在每届国民议会选举后，总统从议员中任命。地方政府由每届大选产生的地方议会代表选出地方长官组成，根据中央政府的政策，管理地方事务。它是中央政府联系基层选民的主要纽带。中央政府的"地方政府部"领导和管理地方政府。国民议会和地方议会选举同时举行，每 5 年一次。

一　中央行政机构

根据宪法，总统内阁就是中央政府，负责管理国家事务。独立以来，内阁成员总数随所设部的多少而增减。

总统领导的内阁办公厅由内阁常务秘书、内阁事务委员会和内阁经济委员会组成。

内阁设秘书处，就内阁事务为各部部长集体服务。它是政府最高政策协调机关，其职能包括分发内阁需要的备忘录和其它文件，准备内阁会议的日程，作记录和分发记录，监督决议执行情况和维护内阁文件的安全。

内阁事务委员会由内阁常务秘书、内阁秘书、总检察长以及财政与发展规划部常务秘书组成。该委员会定期拟出内阁需要直接参考的备忘录以及内阁考虑之前专业部门需要的备忘录。

内阁经济委员会由各部部长、顾问和常务秘书组成，其主要职能是讨论国家的主要经济问题，如国家发展计划。

日常的政策协调由总统府负责。总统府由一位部长或几位部长负责。按传统，总统和文职人员事务部部长是总统办公厅主任。

2004年10月大选后产生的最新内阁成员总共21人，他们是：

总统：费斯图斯·莫哈埃（Festus G. Mogae）

副总统：伊恩·卡马（Ian Khama）

14位部长是：

财政与发展规划部长：巴莱泽·哈奥拉泰（Baledzi Gaolathe）

外交与国际合作部长：莫姆帕蒂·S. 梅拉费（Mompati S. Merafhe）

环境、野生动物与旅游部长：翁科卡梅·基措·莫凯拉

（Onkokame Kitso Mokaila）

通信与科技部长：佩莱诺米·文森（女）（Pelenomi Venson）

总统与文职人员事务部长：班杜·T.C. 斯克莱马米（Phando T. C. Skelemami）

贸易与工业部长：丹尼尔·内奥·莫罗卡（Daniel Neo Moroka）

矿业与水利部长：姆比哈尼·查尔斯·蒂博内（Mbiganyi Charles Tibone）

土地与住房部长：迪卡卡马措·塞雷茨（Dikgakgamatso Seretse）

地方政府部部长：玛格丽特·纳莎（女）（Margaret Nasha）

教育部长：雅各布·恩凯泰（Jacob Nkate）

卫生部长：谢娜·特洛（女）（Shiela Tlou）

工程与交通部长：莱塞霍·莫祖米（Lesego Motsumi）

劳工与内政部长：莫恩·佩托（Moeng Pheto）

农业部长：琼奈·基梅纳奥·斯瓦兹（Jonnie Keemenao Swartz）

5 位副部长是：

地方政府部副部长：阿姆布罗塞·马萨利拉（Ambrose Masalila）

教育部副部长：莫吉·姆巴阿卡尼耶（女）（Moggie Mbaakanyi）

工程与交通部副部长：杰克·F. 拉姆斯登（Jack F. Ramsden）

劳工与内政部副部长：奥利范特·姆法（Olifant Mfa）

农业部副部长：彼得·L. 西勒（Peter L. Siele）

文职人员事务委员会

宪法规定，设立文职人员事务委员会，由总统任命的主席和不少于两名或不多于 4 名的委员组成。国民议会议员或政府官员在任命前两年曾积极参与政治活动者，不能被任命为文职人员事

务委员会成员。

文职人员事务委员会是行政机关人事部门，负责公职人员的任免和惩处工作。总统根据文职人员事务委员会的建议任命政府的高级官员，包括常驻外国大使、高级专员以及国际组织的重要代表、内阁常务秘书、各部常务秘书、总检察长、警察总监和其他高级官员。被解职或受处分的政府官员可向文职人员事务委员会申诉。该委员会的决定是最后决定。尽管如此，申诉人仍可向总统提出申诉。

文职人员事务委员会主席和成员在其行使宪法规定的职责时，不受任何人或单位的指示或控制。其任何决定必须经过多数成员的同意。

文职人员事务委员会主席和委员任期 3 年，在任职期间，只能因身心健康状况不佳或其他原因不能履行职责或行为不端，才被总统解除职务。

二　地方行政机构

《地方政府法》规定，地方政府由行政区（或城镇）议会选举的行政长官领导，按照中央政府政策，管理地方事务。地方政府是中央政府与基层选民联系的主要桥梁，归中央政府的地方政府部领导。博茨瓦纳全国总共有 12 个行政区，4 个城市和 21 个镇（见第一章第一节），均设有地方政府。

行政区作为地方政府由 4 个主要机构组成：行政区议会、行政区政府、部族政府和土地局。除乔贝区外，其他行政区均有行政区议会。

行政区议会的法定职责是：提供初等教育设施，提供医疗设施，维修农村道路，村庄供水及供水设施维修，社区发展。

行政区政府由行政区议会选举产生的行政长官领导，负责协调行政区各项工作并提供一切必要的服务，甚至 8 小时工作以外的服务。比如，为按传统习惯从早晨 6 点至晚上 6 点举行的婚礼活动提供服务。行政区政府在区内农村发展计划的制定、执行和监督方面起协调作用。行政长官作为地区发展委员会主席负责协调工作。

部族政府由部族大酋长、酋长代表、社区和户区头人组成，系部族传统当局，负责管理部族内部事务。部族政府首脑是大酋长，主持商讨本部族重大事务的村社会议和解决部族人之间日常纠纷的习惯法庭。

土地管理局是法定机构，其成员一半由部族村社会议选举产生，一半由政府任命。每年由该局成员选举出局长。该局负责分配、使用和出租土地以及解决行政区内的土地纠纷。

4 个城市是：哈博罗内、弗朗西斯敦、塞莱比—皮奎和洛巴策。虽然城市都在行政区内，但都划出城市管辖界限，由城市议会选举的市长组成市政府，负责管理城市事务。

21 个镇，除奥拉帕钻石镇由矿业公司实行封闭管理外，其它镇均设有镇政府，管理各镇事务。

第三节　立法与司法

一　立法机构

根据《博茨瓦纳宪法》，国民议会是立法机构，实行一院制，由民选议员、特选议员、总统、总检察长和议长组成国会，总共 64 人。其中 57 名民选议员由选民按选区经无记名投票选举产生。选举实行直接选举制，简单多数制和投票自愿原则。4 名特选议员由总统提名，议会表决通过。总统、总检察长和议长是当然议员。总检察长由总统任命，接受议会的法律

咨询，参加议会，无投票权；议长由议员选出，主持议会会议，无投票权。每届任期5年。本届国民议会于2004年10月大选产生，是博茨瓦纳独立以来第9届国民议会（历届国民议会选举结果见表3-1）。本届议会总共有57名当选议员，其中民主党获44席，民族阵线获12席，大会党获1席。国民议会议长是帕特里克·巴洛皮（Patrick Balopi）。

表3-1　1965~2004年历届国民议会选举结果

政党 普选年	民主党 获席位数	民族阵线 获席位数	人民党 获席位数	独立党 获席位数	大会党 获席位数
1965	28	—	3	0	—
1969	24	3	3	1	—
1974	27	2	2	1	—
1979	29	2	1	0	—
1984	28	5	1	0	—
1989	31	3	0	0	—
1994	27	13	0	0	—
1999	33	6	—	—	1
2004	44	12	0	—	1

资料来源：博茨瓦纳中央统计局。

说明：随着人口和选区的增加，国民议会席位总数经过多次相应的增加（见第三章第三节关于宪法修改的规定）。

议会职权。国民议会是博茨瓦纳最高立法机构，选举总统，制定法律，修改宪法，审议国家发展计划和政府财政预算。一般议案半数表决通过；重要议案2/3赞成通过。

议会议事程序。政府部门就某一事务进行立法时，该部门应首先就该事务起草"内阁备忘录"，由内阁讨论并同意对该事务进行立法后，将指示总检察长办公室起草法案，并通过《政府公报》公布。法案公布30天后，由负责该法案的议员将其提交国民议会审议。

国民议会对法案经过三读程序后，对其进行表决。在二读中通过的法案，其具体内容要在随后的委员会会议阶段仔细推敲。在委员会会议阶段，国民议会将自身视为一个委员会，由议长担任委员会主席。

一般的议案表决，半数以上通过即可；如反对票与赞成票相等，则议案被否决。重要议案需 2/3 多数通过。涉及国家财政议案，只有在总统的建议下才能在国民议会进行审议。表决通过的法案由国民议会秘书长呈交给总统，须经总统批准后方能生效。如果总统否决了法案，而国民议会在总统未签署的法案退回后的 6 个月内又通过该法案，总统的否决可以被推翻。在这种情况下，如果总统不解散国民议会，他必须在 3 个星期内批准国民议会在他否决后又重新通过的法案。

议会会期。博茨瓦纳国民议会每年召开三次会议，至少开会 120 天。第一次会期为 11 月至 12 月；第二次会期为 2 月至 3 月；第三次会期为 7 月至 8 月。每次会期时间为 6～9 个星期。在会期内，议会从星期一到星期五开会，星期六、星期日及公共假日休会。会议一般从下午两点半开始，但是每次大会的第一次会议总是在下午三点半开始。会议的工作语言是英语。每次会议总是从口头回答质询开始的。口头质询大约持续 30 分钟。国民议会的有关事宜在四点半钟结束，以便留出时间开一些简短的委员会会议，并使议员有时间会晤他们的选民或来自不同团体的代表。下午四点半会议继续进行，除非通过延长会议时间，会议一般持续到下午七点。

国民议会会议向公众开放，不论当地或外国听众，均可在保安人员的引导下自由进入议会大厅旁听，无须办理申请或登记。

国民议会的委员会。国民议会设立 9 个常设委员会：选择委员会，大厦委员会，财政委员会，公共账目委员会，特权委员

会，议事规则委员会，法律改革委员会，辅助法规、政府保险和议会通过的动议委员会，议会工作人员委员会。各委员会根据其职责专门审议某一方面的议案和问题。委员会主席，有的由议会任命，有的由委员会成员选举产生，有的由议长兼任。

议会选举。博茨瓦纳国民议会选举每5年举行一次。凡年满18岁的博茨瓦纳公民都有投票权。每5~10年重新划分一次选区。根据宪法，在议会议席发生变化或举行全国人口普查的情况下，博茨瓦纳司法委员会应尽快任命一个选区划分委员会，根据各地人口分布等情况重新划分选区。独立初期，设有31个单议员选区。随着人口的增加，现在已有57个单议员选区。

议员的产生。凡年满21岁、经过登记、有较好的英语口头表达和阅读能力、可以积极参与议会事务的博茨瓦纳的公民，均有资格成为议员候选人。各政党议员候选人由各政党通过党内初选产生。政党议员候选人可在首都哈博罗内的自由广场或各地区的群众集会上，公开宣传本党的竞选纲领，提出发展经济和社会事业的主张，争取选民的支持。在两次大选期间，如果出现议席空缺，还要进行补缺选举，产生新的议员，填补议席空缺。

下列人员没有资格成为议员候选人：效忠外国者；法院判处死刑或6个月以上徒刑者；依现行法律判定或宣布为精神不正常者；被依法判定或宣布破产而未清偿债务者；在负责议会选举事务的机构任职者。

议员权利。《议会权力和特权法》规定，议员的职责是检查和批评政府工作并对政府工作提出建议。议员免于因其发言、报告或提出的请愿、法案、提案等而引起的民事或刑事诉讼；议员在赴议会会议途中、出席议会会议期间或从议会开完会回家，不得因民事债务问题对其逮捕；当议员在议会范围内而议会又正在开会时，除非经议长同意，不得因刑事案件对议员进行逮捕；在议会开会时，任何法庭不得在议会范围内根据其管辖权进行有关司法程序。议员需要遵守的纪律是：议会开会期间，所有议员不得无故穿越大厅，不得阅读与议会事务无关的书报、信件；在某一议员发言时，其他议员应保持安静，不得无故打断其发言。

国民议会议长和副议长：宪法规定，国民议会选出一位副议长，并规定，当议长或副议长都无法参加议会会议时，国民议会要从政府正副部长和副总统以外的议员中选出一位来主持会议。此外，经国民议会2/3的多数票通过，可以单独罢免议长或副议长，或者同时罢免议长和副议长。议长在议会会议上无投票权。

议会党团：博茨瓦纳现在共有15个政党，其中主要有民主党、民族阵线、大会党和人民党等。独立至今，博茨瓦纳民主党一直在历届大选中获胜并执政。议会党团分执政党和反对党党团。执政党党团有一位组织总秘书和组织秘书，组织总秘书由执政党的议员公认的一位资深议员担任。反对党党团的领导人是反对党领袖和组织秘书。反对党领袖地位与副议长相同。议会党团的组织秘书主要负责维持秩序和要求本党议员参与讨论和投票。议员在投票时基本上反映本党的倾向和主张，但在一些具有共同利益问题上，也有执政党和反对党议员共同投票赞成的情况。

国民议会制定的重要法律：独立以来，博茨瓦纳国民议会根据宪法精神在政治和经济领域制定了许多加强中央集权和逐步削减部族酋长权力的法律，其中重要的有：

《地方政府法》，规定行政区通过普选产生的代表组成地方政府以代替部族酋长行使地方行政权力。

《酋长法》，规定酋长享受文职官员待遇，领取优厚年薪，但不得参与政党活动。

《习惯法》，规定酋长主持部族习惯法庭，调解和处理部族人之间的日常纠纷；但刑事和民事案件由地方法院和高等法院审理。

《部族领地内矿产权法》，规定各部族领地内的矿产权均归

国家所有。

《部族土地法》，规定成立土地管理委员会，负责部族土地的分配和使用；酋长在六名委员中占两席，中央和地方政府各占两席；酋长可以选为委员会主席。

酋长院：博茨瓦纳宪法规定，设立酋长院，作为政府的咨询机构，是国民议会的组成部分，但无立法权。

酋长院由15名成员组成，其中8名当然成员是博茨瓦纳的8个主要茨瓦纳人部族的大酋长。8个主要部族是：恩瓦托、恩瓦凯策、奎纳、罗隆、卡特拉、塔瓦纳、莱泰和特洛夸；4名当选成员，由乔贝区、东北区、杭济区和卡拉哈里区小部族酋长中选举产生。这些小部族包括赫雷罗人、叶伊人、科伊桑人和卡兰加人等非茨瓦纳人群体。3名特选成员由当然成员和当选成员选举产生。酋长院非当然成员与国会议员一样，任期为5年。

酋长院开会不定期，每年至少召开一次，一般是在政府或议会向其提交议案或有重大事情与其磋商时。会议的时间和地点由酋长院主席决定。国民议会提出的涉及部族酋长和头人职务任命、传统法院的组织机构和权力、习惯法的确认和其他有关部族事务的议案，需将议案副本提交酋长院征求意见。涉及部族内部事务的提案在提交酋长院之前不得讨论。酋长院必要时可要求有关部长到酋长院说明情况，回答问题。任何部长或其代表需要征求酋长院意见时，可以出席酋长院会议，但不能参加表决。

酋长院经总统批准，可以决定以下议事规则：任命或选举酋长院主席，规定其任期；酋长院开会时间和地点；酋长院意见的记录方式以及酋长院向部长、议会或任何其他团体提出意见的方式；酋长院的议事程序；酋长院当选成员和特选成员的选举方式。

酋长院在其成员缺位时仍可议事。

现任酋长院主席是奥拉比莱·卡拉本（Orabile Kalaben），副主席是迈克尔·马福拉哈（Michael Maforaga）。

二 司法机构

根据宪法，博茨瓦纳的司法机构分三级：上诉法院、高等法院和地方法院。高等法院是司法机构的中枢。此外，各部族还有传统的习惯法院和习惯上诉法院。

宪法规定，除部族习惯法院外，各级法院均独立于所有行政机关，在依宪法行使职权时不受任何个人或单位的指示或控制。

1. 高等法院

高等法院是国家的上级法院，对民事和刑事案件有不受限制的初审权及宪法与法律授予的其他司法权和权力；有权审理地方法院提交的案件和有权监督下级法院或军事法庭的民事或刑事诉讼，并有权发布命令、拘票和指示以确保这些法院公正司法。对高等法院判决不服的案件，可提交上诉法院。

高等法院由驻节首席法官和5名陪席法官组成。首席法官由总统任命，陪席法官由总统根据司法人员事务委员会的建议任命。高等法院首席法官在国家的地位排在总统和副总统之后。宪法规定，高等法院法官（陪席法官）需有以下条件方可任命。

在博茨瓦纳、英联邦国家或国民议会指定的非英联邦国家拥有不受限制的民事和刑事审判权的法院中担任或担任过法官或在这类法院的上诉有审判权的法院中担任或担任过法官；或者在这类法院担任过律师或在博茨瓦纳开业不少于5年的律师。

高等法院首席法官和陪席法官的退休年龄为65岁。总统可以在其到达退休年龄时再延长其任期3年。

根据宪法，高等法院首席法官或法官只有因身心健康状况不佳或别的原因而不能履行职责，或因行为不端，才可能按照宪法规定的程序被总统解除职务。假如总统认为解除首席法官或法官的职务问题需要调查，总统将任命1名主席和不少于2名其他有资格的成员组成审理庭负责调查；该审理庭向总统报告调查结果

并建议是否将该法官解职。

高等法院设在洛巴策城，但可以在首席法官指定的地方开庭审理案件。为避免公众长途跋涉，高等法院于1983年在弗朗西斯敦城设立分院，审理北部行政区和中部行政区的案件。

高等法院的日常事务由注册官和助理法官处理。注册官和助理法官是行政司法长官，通过其助手发出法院传票。他们还负责监管监护人基金以及死者财产，监管破产公司并保护无力偿债集团债权人的权利。

2. 上诉法院

上诉法院由驻节院长和国民议会规定的若干名上诉法官（如有的话）以及高等法院首席法官和陪席法官组成。上诉法院院长由总统任命，除非国民议会规定由高等法院首席法官担任上诉法院院长。总统根据司法人员事务委员会的建议任命上诉法院法官。

上诉法院院长和法官的退休年龄为65岁。总统可以在其到达退休年龄时再延长任期3年。

上诉法院院长和法官的免职理由和程序与高等法院院长和法官免职理由和程序相同。

上诉法院的判决是终审判决。

3. 地方法院

博茨瓦纳全国有三个地方法院，分别设在哈博罗内市、弗朗西斯敦城和塞莱比—皮奎城。

地方法院由首席法官（院长）和若干名审判官、一级和二级审判官组成。地区行政长官和一些地方官员是地方法院的当然二级审判官。

如果需要，总统可以根据司法人员事务委员会的建议增加地方法院审判官人数并设立其他法院。一个工业法院已建立，专门审理工业部门和劳资之间纠纷案件。

除了谋杀、杀人未遂和杀人犯外，所有严重的刑事案件都由地方法院审判。地方法院首席法官最大审判权限是判处 15 年徒刑和 10000 普拉的罚款；一级审判官的判决权限是 10 年有期徒刑和 5000 普拉的罚款；二级审判官的判决权限是 5 年有期徒刑和 1000 普拉罚款。

虽然地方法院可以审理民事案件并处理相关问题，但主要的民事案件则由高等法院审理。

4. 习惯法院和习惯上诉法院

习惯法院。博茨瓦纳的各主要部族都有传统的习惯法院，即部族村社会议，由大酋长担任法律执行人，审理部族内部日常纠纷和有关风俗习惯的案件。习惯法院归中央的地方政府部管辖。习惯法院的案件可提交习惯上诉法院，必要时亦可提交高等法院审理。

习惯上诉法院。1986 年 2 月建立，其职能是审理大部族习惯法院或东北、杭济和乔贝区小部族习惯法院提交的部族上诉案件。在此之前，部族的一些特殊案件需要审理时则成立习惯上诉法庭，由部族大酋长担任首席执行法官。部族上诉案件也可以提交国家高等法院和上诉法院审理。

习惯上诉法院的执行法官由部族大酋长担任。恩瓦凯策部族已故大酋长巴托恩二世曾担任过习惯上诉法院执行法官，现任执行法官是卡特拉部族大酋长林翠二世。

5. 司法人员事务委员会

宪法规定，博茨瓦纳设立司法人员事务委员会，它是管理司法系统人事的机构。

司法人员事务委员会由首席法官、文职人员事务委员会主席以及首席法官和文职人员事务委员会主席共同任命的一位委员组成。首席法官是司法人员事务委员会主席。

司法人员事务委员会在依法律行使职权时不受任何个人或单

位的指示或控制。

总统根据司法人员事务委员会的建议任命高等法院首席法官和陪席法官，上诉法院院长和法官。总统还可以根据司法人员事务委员会的建议任命高等法院和上诉法院的注册官、地方法院的所有审判官。

6. 博茨瓦纳律师协会

在博茨瓦纳从事司法职业者包括法官、检察官和不动产让与证书经办人，都可以根据《司法从业者法》正当地开业，并都受总检察长管理。他们的开业行为受博茨瓦纳律师协会监督。该协会有一个惩戒委员会，负责检查律师的执法行为、职业道德并在公众与律师打交道中保护公众。律师协会听取公众对行为不端的律师的投诉并有权向法院提出把行为不端的司法从业者开除出司法从业者队伍。

7. 民法和刑法

博茨瓦纳的民法大部分是罗马—荷兰法。它是从前开普殖民地时期传承下来的。长期以来，国民议会通过的许多法规和司法判决已使民法发展成为博茨瓦纳的民事诉讼法体系。

博茨瓦纳采用的刑法大部分是英国的刑法。刑事诉讼和证据法则以南非的为依据。博茨瓦纳有死刑，但是高等法院如果发现可减轻被告罪行情况时，对是否执行死刑有任意决定权。

8. 总检察长

总检察长是博茨瓦纳政府的主要法律顾问。他向中央政府各部和地方政府提供法律咨询。根据宪法、刑法和证据法，总检察长有权检举任何人或中止任何刑事案件的司法审理。

总检察长还可以为在职的或不在职的公务人员进行辩护，并且在任何危害国家的民事诉讼中为国家辩护。

在履行宪法赋予的这些职责时，总检察长不受任何人或单位的指示或控制。总检察长是博茨瓦纳司法界的首脑，授权保护和执行宪法规定的条款。根据《博茨瓦纳宪法》，总检察长是国民议会议员和内阁的当然成员。他是国玺掌管者，还是国会法律改革委员会成员。

总检察长领导的办公署有 3 名副总检察长，3 名总检察长高级助理和 4 名总检察长助理。

总检察长办公署下设 5 个部门：总务处、民事处、检举处、起草处和土地处（不包括地契登记）。办公署在首都哈博罗内和弗朗西斯敦城各设有一个办公室。

第四节　政党与社会团体

一　政党

博茨瓦纳的政党发展史可追溯到 20 世纪 50 年代末和 60 年代初。当时非洲各地的民族独立运动风起云涌，邻国南非的非洲人国民大会（简称非国大）和阿扎尼亚泛非主义者大会（简称泛非大）十分活跃。一些有民族主义觉醒的茨瓦纳人知识分子以及一些在南非参加过非国大的茨瓦纳人，受其影响开始在贝专纳兰保护地组织政党，开展反对种族主义和殖民主义、争取民族独立的斗争。

1959 年贝专纳兰联邦党成立。1960 年贝专纳兰人民党问世。1962 年贝专纳兰民主党建立。1964 年人民党分裂出的一批党员另立贝专纳兰独立党。1965 年独立前成立的最后一个政党是民族阵线。在独立前成立的上述政党，除联邦党于 1962 年自行消失外，其他 4 个政党都参加了争取民族独立的斗争，并且成为博茨瓦纳政坛上重要的政治力量。

独立后，博茨瓦纳民主党一直是执政党，博茨瓦纳民族阵线是主要反对党。20 世纪 80 年代和 90 年代期间，曾建立了许多新

政党。其中有些是从民阵和民主党分离出来的党员组建的新党。新建的政党，一般都是小党，力量薄弱，影响不大。其中有的在成立后不久就自行消失了。如博茨瓦纳自由党（Botswana Liberal Party）和失业者联合阵线（United Front for Unemployed）。截至2004年底，博茨瓦纳总共有15个注册政党。在以往的国民议会选举中，反对党曾多次试图组织统一联盟与执政党相抗衡，但因各党的利害关系未能形成。只有少数几个反对党曾组成选举联盟，但对执政党没有构成威胁。2004年10月的国民议会57个议席的选举结果是：民主党获44席，民族阵线获12席，大会党获1席，其他参选的政党均未获得席位。

（一）博茨瓦纳民主党（Botswana Democratic Party-BDP）

1962年1月在哈博罗内成立，原名贝专纳兰民主党。创始人是塞雷茨·卡马和奎特·马西雷等茨瓦纳人知识分子。卡马任党的总裁，马西雷任总书记。在其纲领中，贝专纳兰民主党主张通过内部自治的和平过渡实现国家独立，建立多党民主制的种族和睦相处的统一国家，保留酋长制，但限制酋长权力。该党获得酋长和广大茨瓦纳人部族，特别是恩瓦托部族人的支持，也得到定居后的白人农牧场主和工商人士支持。在1965年内部自治议会选举中，贝专纳兰民主党获胜。卡马担任内部自治政府总理，马西雷任副总理。1966年，博茨瓦纳宣告独立。根据独立宪法，总理卡马转为博茨瓦纳共和国总统，马西雷为副总统。党的名称改为博茨瓦纳民主党。独立后，民主党提出"民主、发展、自力更生和团结"建国四原则，并在30多年的执政过程中付诸实施，使国家经济取得较快发展，人民生活逐步改善。在独立后的历届大选中，民主党一直获胜，党的总裁卡马三次蝉联总统。1980年卡马总统在任因病逝世，国民议会依法选举马西雷接任总统，他也蝉联三任。1998年，马西雷在任主动提出退休，由民主党总裁、副总统莫哈埃接任总统。1999年和2004年两次议会选举，民主党均获胜，莫哈埃蝉联总统，根据宪法关于总统任期的修正条款，总统只能蝉联两任（10年）。莫哈埃总统任期将在3年6个月后结束，由副总统伊恩·卡马接任。2004年议会57个席位的选举中，民主党获得44席，继续执政。

民主党的全国代表大会每两年召开一次。中央委员会和全国执委会由总裁、主席和正副总书记及正副司库组成，均由全国代表大会直接选举产生。中央委员会10名委员，其中5名由全国代表大会选出，5名由总裁提名委任。中央委员会下设秘书处，由执行秘书领导，处理党内日常事务。

民主党还有"青年之翼"和"妇女之翼"。这两个附属组织的主席均为中央委员。

民主党声称在全国有50万党员。现任中央领导人是：总裁莫哈埃，主席伊恩·卡马，总书记克韦拉霍贝，副总书记文森女士，司库萨塔尔·达达（Satar Dada）。

（二）博茨瓦纳民族阵线（Botswana National Front-BNF，简称民阵）

1965年独立前夕成立，是独立前成立的最后一个主要政党。创始人是肯尼思·考马博士（Dr. Kenneth Koma）。他是一位律师，曾在英国、南非和前苏联受过良好教育。创建时，民阵总裁是R.莫莱姆（R. Molemo），副总裁是丹尼尔·克韦莱（Danial Kawele），考马是外事书记。后来，前两位领导离开民阵，考马长时期担任党的总裁。

民阵随时代的变化，在不同时期提出相应的不同纲领。建国初期，民阵反对发展私人经济，主张国家控制经济，在博茨瓦纳实行社会主义。1978年，民阵提出"非洲革命三阶段"理论，要为"科学社会主义而斗争"。1994年，民阵发表"社会主义纲领"，主张建立"自由市场与计划经济相结合、合作、准国营和国营经济并重的混合经济"。

民阵的主要支持者是城镇工人、公务人员、居民以及恩瓦凯策部族酋长及族人。1969 年，恩瓦凯策部族酋长巴托恩二世放弃酋长地位，以巴托恩·哈塞茨韦公民身份加入民族阵线并作为该党在卡尼耶选区的议员竞选人。他以自己在部族的传统影响战胜了民主党在该选区的竞选人马西雷副总统。这说明，部族酋长和族人的支持对竞选人的成败有举足轻重的影响。

1969 年至今的历届国民议会选举中，民阵均获得席位，最多时为 13 个席位。1984 年以来，民阵领导人一直是议会反对党团主席。

民阵在其党的发展史上有过分化和重新组合的经历。1998 年 6 月，民阵经历了一次领导层分裂危机。由于领导层不和，副总裁和总书记等一些领导人脱离民阵另组新党（博茨瓦纳大会党），并带走了议会中民阵的 13 个议席中的 11 席，使民阵力量受到一定削弱。但是，就在同年 10 月，民阵又接纳博茨瓦纳工党、联合社会党和工人阵线为其下属成员组织。2001 年 11 月，民阵全国代表大会选出新一届中央委员会。总裁是奥茨韦莱策·穆波（Otsweletse Muopo），一位坚信马克思主义原则的律师；总书记是阿卡尼扬·马哈马（Akanyang Magama）。2004 年 10 月的议会大选中，民阵再次获得 12 个席位，继续是议会的主要反对党。

民阵有一个青年团负责做青年工作。

以下是民阵接纳的三个成员党的情况。

1. 联合社会党（United Socialist Party-USP）

1994 年 6 月 4 日正式登记为政党，其主要党员是原民阵青年团总书记莫杜布勒（Modubule）领导的青年党员。他们主张把私营和准国家企业国有化，要求一切自然资源归国家。1998 年 10 月重新并入民阵。2000 年 5 月，莫杜布勒辞去该党主席职务，由帕阿卡内接任。

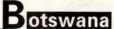

2. 博茨瓦纳工党（Botswana Labour Party-BLP）

1989 年 9 月在洛巴策城成立，声明它是工人阶级政党，表示既赞成马列主义，又要求实行多党民主，主张国家财富平均分配，改善工人待遇。其成员大多数是民阵党员，其领导人是民阵前总裁考马的侄子莱·考马（L. Koma）。1998 年 10 月重新并入民阵。

3. 博茨瓦纳工人阵线（Botswana Work Front-BWF）

1993 年 10 月 15 日正式注册为政党，是由民阵中央部分持不同政见的领导人组成的，至今仍是民阵的党内党。领导人是阿卡尼扬女士（Ms. Akanyang）。

（三）博茨瓦纳大会党（Botswana Congress Party-BCP）

1998 年 7 月成立，是由民阵分裂出来的部分领导人和一批党员组成的。1999 年 1 月，该党发表纲领性文件"民主和发展计划"，其奋斗目标是民主现代化，国家民主化和改革"权利法案"，建立强大的经济以提高人民生活水平，改革博茨瓦纳宪法使之在部族问题上达到平等，确保可持续发展。原民阵副总裁丁哈凯为该党首任总裁，原民阵经济事务书记塞坦莱切为副总裁，原民阵总书记塞莱尚多为总书记，原民阵洛巴策城议员塞莱切为主席。2001 年 7 月，全国党代表大会选出新中央委员会。总裁是奥特拉阿迪萨·库萨莱策（Otlaadisa Koosaletse）。1998 年 7 月成立时，由于该党成员从民阵带出 11 个席位，一度成为议会主要反对党。但是，1999 年和 2004 年两次大选中，该党分别获得 1 个席位，失去主要反对党地位。

（四）博茨瓦纳联盟运动（Botswana Alliance Movement-BAM）

1999 年议会大选时，民族阵线总裁考马博士倡议，在野党联合组成一个博茨瓦纳联盟运动，并于 1999 年 3 月 18 日正式登记为新政党。这个新成立的党包括民族阵线、人民党、进步联

盟、独立自由党和联合行动党。但 3 个月后，因利益冲突，发起的政党民族阵线退出联盟运动。其他留在联盟运动的政党以联盟运动名义参加 1999 年和 2004 年两次议会选举均未获得席位。联盟运动的总裁由联合行动党领导人塞茨瓦埃洛担任。该联盟运动的 4 个成员党情况如下。

1. 博茨瓦纳人民党（Botswana People's Party-BPP）

1960 年 9 月，从南非回来的曾在南非非洲人国民大会党任职或参与其政党活动的茨瓦纳人莫萨迈·姆波（Motsamai Mpho）、莫策特（Motsete）和菲力普·马坦特（Philipe Matente）在帕拉佩村创建，当时称贝专纳兰人民党，是博茨瓦纳独立前成立的第一个全国性政党。莫策特任主席，马坦特任副主席，姆波任总书记。该党的支持者主要在塔蒂矿区、东北行政区的卡兰加部族以及弗朗西斯敦城和周围地区。1962 年，人民党因领导人不和分裂成两大派。1964 年，总书记姆波宣布成立贝专纳兰独立党（后称博茨瓦纳独立党）。人民党在不同时期提出不同的主张。独立前，由于它的领导人受南非政党的激进思想影响，主张不经过内部自治立即实现国家独立，并组织示威游行迫使英国立即给予独立。独立后，该党又主张以和平手段在博茨瓦纳实行"非洲社会主义"。后来又提出，在不实行社会主义的情况下，实现国家财富的平均分配，管理和技术人员本国化，维护酋长制度，建立一个没有社会、经济、部族和宗教歧视的国家。

在 1965 年内部自治议会选举中，人民党曾获得 3 个席位，是议会的唯一反对党。独立后直到 1984 年，人民党在议会都占有少数席位。1989 年大选以后，人民党在议会均未获席位。1999 年大选前加入博茨瓦纳联盟运动。人民党领导人是：总裁奈特·塞茨瓦洛（Knight Setshwalo），副总裁莫特拉巴内，主席恩克瓦，总书记莫迪塞。

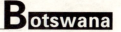

2. 博茨瓦纳独立自由党（Botswana Independence Freedom Party-BIFP）

1993年4月，博茨瓦纳独立党和博茨瓦纳自由党合并，定名为博茨瓦纳独立自由党。

博茨瓦纳独立党是独立前最早成立的4个政党之一。它是从人民党分离出来的总书记莫萨迈·姆波于1964年创建的。独立后，博茨瓦纳独立党在1969年和1974年两次议会选举中都获得1个席位，成为议会的反对党。1974年以后的各届选举中，独立党未再获得席位。独立党的主张是，支持民主原则，通过选举方式上台执政。总裁是姆波。

博茨瓦纳自由党1989年成立，主张既不倾向社会主义，也不倾向资本主义，提倡自由发展。总裁是利奇·托梅朗（Leach Thomelang）。

两党合并后主张为自由而斗争，使博茨瓦纳走向民主并取得成就，消灭一切歧视，提倡男女平等，教人民兴办实业。该党领导人是：总裁姆波，总书记博考莫，副总书记迪考莱。

3. 博茨瓦纳进步联盟（Botswana Progressive Union-BPU）

1982年8月成立。创始人是原民阵副总裁丹尼尔·克韦莱。当时提出的政治口号是"和平，社会进步"。该党活动地区主要在博茨瓦纳北部的恩坎吉选区和卡兰加部族聚居区，在教育界和文职人员中有一定影响。后来提出的纲领是，改革政治、经济结构和不合理的教育制度，消除部族矛盾，充分利用本国资源，争取经济彻底独立；实现真正的自由、平等、社会正义和人权以及和平与社会进步。领导人是 T. M. 莫吉蒂（T. M. Moghethi）。

4. 博茨瓦纳联合行动党（Botswana United Action Party-BUAP）

1997年8月15日正式登记为政党。创始人多为社会名流和民主党的退党者。该党主要关心青年和与青年有关的问题。总裁是塞茨瓦埃洛，曾是民主党党员。

（五）社会民主党（Social Democratic Party-SDP）

1994年6月15日注册为政党，其成员多数是被开除或退出民阵的党员。领导人希迪耶（Giddie），曾担任过民阵总书记和外事书记。

（六）博茨瓦纳之光（Lesedila Botswana）

1993年4月成立，创始人和领袖是莫欣伊女士（Ms. Mosinyi）。莫欣伊女士认为，该党是博茨瓦纳所有想改变现状者的代表，主要奋斗目标是维护基本人权和工人权利，反对性别歧视，消灭贫富差距，建立人人都满意的新博茨瓦纳。如果该党执政，它将按照基督教教义治理国家。

（七）马恩列斯党（MELS Party）

1997年10月13日正式登记为政党，前身是马恩列斯学习运动。1993年决定改组为代表工人、贫苦农民、青年和妇女愿望的革命的科学社会主义的政党，1999年首次参加议会选举，未获得议席。党的总裁是乔纳。

（八）新民主阵线党（New Democratic Front Party-NDFP）

2003年1月，由博茨瓦纳民族阵线分离出来的党员建立。党的总裁是迪克·贝福特（Dick Bayford），原民阵总裁考马博士是该党的顾问。该党参加了2004年议会选举并提出其总裁贝福特为总统候选人，但未获得席位。

二 社会团体

早 在20世纪40年代，贝专纳兰保护地时期，一些行业的茨瓦纳人职工，为了维护自身权益和改善生活和工作条件，组织了一些社会团体。其中有非洲人公务员协会，贝专纳兰保护地教师协会。在弗朗西斯敦城建立了最早的工会组织：弗朗西斯敦非洲人雇员联盟。在南非和南罗得西亚铁路工作的茨瓦纳工人奈特·马里佩和肯尼思·恩克瓦还是非洲工人联盟罗得

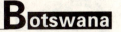

西亚铁路工会的著名领导人。在贝专纳兰东北部，许多茨瓦纳人工人是铁路工会的会员。

1949年成立的非洲人公务员协会要求在公务员工资和晋升方面一视同仁地对待非洲人和欧洲人。非洲人教师协会也为改善生活和教学条件进行了斗争。1949年成立的弗朗西斯敦非洲人雇员联盟，反对塔蒂矿区工资待遇和工作条件方面的种族歧视，主张通过协商解决劳资纠纷，并得到殖民当局的承认。

独立时，行业工会组织已发展到4个：弗朗西斯敦非洲人雇员联盟、贝专纳兰保护地工人联盟、贝专纳兰工会大会以及贝专纳兰和普通工人组织。前两个工会要求经济改革和改善工人福利；后两个工会更具有政治性质，要求实现独立。这些早期成立的工会组织独立后于1977～1978年先后加入博茨瓦纳工会联合会。

以下是博茨瓦纳工人、青年和妇女团体的情况。

1. 工会组织

博茨瓦纳工会联合会（Botswana Federation of Trade Unions）

1977年成立，是非政府的、常设的工人群众组织，也不隶属于任何政党。它是博茨瓦纳所有注册行业工会的联合组织，是各行业工会处理国内外工会事务的总代表。

博茨瓦纳工会联合会下属18个行业工会，其中主要有：银行雇员工会、商业工人工会、钻石分类估价雇员工会、铁路工人工会、体力劳动者工会、肉类加工工人工会、矿业工人工会、通讯工人工会、建筑工人工会和房屋公司雇员工会等。

工会联合会章程规定，工会的主要任务是：调动博茨瓦纳产业和行业工人的积极性，依靠集体力量促进社会发展和进步，保护工人自身利益，改善工人的工作和生活条件；调解雇员和雇主之间的纠纷，改善双方关系；与国内和国际其他组织合作，相互支持；通过举办合作社和其他经济实体，改善工人的社会和经济

状况；对工人进行教育，提高工人的知识水平；举办各种培训班，提高工人技能。

工会联合会的组织机构：

工人代表大会是最高权力机构，两年召开一次，一般在3月。

理事会是指导机构，负责监督和指导代表大会决议的贯彻和执行，每两年召开一次会议。理事会的成员是代表大会选出的主席、副主席、总书记、副总书记、司库和5名委员，以及劳工部负责劳工事务的官员。这名官员以观察员身份出席理事会会议，但没有发言权和表决权。理事会主席负责主持理事会和执委会的会议，全面领导工会联合会的各项工作。

执行委员会是行政机构，受理事会委托行使行政职能。执委会由工会联合会主席、副主席、总书记、副总书记、司库和5名理事会委员以及其他委员会主席组成，至少每两月开一次会。

教育和研究委员会负责组织宣传教育与培训，对劳工问题进行研究。

工会联合会的经费主要来源是会员入会费并通过义演、义卖和创收项目筹集，还有国际工会组织提供的援助。提供援助的国际工会组织有：英联邦工会理事会（CTUC）、国际工联（ICFTU）、非美劳工组织（AALC）和国际劳工组织（ILO）等。

博茨瓦纳劳工法规定，工会领导人不能脱产做工会工作。工会联合会，除聘任一位执行秘书和一位教育秘书分别管理日常事务和教育培训外，其他领导人均为兼职工作。工会曾试图让政府取消这个规定，但未能成功。

工会联合会领导人与博茨瓦纳劳动部官员每两个月会晤一次，与政府的关系基本上是合作和友好的。

2. 青年团体

博茨瓦纳全国青年委员会（Botswana National Youth Council）

1974年建立。它是一个自治的委员会，不隶属政府任何部门。但是，它的执行委员会成员有政府官员。其经费除部分靠募捐筹措外，主要靠政府拨款。它每两年向劳工部常设秘书报告一次工作，是政府与非政府青年组织在制定有关青年计划，执行青年发展项目，协调行动方面的联系纽带。

它的会员包括16个与青年事务相关的非政府组织和27个区级青年委员会。16个会员组织是：

博茨瓦纳童子军协会（Botswana Scouts Association）

博茨瓦纳工读协会（Botswana Workcamps Association）

基督教《圣经》联盟（Scripture Union）

博茨瓦纳青年大会（Botswana Young People's Convention）

社区剧团协会（Reetsanang Association of Community Theatre Groups）

博茨瓦纳女青年基督协会（Botswana Young Women Christian）

博茨瓦纳家庭福利协会（Botswana Family Welfare Association）

传统文化艺术会（Mambo Arts Commune）

博茨瓦纳女童子军协会（Botswana Girls Guide Association）

博茨瓦纳红十字会（Botswana Red Cross Society）

研究教育合作会（Coorperation for Research and Education）

可持续农业论坛（Forum on Sustainable Agriculture）

博茨瓦纳青少年协会（Junior Chamber of Botswana）

博茨瓦纳妇女理事会（Botswana Council of Women）

博茨瓦纳基督教理事会（Botswana Christian Council）

博茨瓦纳青少年培训中心（Junior Achievement Botswana）

全国青年委员会的组织机构：

全国青年代表大会是最高决策机构。大会代表由全国青年委员会所属会员组织委派。每个组织可派两名代表。代表大会每两年举行一次，任命新一届执行委员会。执委会由主席、副主席、总干事、司库和4名委员组成。

在博茨瓦纳，12 岁至 29 岁的人属于青年。目前青年占人口总数的 40%，是社会的中坚力量。这个重要社会群体面临着一系列亟待解决的问题，如就业、教育、培训和犯罪等问题。因此，博茨瓦纳政府十分重视青年工作。

1989 年，劳工与内政部设立文化与青年事务局，其职能是制定与青年事务相关的政策和计划；协调各部之间的青年工作；促进所有非政府机构与政府之间及相关部门之间的协作；监督并执行青年计划；指导和帮助各区议会的青年工作。为保证政府各部在处理青年事务中协调一致，该局还建立了一个部际青年事务委员会。该局下设 4 个工作处：计划项目处、培训与人力资源开发处、政策研究与服务协调处、行政区青年服务处。

1996 年 8 月，博茨瓦纳国民议会通过了《全国青年政策》，要求各级政府和非政府组织、私营部门、教会、青年团体和其他社会团体共同致力于解决青年面临的问题。

劳工与内政部常设秘书的代表是全国青年委员会执委会的成员。

在贯彻执行《全国青年政策》方面，全国青年委员会已实施了以下扶助青年的计划和项目：家庭粮食安全项目，建立青年活动中心计划，青年谋生技能扶助项目，艾滋病防治和生育保健项目，建立国家青年发展基金，信息项目和加强所属青年机构效能计划。

3. 妇女团体

（1）非政府妇女组织联盟（Women's NGO Coalition）

1993 年，博茨瓦纳 18 个非政府妇女组织联合建立的。它是博茨瓦纳非政府组织的一个论坛。其任务是指导、协调和监督各妇女组织发展项目的执行情况，并且代表所有的非政府妇女组织与外国妇女组织和联合国援助机构交往并筹措活动资金。

在妇女活动方面，该联盟关心的主要领域是：消除贫困；提

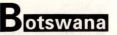

高妇女参与经济活动的能力；妇女的教育和培训；卫生和人口；妇女参政与议政；对妇女和女童的暴力问题。

联盟曾组建博茨瓦纳非政府组织妇女代表团出席 1995 年 9 月 8 日在中国北京举行的联合国第四次世界妇女大会并在世妇会非政府论坛上作了报告。回国后，联盟采取了落实《北京行动纲领》的后续行动，讨论并制定了《全国行动计划草案》。

联盟的 18 个成员组织是：

博茨瓦纳妇女理事会（Botswana Council of Women-BCW），该组织是 1965 年已故总统卡马夫人创建的，是博茨瓦纳最大、历史最长的民间妇女组织。

"起来！妇女们"（Emang Basadi），主席是著名妇女活动家阿塔利亚·莫罗考麦博士（Dr. Athaliah Molokomme）

博茨瓦纳红十字会（Botswana Red Cross Society），主席是露丝·威廉斯（已故总统卡马夫人）

麦特拉埃茨莱妇女信息中心（Metlhaetsile Women's Information Centre）

博茨瓦纳基督教理事会（Botswana Christian Council）

基督教女青年会（Young Women Christian Association-YWCA）

博茨瓦纳全球观察基金会（Worldview Foundation of Botswana）

南部非洲妇女与法律（Women and Law in Southern Africa）

妇女在非洲法律和发展中地位（Women in Law and Development in Africa-WLDA）

Cord 妇女培训中心（Cord Women Training Centre）

全国地方和中央政府及准国家企业体力劳动者工会（National Amalgamated Local and Central Government and Parastatal Manual Workers Union）

博茨瓦纳工会联合会（Botswana Federation of Trade Unions）

博茨瓦纳女童子军协会（Botswana Girls Guide Association）

博茨瓦纳人权中心（The Centre of Human Rights）

商业妇女协会（Women in Business Association）

博茨瓦纳护士协会（Nurses Association of Botswana）

妇女金融社（Women's Finance House）

蒂里萨尼奥天主教会（Tirisanyo Catholic Mission）

联盟领导机构执行委员会的成员是：

主席：埃利斯·亚历山大女士

副主席：尤尼蒂·多乌

协调员／秘书：库茨塔·莫西尼亚内

副秘书：帕麦拉·姆兰哈

妇女联盟与政府的关系：

在博茨瓦纳，非政府妇女团体很多，分布全国各地，在妇女运动中起着很重要作用。各政党均提倡男女平等。妇女在社会上的地位较高。政府内阁有女部长，国民议会和地方议会有女议员。社会上有许多著名的妇女活动家。

为适应博茨瓦纳妇女工作发展的需要，劳工和内政部下属的妇女事务处于1997年3月31日升级为妇女事务局。其主要职能是：保证全国妇女发展进程的整体性；起草保护妇女权益的新法律；对现有法律中歧视妇女的条款进行修改或补充；制定妇女发展的总体战略并监督妇女发展项目的执行情况。妇女事务局给予非政府妇女组织政策性指导，提供落实项目所需的设施，具体项目由各妇女组织实施。博茨瓦纳政府在第八个全国发展计划期间开始向非政府妇女组织提供活动经费。

（2）博茨瓦纳国民议会和地方议会女议员决策会（Botswana Concur for Women Councillars and Parliamentarians）

1996年4月由非政府妇女组织"起来！妇女们"倡议并于1997年4月16日正式成立。其宗旨是为妇女决策者提供一个讨论有关妇女问题并作出决策的场所。该决策会已制定了行动计划，主要内容是：对妇女决策者进行关于妇女和男女平等问题的教育；领导艺术培训；成立妇女决策者文献中心。

国民议会和地方议会的妇女议员，不论隶属那个党派，均可登记为该决策会成员。这是各党派的联合妇女组织。但是，反对党民族阵线的女议员拒绝加入。

决策会的执委会成员是：

两位主席：玛格丽特·纳莎（民主党国会议员、地方政府部部长）

拉莫迪莫·奥莱西策（Lamodimo Olesitse）

两位总书记：马吉埃·姆巴阿卡尼（Magyie Mbaakanyi）

另一位总书记保留给民阵

宣传秘书：格拉迪斯·考考维（Gladys Kokorwe）

司库：科莫措·莫哈米（Kgomotso Mogami）

5名执委委员，其中4名为民主党女议员，1名留给民阵的女议员。

各党派妇女之翼主席亦为执委会委员，但无选举权。

第五节　著名政治人物

奎特·凯图米尔·琼尼·马西雷（Quett Ketumile Johny Masire，1925～ ）　博茨瓦纳民主党和共和国创始人之一，曾连任14年副总统和18年总统。1925年7月23日生于恩瓦凯策行政区首府卡尼耶，恩瓦凯策部族人，出身于平民家庭。他的家族图腾是"聪明的狒狒"。他的姓氏"凯图米尔"，茨瓦纳语的意思是"十分自豪的人"。但是，他不是宿命论者，而是一位凭着智慧和勤奋取得成功的政治家和国际活动家，被誉为"智囊"、"大力神"和"杰出的总统"。

早年，他在南非的泰格克洛夫学院学习。1950年，他在家

乡卡尼耶做过教员并创办了塞帕皮措中学，担任校长。还曾经营农场。由于善于经营而获得"高级农场主"奖。1958年进入新闻界，曾任《非洲回声报》记者，有机会广泛了解民间情况。他还在恩瓦凯策部族会议、非洲人咨询会议和立法会议担任过代表，取得了从政经验。

1962年，他与博茨瓦纳前总统卡马等知识分子创建贝专纳兰民主党（独立后称博茨瓦纳民主党），任总书记，兼任党报《协商报》主编。1963年，他参加了贝专纳兰各政党在洛巴策镇举行的自治制宪会议。1965年，贝专纳兰举行议会选举，当选议员。1965年，贝专纳兰自治政府成立，任副总理。1966年2月，他随卡马总理率领的贝专纳兰各政党代表团赴英国伦敦参加实现独立的制宪会议谈判，是谈判的主要发言人。1966年9月30日，贝专纳兰宣布独立，称博茨瓦纳共和国，卡马任总统，他为副总统。

1967年，马西雷副总统兼任财政与发展规划部长，辅佐卡马总统，度过建国之初的困难时期。他主持制定了第一个国家五年发展计划以及发展农牧业的两项政策：《可耕地发展计划》和《部族放牧地政策》，恢复和发展了农牧业生产。为开辟财源，他联合莱索托和斯威士兰两国与南非谈判，迫使南非同意增加三个小国在南部非洲四国关税同盟中关税分成的比率，从而获得较多外汇收入。他还制定了吸收外资和外国先进技术开发本国矿产资源的方针和政策，从而使矿业，特别是钻石生产，成为国民经济的主要支柱。养牛业的兴旺，钻石矿的开采和关税同盟收入增加，使博茨瓦纳国家经济得以稳定发展。

1969年大选时，恩瓦凯策部族酋长巴托恩二世放弃酋长职位，参加反对党民族阵线，并作为该党在卡尼耶选区议员竞选人。巴托恩二世以其在部族的传统影响和号召力战胜了民主党在该选区的竞选人时任副总统的马西雷。尽管如此，卡马总统十分器重马西雷的才华，任命他为特选议员，继续担任副总统兼财政与发展规划部长。

1980 年 7 月，卡马总统在任因病逝世。根据宪法，国民议会将选 1 位议员为总统，直到下次大选。当时人们担心，副总统马西雷来自小部族而且是没有酋长世家背景的平民，能否当选。但议会经过 5 天时间就完成了选举马西雷为总统的和平过渡程序。这说明，马西雷的国家领导地位得到民主党和议会的认可。不仅如此，在此后的 1984、1989 和 1994 年三届大选中，他都蝉联总统，直到 1998 年 3 月在任主动提出退休。博茨瓦纳领导人的依法、和平有序地更选表明，在博茨瓦纳政治生活中，传统世袭的影响已逐渐淡化。这也是博茨瓦纳政局保持稳定的一个标志。

在其 18 年的总统任期内，他继承前总统卡马制定的建国四原则，致力于用民主和法制管理国家，妥善处理部族、种族和反对党的关系。反对党民族阵线总书记希迪埃认为，马西雷总统接受反对党的一些建议是博茨瓦纳"和平的保证"。在政局长期保持稳定的情况下，他根据本国实际和不同时期的需要，采取稳步发展经济战略，并制定和实施了讲求实效的政策和措施，使国民经济迅速发展，人民生活水平逐步提高。1985 ~ 1989 年期间，博茨瓦纳经济年均增长率为 10.6%，居黑非洲国家之冠。

在经济迅速发展时期，马西雷总统有远见地提出经济发展多样化和可持续发展战略，因为矿产资源蕴藏量有限，终有一天会枯竭。比如，铜镍矿估计可开采到 21 世纪初。为此，他批准于 1988 年 3 月在铜镍矿城塞莱比—皮奎创办经济开发区，发展外向型制造业和农业项目。还根据内、外实际情况制定了经济发展目标以及实现这一目标的近、中和远期开发措施，以保证为该地区铜镍矿停产后的经济增长提供新的动力。

在其施政期间，马西雷总统不仅重视发展养牛业和采矿业，

而且也注意发展与国计民生有关的公益事业。兴建公路，更新铁路和建立机场，发展交通运输事业；在城乡建造水库和开凿机井，改善人民饮用水条件；发展教育和卫生事业，为人民造福。

马西雷总统还是一位著名的国际活动家。1980 年 4 月，他协助前总统卡马创建了南部非洲发展协调会议。卡马当选该组织首脑会议主席，他担任该组织的部长理事会主席。同年 7 月，卡马逝世，他担任该地区组织首脑会议主席 16 年。该地区组织为加强南部非洲国家之间的经济合作和减少对南非的依赖做了很多工作。1992 年 8 月，该组织成员国在纳米比亚首都温得和克举行首脑会议，决定将协调会议改名为南部非洲发展共同体，简称"萨达克"，成为向实现南部非洲经济一体化迈出的第一步。马西雷总统仍为"萨达克"首脑会议主席，直到 1996 年 8 月。他退休前，1998 年 3 月 18 日，"萨达克"成员国国家元首和政府首脑齐集博茨瓦纳首都哈博罗内，举行欢送仪式。莫桑比克总统希萨诺代表"萨达克"授予马西雷该地区组织的最高荣誉"卡马勋章"以表彰他对南部非洲地区经济发展所作的贡献，并且要求他担任"萨达克"领导人的顾问。

马西雷总统还于 1991 年倡议建立一个协调和加强非洲发展的国际组织，名称叫"非洲事务全球联盟"以应对世界经济地区和集团化的挑战。他担任该国际组织的两主席之一。

在他担任总统期间，博茨瓦纳政府参加了联合国和地区组织的国际维持和平行动，比如"联合国索马里行动计划"和"莫桑比克维持和平行动"以及"卢旺达援助团"。1994 年，邻国莱索托出现宪法危机时，他和南非总统曼德拉、津巴布韦总统穆加贝进行集体调解，促成莱索托首相莫赫勒和国王莱齐耶三世签署了和解协议。莫赫勒的巴索托大会党于当年重新执政。马西雷总统退休后仍参加国际活动。2000 年，他应中国人民政治协商会议邀请以贵宾身份出席在北京举行的"21 世纪论坛 2000 年会议"并发表演讲。2001 年，他退休后，应联合国和非统组织的邀请，担任刚果（金）冲突各方和平谈判的协调员，协调各方意见，最终促成刚果（金）问题获得和平解决。他的谈判协调才能受到普遍赞誉。

马西雷总统十分重视发展博茨瓦纳同中国的关系。他一直关注中国的改革开放。他认为，中国共产党第十五次代表大会继承了已故领导人邓小平的遗志，把改革开放事业继续向前推进。他说，中国改革开放的成功，不仅造福于中国人民，博茨瓦纳也可以从中国的成功经验中受益。他曾三次访问中国。1980 年，他以博茨瓦纳民主党总书记和副总统身份率博茨瓦纳民主党代表团访华，为博茨瓦纳民主党和中国共产党建立了两党友好合作关系。1983 年和 1991 年，应中国国家主席邀请，他两次对中国进行国事访问，巩固和加强了博、中两国业已建立的友好合作关系。

1998 年 3 月 31 日，马西雷总统在任期间主动提出退休。他认为，他退休以后，民主党将会继续运转，并且相信，博茨瓦纳会出现有才华的人来继承现任以及前任领导人缔造的事业。他的主动退休让贤的做法受到国内外普遍赞誉。他是当时非洲历史上第三位主动提出退休的总统。1998 年 4 月 1 日，现任总统莫哈埃在宣誓仪式上高度赞扬马西雷在 18 年总统任期内的英明领导和无私服务，感谢他为国家所作的杰出贡献。南非前总统曼德拉称赞马西雷是"杰出的总统"，因为"从他的业绩中非洲和世界可学到许多东西"。

除"萨达克"授予的"卡马勋章"外，他还获得美国纽约的圣约翰大学授予的荣誉法学博士学位（1967 年），英国女王敕赐的爵士称号（1995 年），哈博罗内市市长赠予的哈市钥匙和"自由市民"荣誉称号（1996 年），南非总统曼德拉授予的南非最高荣誉勋章（1996 年）。

第四章

经　济

第一节　经济概述

博茨瓦纳是南部非洲以农牧业为主、没有出海口的内陆国家。全国 2/3 土地为卡拉哈里沙漠所覆盖，时常遭受旱灾侵袭。但是，它的得天独厚的辽阔放牧草场、种类和数量众多的野生动物群以及丰富的矿产资源，为其经济发展提供了良好条件。

博茨瓦纳的经济发展史大体可分为 4 个时期：原始自然经济时期；粗放农牧业小农经济时期；殖民经济时期和独立后混合经济时期。

一　原始自然经济时期

史前时期，博茨瓦纳的土著居民科伊桑人一直分散、小群体地以采集野生植物和狩猎野生动物为生，没有定居点，只是为求生存而共同劳动，共同消费。至今，在博茨瓦纳极少数萨尔瓦人（布须曼人）仍然过着这种远古的原始群游牧式生活。

二 粗放农牧业生产的小农经济时期

公元 500 年后，讲班图语农民进入博茨瓦纳，特别是13、14 世纪后，茨瓦纳人部族进住这块土地，种植庄稼，饲养家畜，使用铁器，以土、木或草营造房屋，择地定居，进行以物物交换的贸易，过着基本上自给自足生活。在从事粗放的农牧业生产时，仍保持采集和狩猎习惯，特别是灾荒或战乱时，更加依靠这种原始的生存手段。一些科伊桑人在与农牧民交往过程中也开始饲养少数牛羊，种植一些农作物，改变了原始群生活方式。

三 殖民经济时期

1885～1965 年，英国对博茨瓦纳进行了 80 年的殖民统治。在此期间，英国殖民当局对这块殖民地的经济政策是，让茨瓦纳人交纳税收支付殖民统治的行政费用，不过问部族的粗放农牧业生产方式，保留酋长掌管部族经济大权的传统关系。至于茨瓦纳人的经济发展和社会事业，殖民当局则采取"尽量少办事"的方针，因为英国殖民者曾打算把这块保护地并入南非联邦或南罗得西亚。因此，这一时期，茨瓦纳人部族和非茨瓦纳人群体的生产条件和生活条件都没有得到改善，仍然是刀耕火种，自然放牧，加上采集和狩猎，过着勉强自给自足的生活。大批贫困农户为挣现金纳税，被迫到南非矿山或农场当劳工。

但是，另一方面，为了进行殖民剥削和维持殖民统治，英国殖民当局却努力发展殖民经济：巧取豪夺茨瓦纳人部族和非茨瓦纳人群体的土地给予英国和南非殖民者开采矿产和开办农牧场；强征部族土地让英国南非公司修筑一条过境铁路把该公司在南罗得西亚开采的矿产品运往南非的开普敦港，赚取超额利润；为增

加殖民当局收入和帮助殖民者的农牧场盈利，英国海外开发公司在洛巴策镇开办了一个现代化牛屠宰厂，加工生产牛肉和副产品向英国和南非出口，从而使保护地在经济上更加依附宗主国。实际上，殖民经济的发展是一把双刃剑。在经济上，它帮助殖民者掠夺殖民地资源和宰割殖民地人民，但在政治上，它却在殖民地播下了革命火种，培育了埋葬殖民主义的掘墓人：产业工人、铁路工人、移民矿工、工会和政党，以及反对殖民主义、争取民族独立的运动。1966 年，英国宣布结束对贝专纳兰的殖民统治，殖民经济也随之寿终正寝。

四　独立后混合经济时期

19 66 年独立时，博茨瓦纳从英国殖民者那里接过来的经济遗产是一穷二白：粗放落后的农耕和放牧；工业几乎是空白，仅有一座牛屠宰厂；交通运输十分落后，只有一条产权属南罗得西亚的过境铁路和 6 公里沥青路面的公路；人均收入仅 80 美元，是世界上 25 个最贫穷的国家之一；它的经济、贸易、海关、交通和金融基本上依赖南非并受其控制；它的政府财政开支约一半靠英国补贴。当时又逢严重旱灾，全国 1/5 人口靠国际救济粮生活，40 万头牛死亡。博茨瓦纳独立后的经济发展就是在这样严峻的形势下起步的。

独立后，博茨瓦纳政府提出"民主、发展、自力更生和团结"建国四原则。首先于 1968 年实施了《过渡时期社会和经济发展计划》（1968～1973 年），重点在于救灾和恢复农牧业生产，尤其是牧业生产。其实，早在 1965 年，自治政府即以 30 万英镑（分 10 年从盈利中扣除）赎买了英国海外开发公司的牛屠宰厂并于独立的当年成立博茨瓦纳肉类公司，由国家统一管理和控制牛和牛肉的生产和出口。为开辟财源，博茨瓦纳与莱索托和斯威士兰联合与南非谈判，修订《南部非洲关税同盟条约》，增加了三个小国关税收入提成额，从而获得一笔外汇收入。1971/1972年度，雨水充足，农业获得丰收。由于农牧业生产好转，牛肉出口盈利和关税收入增加，政府于1972/1973年度开始实现财政开支自给，有了财政自主权。1976年成立中央银行，发行本国货币"普拉"，代替长期沿用的南非货币"兰特"。

70年代初，博茨瓦纳政府采取开放政策，充分利用外国资金和先进技术勘探和开采本国矿产资源。独立后的第二年，政府制定了《部族领地内矿产权法》，规定部族领地内的矿产权归国家所有。1969年，博茨瓦纳政府与南非的德比尔斯公司签订协议，成立德比尔斯—博茨瓦纳公司，合营开办奥拉帕钻石矿。该矿于1971年投产。此后，博茨瓦纳政府又与外国公司合营兴办了煤矿和铜镍矿。1973年煤矿投产，1974年铜镍矿开工。由于矿产业收入递增，这一时期的国内生产总值从1968/1969年度的8440万普拉猛增到1973/1974年度的2.77亿普拉，年均增长率超过20%。

70年代中期，博茨瓦纳政府开始重视发展农业，采取了一系列政策和措施，目的在于增加农民收入，实现粮食自给。但是，由于旱灾和缺水，农民长期存在重牧轻农思想以及部族土地所有制的制约，农业生产一直停滞不前，粮食至今不能自给，农民生活困难有待解决。

80年代，矿业代替牛肉出口业成为国民经济的主要支柱。养牛业的兴旺，矿产业的发展和关税同盟收入的增加，博茨瓦纳摘掉了"最贫穷国家"的帽子，走上小康之路，经济获得较快发展。1985~1989年，博茨瓦纳经济年均增长率为10.6%，居黑非洲国家之冠。

博茨瓦纳经济取得较快速度发展，主要依靠矿产业，特别是钻石的生产。这种依靠单一经济部门的状况使国家经济易受国际市场需求和价格波动的影响，造成经济损失。1997年亚洲的金

融危机导致 1998 年国际钻石市场需求量减少，博茨瓦纳的钻石出口下降 12%，其外贸进出口出现 16 年来首次逆差，政府财政收支赤字高达 14.65 亿普拉。再者，矿产蕴藏量有限且有枯竭之虞。面对经济全球化的挑战并为保持国家经济可持续发展，博茨瓦纳政府在其《第七个国家发展计划》（1991～1997 年）中确定，积极改变依靠钻石等矿产资源的状况，调整单一经济结构，实行经济多样化的可持续发展战略。在保持矿业稳定发展基础上，优先发展制造业、金融业、服务业和旅游业等非传统产业。在这方面，1988 年 3 月，博茨瓦纳政府就在铜镍矿城塞莱比—皮奎建立了经济开发区，发展外向型制造业和农业项目，着眼于服装、鞋类和电子元件等劳动密集出口工业项目。90 年代，有 47 个工业项目在那里定点，其中一家年出口 150 万件的运动服装厂以及纺织厂，为经济多样化作出了贡献。1998 年，与外资合营的 3 个汽车装配厂曾向南非出口 1 万多辆汽车，创汇 3.19 亿美元，此外，国家旅游业也有较大发展，1998 年创汇 2.6 亿美元，分别成为矿产品之后第二、第三创汇部门。

《第八个国家发展计划》（1997～2003 年）和《第九个国家发展计划》（2003～2009 年）在继续贯彻经济多样化可持续发展的方针同时，强调保持宏观经济稳定，进行国营部门的私有化，创造就业机会，缓解贫困状况；执行谨慎的财政政策，开发国家人力资源（包括防治艾滋病），积累资金投入发展所需要的物质基础设施和人力资源开发。

经过多年努力，这个战略取得初步成效，矿产业在国内生产总值中所占比重已从 1985 年的 48.8% 下降到 2003 年的 36%，而非传统产业部门所占比重有所上升。（见表 4－1）

2003 年，博茨瓦纳国内生产总值为 66 亿美元，同比增长 7.4%；人均国内生产总值为 3700 美元；外贸出口值（离岸价）25.89 亿美元，进口值（到岸价）17.63 亿美元，外贸顺差 6.12

亿美元；外汇储备 58 亿美元。联合国和世界银行已把博茨瓦纳
列为"高中等收入国家"。

表 4-1　各行业产值（普拉）及其在国内生产总值中所占比重

项　目	1992/93 年度产值（比重）	2002/03 年度产值（比重）
农业、林业、渔业	4.44 亿（4.9%）	8.71 亿（2.4%）
矿业和采石业	30.82 亿（33.8%）	126.36 亿（34.8%）
制造业	4.38 亿（4.8%）	15.50 亿（4.3%）
水电业	2.07 亿（2.3%）	9.27 亿（2.6%）
建筑业	5.89 亿（6.5%）	19.76 亿（5.4%）
商业、旅馆、餐饮	4.81 亿（5.3%）	41.78 亿（11.5%）
运输与电信	3.35 亿（3.7%）	12.88 亿（3.5%）
金融和商业服务	8.87 亿（9.7%）	40.97 亿（11.3%）
政府服务	14.32 亿（15.7%）	58.18 亿（16.0%）
社会和私人服务	4.05 亿（4.3%）	13.94 亿（3.8%）
总计	82.99 亿（91.0%）	347.33 亿（95.6%）
其他项目	8.20 亿（9.0%）	16.04 亿（4.4%）
国内生产总值（市场价）	91.19 亿（100%）	363.38 亿（100%）

　　资料来源：博茨瓦纳财政与发展规划部《年度经济报告》（2005）。
　　说明：其他项目是金融媒介服务、进口货间接税以及产物或产品间接税和补贴。

　　博茨瓦纳是第二次世界大战后摆脱殖民统治获得独立的发展
中国家。像非洲的其他发展中国家一样，它也是按国家发展计划
指导国家经济发展的。独立至今，博茨瓦纳政府先后实施了 9 个
国家发展计划。但是，在经济发展中，博茨瓦纳也有与许多非洲
国家不同之处，即独立后没有实行私有经济部门国有化，宪法规
定保护私有财产。它实行的是准国家企业为主、多种经济并存的
混合经济体制。在经济部门有三种所有制：公营的（准国家企
业）、政府与外资合营的和私营的。在土地方面也有三种所有
制：国有土地、部族土地和私有土地。据 80 年代统计，在工矿

企业的资本构成中，外国资本占绝大部分，58.4%的工矿企业是外资兴办，26.3%是政府与外资合办，只有15.3%是博茨瓦纳本国人资本，而且规模都很小。工业布局是，81%的工矿企业集中在城镇，只有10%在农村地区。在土地方面，国有土地占土地总面积的25%，部族土地占70%，私有土地占5%。前两类土地不得买卖，只能出租。租借的条件相同：工商业和办公用地出租期为50年，住宅用地出租期为99年。私人土地可以自由买卖。

为实现经济多样化可持续发展战略，博茨瓦纳政府于1998年10月提出关于公营企业私有化白皮书。白皮书拟定的首批私有化的准国家企业是民航公司、肉类公司、国家发展银行以及电力、铁路和电信等公司，并建议对65家公营部门实行商业化，包括印刷厂、海关和税务部门，甚至废品回收部门。2001年，建立了公营企业评估和私有化署，专门负责推行这个重大经济改革。2003年，还制订了一个私有化总方案。但是，多年来，由于工会的强烈反对以及大选等政治原因，私有化进展缓慢。首选的民航公司的私有化至今尚未成功，但私有化计划仍在推行。世界银行资助研究公共事业部门私有化方案。

博茨瓦纳像其他发展中国家一样，从建国一开始就制定国家发展计划，并按计划指导国家的经济发展。从1968年起至2004年，政府先后实施了9个国家发展计划。这些国家发展计划覆盖以下时期：1968～1973，1970～1975，1973～1979，1976～1981，1979～1985，1986～1991，1991～1997，1997～2003，2003～2009。其中前两个发展计划为5年，后来的发展计划均为6年。在执行每个发展计划时都有一个中期评估，以便及时发现问题，对时间或内容作相应的必要调整，使计划尽可能符合实际情况。

1997年，博茨瓦纳政府还制定了一个《2016年远景规划》，其长远目标是，在博茨瓦纳独立 50 周年时，努力赶上新兴的工业化国家的发展水平。

第二节　农业

博茨瓦纳是一个农业国家。独立时，全国 80% 的人靠种庄稼和饲养牛羊为生。尽管农业产值在国内生产总值中所占比重已从独立时的 40% 下降到 2003 年的 2.5%，但是现在仍有 50% 的人靠农牧业为生。独立后，政府采取了一系列政策和措施，努力发展农作物和畜牧生产，但是由于自然条件有利于放牧而不利于种庄稼以及长期存在的轻农重牧思想，30 多年来，农作物生产一直停滞不前，粮食至今不能自给。另一方面，畜牧业却得到较快发展，牛羊存栏数不断增加，牛肉出口创汇。

以下是农业发展情况。

一　种植业

茨瓦纳农村土地有两种所有制，即部族土地集体所有制和私人土地所有制。两种所有制导致两种不同性质的农业生产。部族农民从事的是传统自给自足的小农生产；私人农场进行的是现代化大规模商业性生产。相同的是，两者都是种植业和畜牧业的混合生产。传统农户主要种植农作物，也饲养少数牛羊；私人农场除种植经济作物和农作物外，也饲养相当数量的牛。

（一）部族土地农作物生产

部族土地属于各部族，占全国耕地面积的 70%（包括农耕地和放牧地）。它是传统的土地所有制。在过去，每个部族领地的土地属部族集体所有，由酋长分配给户区头人，再由头人分配给农户使用。按家庭人口多少分配，最多的可分 10 公顷，最少的约 2 公顷。使用者可在土地上建住宅、种庄稼、放牧和狩猎。

分配的土地使用权和土地上的财产权可以继承，但土地不能出售或作抵押物。全国大部分农业生产是由部族农户在这样的土地上进行的。独立后，土地所有权仍属部族，但是分配权已归行政区的土地管理局。

1983年，总统曾任命一个总统委员会，就是否应保留部族土地所有制征求部族农民的意见。部族农民一致认为，应该保留。因为这个制度保证他们分得土地并且能够继承土地使用权和土地上的财产权。

虽然部族所有的土地面积很大，但是由于气候和土壤条件的限制，全国只有800万公顷可耕地，而实际播种面积仅为40万公顷。根据博茨瓦纳农业部农业统计处1993年统计，在部族可耕地从事农作物生产的农民约有100927户，其中2/3农户也饲养2头牛和大约10头山羊或绵羊。他们种植的主要农作物是高粱、玉米和粟子，有的还种些瓜和豆类作物。90%传统农户仍然是用手撒播种子，只有不到7%的农户进行条播。他们最常用的农具是单铧犁和锄头，畜力普遍是毛驴。30%农户没有牛，需借牛耕田。1/4的农田不除草。加上干旱缺水和土壤贫瘠，这些农田的单位面积产量很低。平常年景每公顷平均产量270公斤；旱灾年，仅为180公斤，甚至颗粒无收。农户和国家所需粮食不能自给，每年需进口粮食。

（二）私有土地农作物生产

私有土地是指几百个私人农场，约占全国耕地面积的5%，分布在自然条件较好的4个农场区：哈博罗内—洛巴策私人农场区（46个农场），图利私人农场区（183个农场），塔蒂私人农场区（170个农场）和杭济农场区（270个农场，其中42个是罗隆部族人农场，其余为私人农场）。这些农场，除杭济区罗隆部族人农场的土地属部族集体所有外，其他私人农场都是独立前英国殖民当局划给欧洲殖民者的定居区。独立后，根据博茨瓦纳宪法保护私有财产的规定，这些欧洲人的农场成了他们的私有土地，可以自由买卖，也可以作抵押物。

这些私人农场面积很大，平均面积为 167 公顷。它们使用拖拉机、播种机、中耕机等农业机械，从事大规模商业性生产。主要农产品包括花生、向日葵、烟草和棉花等经济作物以及小麦、玉米和高粱等谷物。有的还种植柑橘和苹果树，并生产土豆、西红柿和洋葱等蔬菜。它们生产的大部分产品都作为盈利商品出口销往南非。

罗隆部族人农场是 19 世纪在马弗京的罗隆部族酋长蒙特希瓦把杭济区的部分土地划为 42 个农场分配给部族人经营的，以阻止殖民者攫取这块土地。虽然农场的经营者拥有农场的经营执照，但是，土地所有权仍归罗隆部族集体所有。这些农场已经采用现代化耕作技术，主要种植粮食作物，产量较高。私人农场生产的粮食占全国粮食总产量的 37%。

20 世纪 80 年代起，博茨瓦纳政府开始重视农业问题，采取了一系列发展农业的政策措施。1980 年开始实施《可耕地发展计划》，帮助缺少劳力和资金的小农户发展生产，增加收入。1985 年实施《加快雨浇耕地计划》，帮助中等农户，主要是开垦荒地，出租耕畜，资助农户加大投入，建围栏和兴修水利。农业部设立农作物保护处，采取措施保护农作物免遭鸟、虫、杂草和灌木的侵害。随后，执行《国家粮食保障战略》，目标是争取国家粮食自给，帮助茨瓦纳人大农户经营商业性农场。农业部于 1985/1986 年度在班达马腾哈地区划出 51 个商业性农场，租借给大农户经营。2000/2001 年度，虽然干旱，但这 51 个农场却获得较好收成：6388 吨高粱，2944 吨玉米，1017 吨棉花和 33 吨豇豆。这一年度，全国传统农户总共收获 11000 吨高粱和 9000 吨玉米。两比之下，商业性农场显示较大的优越性。与此同时，农业部还在 6 个有灌溉潜力地区划出面积 800～2500 公顷不等的土地，出租兴办农场。

《第八个国家发展计划》（1997～2003年）要求在加强农民和国家粮食保障的同时，实现农业生产多样化，建立豆类、奶类、家禽、园艺、养蜂和旱地作物基地。

《2016年远景规划》要求把农业发展成更加多样化和创造更多财富的产业。

博茨瓦纳的粮食作物种类不多，主要有高粱、玉米、粟子、豆类和小麦。主要经济作物有花生、向日葵和烟草。

1. 高粱、玉米和粟子

博茨瓦纳农村广大居民的主食是高粱、玉米和粟子。这三种农作物是部族传统农户普遍种植的农作物。少数农户也种一些豆类。由于气候和土壤条件以及个体、分散和落后的耕作方法，这三种农作物的产量一直很低。平常年景，每公顷平均产量为270公斤，干旱年，平均产量仅为180公斤，甚至颗粒无收。从1997～2002年农作物产量看，1997年丰收年，总产量为53538吨；1998年旱灾年，总产量仅为16504吨（见表4-2）。

表4-2 1997～2002年农作物年产量

单位：吨

项　目	1997 年	1998 年	1999 年	2001 年	2002 年
高　粱	13450	3743	6658	1583	15805
玉　米	22647	2344	3796	4976	16447
粟　子	1357	507	860	472	54
豆　类	4467	1198	1348	1280	1907
向日葵	444	1267	2829	150	2250
花　生	1040	121	217	147	137
其它作物	10133	7324	8287	8962	7694
总　共	53538	16504	23995	17570	44294

资料来源：博茨瓦纳中央统计局《统计公报》（2003）。

说明：2000年数据未最后确定。

1997/1998 年度统计，全国粮食需求量为 32.3 万吨。即使丰收年的产量，也只能满足全国需粮量的 1/3，大部分粮食靠进口。

博茨瓦纳政府越来越认识到，依靠部族农户的传统生产不能达到《国家粮食保障战略》确定的粮食自给并有余的水平，也不能解决农村的贫困问题。为此，2002 年，博茨瓦纳国民议会通过了《农业发展总体规划》，通过发展大规模商业农场和灌溉农田，提高农作物产量。博茨瓦纳发展公司在其经营的塔拉纳和莫霍巴内两个商业农场，种植玉米，分别获得每公顷 6000 多公斤和 8000 公斤的好收成，政府计划推广这样的示范项目。

2. 经济作物

在博茨瓦纳，种植经济作物的仅限于图利农场区的一些私人农场。那里的 52 个私人农场中，5 个种植棉花，4 个种植烟草，10 个种植花生，4 个种植向日葵。其余的种植高粱、玉米、小麦和豆类粮食作物。但是，它们所生产的农产品均运销邻国南非。

3. 蔬菜和水果

博茨瓦纳人消费的主要蔬菜是洋葱、土豆、白菜和西红柿；主要水果是柑橘和苹果。据 1986 年统计，全国蔬菜需求量为 2 万吨；水果需求量至少 6000 吨。但是，当地只有图利农场区的一些农场有 200 公顷土地生产蔬菜和水果，其产量仅能满足需求量的 5% 和 15%。因此，每年消费量大约 95% 的蔬菜和 85% 的水果要从南非进口，价值 3000 万普拉。

20 世纪 80 年代起，博茨瓦纳政府开始重视发展园艺生产，并把它定为实现农业生产多样化的重点领域。博茨瓦纳发展公司已在 80 年代末建立一个面积为 40 公顷的蔬菜种植园，并且帮助集体和个人蔬菜种植者。图利农场区生产水果的塞莱卡农场已属博茨瓦纳发展公司，种植了 1.8 万棵果树，计划扩大到 2.5 万棵。全国小果农已在 280 公顷土地上栽种果树。在弗朗西斯敦城附近的英帕拉已建立一个树苗圃，从南非开普省果树苗圃购买果树苗，然后出售给果农。

4. 花卉业

博茨瓦纳政府把发展花卉种植业作为农业生产多样化和在农村创造就业的一个重要行业。国家已把种植花卉土地的面积从1999/2000年度的988公顷扩大到2000/2001年度的1132公顷。政府已在沙卡韦和博博隆两个村庄各建一个花卉种植圃。

二 畜牧业

茨瓦纳总共有22万平方公里的天然草场，生长着牛羊爱吃的、营养丰富的"甜草"，而且气候适宜，全年都可以放牧。

全国80%的人直接或间接依靠饲养牛羊为生。畜牧业是国民经济的主要支柱，其产值曾占国内生产总值约20%，占农业生产总值的80%，而且是主要出口创汇产业之一。

博茨瓦纳农村存在两种饲养牛的方式：一种是部族农牧户传统饲养方式；一种是私人农场的现代化科学饲养方式。两者饲养的牛的用途和效果也不一样。

部族农牧户饲养牛，除一部分出售外，还用于耕田、饮奶、食肉和作婚丧宗教仪式的礼祭品，也是财富和地位的象征。因此，部族人都想多饲养牛。他们的饲养方式是，在部族放牧地粗放地自然放牧。一般部族放牧地都在农田区以外，距离村庄几十公里甚至100多公里。大牧主都雇用一两个放牧人住在放牧站，照管牛群。

私人农场养牛的目的就是出售牛赚钱。农场主（欧洲人）自己或雇用养牛行家为经理，科学饲养和管理牛群，培育良种，并以骨粉和盐为辅助饲料喂牛，以提高牛犊出生率、牛出栏率和牛肉质量。

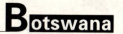

两种饲养方式的效果不同：私人农场在牛犊出生率和肉牛出栏率方面都高于传统农牧户，而在牛死亡率方面，前者低于后者（见表4-3）。

表4-3　私人农场和传统农牧户养牛效益对比

	牛犊年出生率	肉牛年出栏率	牛年死亡率
私人商业农场	60%	17%	5%
传统农牧户	50%	8%	12%

资料来源：博茨瓦纳农业部农业统计处《农业普查》（1993）。

根据1993年博茨瓦纳农业部农业普查，部族传统农牧户饲养的牛占全国牛总数的86%，而私人农场饲养的牛占14%。传统农牧户所饲养的山羊和绵羊分别占98%和83%。

由于畜牧业在国家经济和人民生活中如此重要，博茨瓦纳政府从独立之日起就十分重视畜牧业，并采取一系列政策措施，促进畜牧业发展，特别是养牛业的发展。

早在1965年自治政府就赎买了英国海外公司经营的位于洛巴策镇的牛屠宰厂。1966年独立后，博茨瓦纳政府建立肉类公司，统一管理全国牛的收购、屠宰和牛肉出口销售。总厂还附有一个牛肉罐头厂、鞣皮厂和副产品厂。后来又分别在北部马翁和东部弗朗西斯敦各建一个分屠宰厂，便于两地区的牛就地屠宰。肉类公司在欧洲和亚洲开辟了出口市场。

在良种培育和推广方面，农业部在全国建立许多种牛场和10个人工授精站。除养育本地著名的茨瓦纳种牛外，还从国外引进了波罗门（Brahman）公牛和西曼塔尔（Simmental）公牛。实行"公牛补贴计划"，种牛场用科学方法把种牛养到2岁至2岁半，以每头40~150普拉不等的价格卖给牧民或牧主，价格由各行政区农业官员根据买主的经济情况确定，经济困难者可

获得补贴。不购买种牛者，可交少量接种费，人工授精站一次可为 10 头母牛按牧户选择的种牛进行人工授精。良种杂交提高了牛犊出生率、肉牛出栏率和牛肉的质量，深受牧户的欢迎。

牲畜瘟疫是养牛业的严重祸害，牛口蹄疫和牛肺瘟曾使养牛业蒙受几十万头牛的损失。博茨瓦纳于 1978 年在法国帮助下建立畜病防疫苗研究所生产牛口蹄疫防疫苗，消灭了牛口蹄疫，并且供应周围邻国防疫需求。现在该所还能生产炭疽病防疫苗、炭疽热防疫苗和牛肺瘟防疫苗。在防治畜病方面，农业部建立许多检疫站，每年给各地区的牛注射防疫苗，还免费注射炭疽病和布鲁斯菌病防疫苗。农业部还把全国划分为几个防疫区，建立防疫隔离线，限制牲畜在各区间自由流动。此外，在与津巴布韦交界区建立了双重防疫线，以防跨界传染。在恩加米兰区，用科学方法消灭了危害家畜的萃萃蝇。1998 年 5 月，国际动物流行病组织宣布，博茨瓦纳为无牛口蹄疫区。

周期性旱灾也曾给养牛业造成很大损失。1991～1995 年的连年旱灾曾导致几十万头牛死亡。为减少旱灾对养牛业的有害影响，博茨瓦纳政府已在农村地区，特别在无地表水的西部新开辟的牧场凿机井。加上原有的浅水井，现在农村地区已有 10000 多眼供人畜饮用的水井。

为解决东南地区部族聚居地带放牧过度和草地退化问题，政府于 1975 年实施《部族放牧地政策》，把西部大片荒漠草原开辟为商业化牧场，每个牧场面积为 6400 公顷，出租给至少拥有400 头牛的大牧户；租期 50 年，租赁权可继承。国家给予租赁者贷款补助。在东南部部族集体放牧地，允许大牧户放养限量牛群，提倡中、小牧户围栏放牧，也鼓励他们联合到西部租赁商业化牧场放牧。到 90 年代，已经租出 184 个商业化牧场。

由于采取了这些促进养牛业的政策措施，30 多年来，尽管遭受了多次严重旱灾和牛瘟疫的侵袭，博茨瓦纳的养牛业仍取得了令人瞩目的发展。全国牛存栏总数从独立时1966年的123万头增加到2002年的306万头。牧户的收入也有较大的提高：每头牛的收入从1966年相当于10袋高粱提高到相当于18袋高粱。但是，农村的大多数牛属于只占农村人口15%的大牧户和只占人口1%的私人农场主。因此，养牛业受益的是少数人。而占农村人口近50%的无牛户却未受益，贫富悬殊加大，博茨瓦纳政府正努力解决这个问题。除实施《可耕地发展计划》，帮助无牛农户增加谷物产量和收入外，还努力帮助他们发展养羊业。因为无牛农户一般饲养10头左右山羊或绵羊，可以出售，自家食肉，还可以用绵羊代替牛作为订亲礼。部族无牛农户饲养的山羊占全国总数的98%，绵羊占83%。农业部有一个小家畜局负责帮助无牛农户发展养羊业，在国家的西部建立种羊场，饲养从南非进口的卡拉库尔种羊，然后以补贴价出售给无牛农户，以改良羊种；帮助农户出售羊给肉类公司，平均每年2.5万头羊；在洛巴策镇肉类公司总部建立毛纺厂，收购羊毛，生产毛织品和挂毯。这些措施也收到一定效果，促进了养羊业。山羊存栏总数从1966年的63万头增加到2002年的168.3万头；绵羊从1966年15万多头增加到2002年的27.3万头（见表4-4）。

表4-4 1997~2002年牲畜年存栏数

单位：千头

项 目	1997年	1998年	1999年	2001年	2002年
牛	2212	2345	2581	2468	3060
山羊	2615	2199	1916	1887	1683
绵羊	409	393	369	306	273

资料来源：博茨瓦纳中央统计局：《统计公报》（2003）。
说明：2000年数据未最后确定。

在畜牧业方面，还有养猪业和养鸡业。这两种小家畜饲养业不是传统的，而是新兴的。

养猪业：博茨瓦纳农业部设有一个养猪业处，鼓励村社农户饲养猪或者兴办商业性养猪场；向农户提供种猪和断奶小猪，并且推广饲养和管理猪的技术；确定养猪地址并建造养猪场。80年代末，全国有29个商业养猪场，大多数位于哈博罗内、洛巴策和弗朗西斯敦三个城市附近。养猪场也饲养母猪，向农户出售小猪。由于当地农户习惯于饲养牛羊，也不掌握这方面的技术，加上来自邻国南非的竞争，养猪业发展缓慢。全国猪存栏总数，1966年为7400头，而2001年也只有8000头。

养鸡业：这也是茨瓦纳人不熟悉的新兴行业。现在全国许多地方都建立了商业养鸡场，饲养总数达100多万只。首都哈博罗内附近的养鸡场就饲养了110万只鸡，供应本市以及周边的莫丘迪、莫莱波洛莱和拉莫茨瓦等大村庄的需要。东部弗朗西斯敦城的养鸡场饲养了12万多只鸡。南部的洛巴策城养鸡场饲养了3000多只鸡，供应卡尼耶镇和吉瓦嫩钻石镇需要。北部马翁镇养鸡场较小，只饲养了2000只鸡供本镇需要。大村庄塞罗韦也有一个饲养6万多只鸡的养鸡厂。鸡蛋的供应大致可以自给自足。农业部在特洛昆建立一个鸡加工厂，并在哈博罗内附近的莫霍迪沙内建立了一个每周可孵化1万只小鸡的孵化厂。养鸡户也成立了家禽农业管理协会，为分散的养鸡户服务。养鸡业面临的一些困难是，进口饲料价格昂贵，生产成本高，政府对养鸡业无补贴，而养鸡业却承担着鸡瘟的风险。

博茨瓦纳《第八个国家发展计划》（1997～2003年）要求促进畜牧业生产可持续发展，加强畜病防疫苗研制工作，开发小家畜出口市场，使畜牧业生产多样化；提倡饲养家禽、猪、小家畜和鸵鸟；研究畜牧业在世界市场中更具有竞争力的战略。

三 林业

在博茨瓦纳，25%的土地有稀树林，20%的地带有树木，但是郁闭群丛很少，只在沿河地带，特别是东北部乔贝河地区和北部的奥卡万戈三角洲周围地区有这样的森林区。那里有大面积的落叶树林，主要树种是津巴布韦柚木树、紫檀木树和热带铁木树。政府已把这个地区划分为6个森林保护区：卡萨内、卡萨内外延、乔贝外延、西布尤、迈卡埃策洛和卡祖马洼地。森林保护区内禁止擅自砍伐树木、火烧草地或林下种植、放牧家畜和毁林造田；不准擅自占地居住或建造住房。从这里往南便是卡拉哈里沙漠灌木丛区。此外，马哈拉佩以北的东部地区有大量热带铁木树以及猢狲面包树、桉树和桑树。干旱的西部和西南部有一些刺槐和矮灌木丛。

除上述树种外，还有散见各地的棕榈树、山梨、白桦、橡树、钻天杨、油松等杂色树。

有经济价值的树种不多，包括津巴布韦柚木、紫檀木、热带铁木树、桉树、面包树和桑树。（见第一章第二节二 植物）

博茨瓦纳的木材商业采伐可追溯到20世纪30年代。1935～1938年，苏斯曼租借公司就在北部现在的卡萨内森林保护区获得柚木采伐权，采伐面积约376平方公里，总共采伐了大约40783立方米原木。1945年和1955年，乔贝区的贝专纳兰租借有限公司在乔贝区采伐了149024立方米原木。独立后，从1983年起，一家津巴布韦公司（博茨瓦纳发展公司占20%股权）和两家博茨瓦纳公司在卡萨内和乔贝森林保护区获得约20万公顷面积的采伐权。这些公司每年向政府交纳林区使用费。三家公司雇用约325名工人。2002年采伐原木749515立方米，主要是紫檀木和柚木。采伐量受农业部控制，规定每英亩林地只能采伐两颗直径至少30公分的成年树。大部分原木运销津巴布韦和南非，

年销售金额在 300 万和 400 万普拉之间。其中一部分运销弗朗西斯敦城和首都哈博罗内制作家具。

林业面临的一个严重问题是，农村居民乱砍滥伐树木做住宅和牛圈篱笆，并以树木枝干当木柴取暖做饭。此外，家畜过度放牧，践踏树苗和啃食嫩叶也使林业受害。据联合国粮农组织的一项调查，1999～2000 年度，博茨瓦纳树林面积减少了 11.8 万公顷，消失率达 0.91%。

为保护森林资源和维持生态平衡，博茨瓦纳农业部根据 1990 年实施的《国家环保战略》，制定森林法规，计划对全国森林资源进行普查，确定每年 11 月第三个星期六为"全国植树日"。在植树日，由环保部门向农村居民和学校学生发放树苗，让他们在空地植树造林。政府还通过媒体宣传爱护树木对环境保护的重要性，提倡利用煤、沼气和太阳能代替树木为燃源。

四　渔业

博茨瓦纳是个内陆国，与邻国海岸线最短距离约 600 公里，境内没有常流河，地表水域也很少。只有北部的奥卡万戈三角洲和东北部跨界的利亚姆贝兹湖和乔贝河以及时常干涸的恩加米湖有鱼资源。此外，一些水库也有少量鱼。因此，对大多数博茨瓦纳人来说，渔业是个陌生的行业。20 世纪 70 年代，在北部尼亚姆贝兹湖有一个渔民合作社，一度十分活跃，年捕鱼达 800 吨，但因与当时的南非统治的西南非洲有捕鱼权之争而解散了。80 年代后期，那里的渔民又组织起来捕鱼。此外，生活在奥卡万戈三角洲周围和乔贝河沿岸的姆布古舒人、叶伊人和苏比亚人等小群体有捕鱼习惯并以鱼为辅助食物。

独立后，博茨瓦纳农业部于 1967 年设立渔业处，但直到

1979 年，渔业处才对渔业资源进行调查研究。根据调查，博茨瓦纳全境有几处水域和水库每年可提供相当数量的鱼资源。

北部奥卡万戈三角洲和恩加米湖（有水时）分别为 10000 吨和 3000 吨；东北部利亚姆贝兹湖 300 吨；中部莫皮皮水库 250 吨；东部沙谢水库和东南部哈博罗内水库分别为 70 吨和 17 吨。

鉴于渔业是可以为《国家粮食战略》和提供就业机会作出贡献的行业，农业部于 1981～1982 年度从其预算中拨款资助渔民组织渔民合作小组。此外，合作和个体渔民还可以从国家的《财政援助政策》项下获得资助金：个体渔民每人 500 普拉，商业渔民每人 1500～3000 普拉，用于购置渔船和捕鱼工具以及加工设备。渔民合作组使用 2 匹马力发动机的玻璃钢船和单纤丝网和尼龙网捕鱼并有冷冻设备。每人每年捕获量为 20～30 吨。个体渔户则用自己编织的网和独木舟捕鱼，捕获量较小，除自己食用外，大部分用盐腌制晒成鱼干出售。合作渔民捕获的鱼分别销售给津巴布韦的维多利亚瀑布旅游点的旅馆以及国内的马翁、弗朗西斯敦和哈博罗内的旅馆和餐饮业。80 年代末，全国约有 700 户渔民，其中 91% 是个体渔户，只有 9% 是商业渔民。他们的年捕鱼量总共约 1750 吨。捕获的鱼包括鳊鱼、白鱼和虎鱼。

为帮助渔民增加收入，在旱灾时期，粮食资源局以较好的价格收购渔民贮存的鱼干作为救济食品，使渔民普遍受益。

虽然渔业是个有发展潜力的行业并且得到农业部的帮助，但是发展较慢。主要原因是北部和东北部产鱼水域区距离东南部人烟稠密地区太远，鲜鱼冷冻长距离运送成本很高。此外，周期干旱影响湖泊和水库蓄水量，还有水域里的大型水生动物河马和鳄鱼破坏渔网严重，捕鱼船马达出故障不能及时修理。这些都是渔业发展方面有待克服的障碍。

第三节　工业

由于英国殖民当局忽视其贝专纳兰保护地的经济发展，独立时博茨瓦纳的工业几乎是一片空白。仅有1家英国海外开发公司经营的牛屠宰厂以及已关闭的几家小矿场。

独立后，在工业十分落后的情况下，博茨瓦纳政府一方面利用与传统养牛业关系密切的牛屠宰厂，为恢复经济的立足点。1965年，自治政府赎买了牛屠宰厂；1966年独立时成立肉类公司由国家统一管理牛肉的生产和出口。另一方面，博茨瓦纳政府致力于利用本国矿产资源，发展采矿业。独立的第二年，博茨瓦纳国民议会通过《部族领地内矿产权法》，规定部族领地内的矿产权归国家所有。1970年成立国营的博茨瓦纳发展公司，负责与国内外投资者合作开发矿产资源和兴办企业。从70年代初期起，博茨瓦纳政府利用外国资金和先进技术先后兴办了钻石矿、煤矿、铜镍矿以及苏打灰和盐矿，使采矿业代替养牛业成为国民经济的主要支柱（见表4-5）。80年代中期，博茨瓦纳政府开始重视发展制造业，取得一些进展，但由于国际和国内多种原因，进展不如采矿业那样顺利。

表4-5　1999~2003年矿产品产量

单位：千吨

项　　目	1999	2000	2001	2002	2003
钻石（克拉）	2100万	2460万	2620万	2840万	3040万
铜镍锭	39.3	45.5	42.0	45.8	52.0
煤	945.3	946.9	930.4	953.1	822.8
苏打灰	228.7	190.5	251.2	283.4	234.5
盐	167.6	184.8	178.7	315.1	229.4

资料来源：博茨瓦纳中央统计局《统计公报》（2004）。

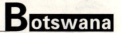

一 采矿业

博茨瓦纳的采矿业可追溯到 1866 年，当时英国南非公司在弗朗西斯敦附近的塔蒂发现金矿并于 1869 年在那里开采黄金。另外，在弗朗西斯敦还有一个布须曼铜矿。后来又在南部的洛巴策和卡尼耶开采石棉和锰。这些矿规模都很小。此外，1897 年，恩瓦托部族领地内发现煤矿，但没有开采。从 1943 年起，英国殖民当局在其贝专纳兰保护地进行过水和矿产资源的勘查，发现了一些矿物标本。1955 年，南非的德比尔斯钻石公司在贝专纳兰开始勘探钻石矿，直到 1967 年才在奥拉帕发现了 AK1 钻石矿脉。上述殖民时期开采的一些矿，规模和产值都很小，其总产值仅占当时贝专纳兰保护地政府总收入的 5%，而且都因不能赢利而于 1966 年博茨瓦纳独立时关闭了。实际上，博茨瓦纳独立时，采矿业也是空白。

独立后，在工业十分落后的情况下，博茨瓦纳政府决定充分利用本国矿产资源发展经济。为发展采矿业规定的政策是：矿产权归国家所有；在政府的参与和监督下，主要由外国公司提供大部分资金、技术和管理经验及产品销售渠道；在勘探方面，发放探矿执照，限定勘探地区和完成时限；在收益方面，既要保证国家从矿业发展中获得最佳利益，又要给予私人公司公平合理的利益；政府在矿业公司所占股份，视不同矿产的利润大小而定（比如，铜镍和煤矿分别为 15% 和 25%，而钻石矿 50%）；政府派代表参加董事会的决策和管理，实行监督。

根据上述政策，博茨瓦纳政府从 70 年代初起先后与外国公司合作兴办了钻石矿、煤矿、铜镍矿、苏打灰和盐矿。采矿业产值在国内生产总值中所占比重从 1971/1972 年度的 1% 增加到 2001/2002 年度的 36%；矿业出口金额占出口总金额的 70%；矿业交纳的税收占政府年财政收入的 50% 以上。就矿业产值来

说，博茨瓦纳现在是居南非之后非洲第二大矿业生产国，2001/2002 年度矿业总值为 112.38 亿普拉。

1. 4 个钻石矿

博茨瓦纳的奥拉帕、莱特拉卡内、吉瓦嫩和达姆特沙阿 4 个钻石矿都属于德比尔斯—博茨瓦纳采矿公司（简称德比茨瓦纳公司）。该公司是 1969 年为兴办第一个钻石矿由博茨瓦纳政府和德比尔斯公司合股建立的公司，双方各占 50% 股份。

奥拉帕钻石矿：位于东部，距离弗朗西斯敦城 240 公里。这是博茨瓦纳第一个钻石矿。它是从 1955 年起经过 16 年长期勘探后才找到矿脉建立的。1969 年决定建矿。1971 年建成投产，初期年产量为 2400 万克拉，后来增加到 4500 万克拉。2003 年的产量是 1626 万克拉。

该钻石矿所在地奥拉帕镇现有 6000 人，是一座现代化城镇，其大部分基础设施，包括住宅、学校、医院、商场、面包房、酒店和两个文体活动中心，都是德比尔斯公司承担兴建的。博茨瓦纳政府负责建设邮局、警察站、海关和银行。小镇四周的土地用于奶牛场、猪和鸡饲养场和种植饲料和农作物。这是一个封闭式管理城镇。外来人必须申请才准许进入，以防止钻石走私。

莱特拉卡内钻石矿：距离奥拉帕矿东南部 50 公里处，只有两个 DK1 和 DK2 小矿脉。1977 年投产，初期年产量是 30 万克拉，后来增加到 40 万克拉。2003 年产量为 106 万克拉。

吉瓦嫩钻石矿：位于南部，在首都哈博罗内西边 179 公里处。矿脉是 1972 年底在那里的纳莱迪谷地发现的。1982 年才建成投产。该矿所产的钻石大部分是首饰钻，质量好，价格高。初期年产量是 2600 万克拉，1984 年曾达到 7500 万克拉；2003 年产量为 1430 万克拉。

达姆特沙阿钻石矿：在奥拉帕矿东边 50 公里处，1967 年和 1972 年之间在那里发现 4 个小矿脉。2002 年 10 月决定建矿。

2003 年 10 月投产。当年生产钻石 292270 克拉。

博茨瓦纳政府可以获得钻石矿利润的 65%～70%，包括税收、矿区租借费和分红。

钻石是由德比尔斯公司设在伦敦的钻石贸易公司（原名中央销售组织）按配额垄断销售的。销售地是瑞士的国际金融中心苏黎世。

首饰钻的重量单位是克拉（carat），该字源于希腊文 CARAB，意思是刺槐树。这种槐树结的荚果里的豆子，其重量几乎都相等，人们便以它为计量首饰钻（宝石）的单位。1 克拉等于 0.2 克，又分为 100 个分克拉。普通手表中所说的 17 钻，一般只有 1% 克拉首饰钻。

博茨瓦纳是世界上著名的钻石生产国，与俄罗斯齐名，因此在德比尔斯公司的国际钻石董事会里有两个董事席位。这两名董事由博茨瓦纳政府任命，在董事会有决策权。

2003 年 1 月 1 日，博茨瓦纳作为非洲的第二钻石生产国签署并遵守联合国支持的《金伯利国际证书制度》，以履行国际义务，制止"冲突钻石"非法交易，维护非洲地区的和平与稳定。

钻石下游工业：博茨瓦纳除生产钻石外，还在 80 年代以后建立了一些钻石下游工业。

1982 年在首都哈博罗内建立奥拉帕钻石大厦。它是继南非的奥本海默钻石大厦之后世界上第二个钻石分类和分级中心。其工艺是先把钻石分出首饰钻（宝石）和工业钻，然后再按形状、大小、颜色和纯度分成不同等级。分类和分级后，由政府的首席评估员及其同事核实后，送至位于伦敦的德比尔斯公司的钻石销售公司，确定配额和价格出售。

三个钻石切割和打磨加工厂。其中最早成立的博茨瓦纳钻石制品厂计划生产博茨瓦纳品牌的钻石首饰，供旅游业用。另外两个加工厂，一个属于印度的毛坯钻石公司（Diarough），另一个

属于以色列的沙克特—兰布尔公司（Shacter and Namber）。

博茨瓦纳发展公司与德比尔斯公司合股建立博茨瓦纳钻石估价公司。博茨瓦纳拥有55%的股权，德比尔斯公司拥有45%股权。该公司在德比尔斯公司的钻石贸易公司总部为博茨瓦纳培训钻石分类和销售人员。

2. 煤矿

从殖民时期至独立后的勘探表明，博茨瓦纳的煤矿藏分布较广，大部分集中在东部的莫鲁普莱、马哈拉佩、姆马马拉等地区。烟煤的蕴藏量很多，估计为1000亿吨。由于没有销售市场，煤矿长时间一直未开发。

1973年，博茨瓦纳政府与英—美公司合营开办莫鲁普莱煤矿，初期年产量十几万吨，后来逐年增加。2003年产量为822800吨。该煤矿的英—美公司的股权已转让给德比茨瓦纳公司。

该煤矿是博茨瓦纳唯一开采的煤矿，其主要供应博茨瓦纳电力公司的5个发电站：当地的莫鲁普莱中央发电站、塞莱比—皮奎发电站、哈博罗内发电站、洛巴策和弗朗西斯敦发电厂。它还供应塞莱比—皮奎和哈博罗内两城市的用煤。

为利用丰富的煤资源，博茨瓦纳政府计划在塞罗韦村附近的卡斯韦兴办第二个煤矿，生产出口煤，设计年产量500万吨煤。但由于运输费用高，尚未付诸实施。

3. 铜镍矿

1959年，罗得西亚的罗安选矿公司的分公司巴曼瓦托租借地公司曾与恩瓦托部族酋长蔡凯迪·卡马签订勘探矿产的协议，并于1966年在恩瓦托部族领地东部确定两个铜镍矿床：大的在皮奎，小的在皮奎南15公里的塞莱比；两个矿合称塞莱比—皮奎铜镍矿，并建有选矿厂，生产铜镍锭和少量钴。

巴曼瓦托公司投资1.8亿普拉建立两矿及选矿厂。博茨瓦纳政府投资 5500 万普拉建设该矿所需的发电站、水库、铁路和公路以及矿城的基础设施。该矿于 1974 年投产，初期产量为 6663 吨铜镍锭，80 年代中期增加到 51504 吨；2003 年产量为 52000 吨。产品起初运往美国的新奥尔良附近的阿马克斯镍精炼厂，现在主要运销挪威。一些铜镍锭售给邻国津巴布韦加工。

该矿受到技术问题和价格问题的困扰：镍矿石性质不稳定导致更换汰选炉；70 年代以后国际市场铜镍价格普遍低廉。博茨瓦纳政府多次给该矿紧急贷款，帮助其走出困境。

据估计，塞莱比—皮奎矿床蕴藏量为 6300 万吨，按现在的开采量，可开采到 2010 年，届时矿石枯竭。

鉴于塞莱比—皮奎城已成为该地区行政和商业中心，政府于 1988 年决定在这里开办经济开发区，发展外向型制造业，从而使该矿城在矿藏枯竭后仍能保持经济活力。

在弗朗西斯敦城附近还有一个凤凰镍矿。它是塔蒂采矿公司于 90 年代创建的，初期每年开采量 170 万吨镍矿石；2001 年扩建后增加到 320 万吨矿石。该矿的镍矿石送至塞莱比—皮奎选矿厂加工。博茨瓦纳政府正在考虑与该公司在开采镍矿方面进行合作问题。

4. 苏打灰和盐矿

博茨瓦纳中央区有 90000 平方公里的马卡迪卡迪沼泽地，蕴藏着丰富的碳酸钠（纯碱）、氢化钠和氯化钾矿物。为开采这些矿物，1991 年在马卡迪卡迪沼泽地东部苏阿盘地建立博茨瓦纳苏打灰矿（Soda Ash Botswana）。但是，由于南非同行的激烈竞争，该矿于 1995 年破产，并把产权转让给新成立的博茨瓦纳苏打灰公司（Botswana Ash）。该公司是博茨瓦纳政府与国际公司的合股公司。博茨瓦纳政府占有 50% 股权，另一半股权分别由英—美公司、德比尔斯公司和南非一家化学公司分享。这个新苏打灰矿，年产 30 万吨苏打灰和 70 万吨盐，运销南非和南部非洲

邻国作化工原料，部分盐供国内消费。

该苏打灰和盐矿有 40 个深 35 米的深井，每年从盆地底下抽出 1.64 亿立方米的卤水，加工成苏打灰和盐。该矿 2003 年产苏打灰 234500 吨，产值为 2.30 亿普拉。

该公司曾计划发展下游工业洗涤剂，但由于美国天然苏打灰公司阻止，被迫放弃此计划。

5. 其他矿产

除了上述已开采的钻石、煤、铜镍和苏打灰矿产外，博茨瓦纳还有储量不大、也开采过的其他矿产，比如金、银、锰、石棉、蓝晶石和半宝石等。已探明尚未开采的矿物有：锑、铬、长石、氟石、石墨、石膏、铁、瓷土、铅、铂、皂石、云母、铀和锌。在卡拉哈里沙漠下面可能还有许多未探明的矿物。

金矿：1869 年英国南非公司在塔蒂地区开办帝王金矿（Monarch Mine），这是南部非洲最早的金矿。在弗朗西斯敦地区的 270 平方英里的狭长地带有星罗棋布的 45 个金矿。这些金矿产量较小。在整个殖民时期，英国金矿主从这些金矿掠走黄金 205269 盎司，白银 27683 盎司（金矿副产品）。

独立后，弗朗西斯敦附近还有人在一些原金矿的矿渣中再提取黄金。1981 年，重建帝王金矿，年产量曾达到 1 万盎司，出口南非共和国。但是，1996 年该矿关闭了。

2001 年，澳大利亚金矿公司勘探表明，在弗朗西斯敦地区仍有 100 万盎司黄金矿藏，可开办一个年产 10 万盎司黄金的金矿。该公司拟向博茨瓦纳政府申请开采执照。

锰矿：1957～1963 年，在南部夸奎山区和 1959～1963 年在洛巴策镇附近的奥策，曾开采过锰。两矿分别开采了 64183 吨和 48651 吨锰。夸奎矿于 1963 年关闭。此外，拉莫茨瓦的锰矿运行两年（1957～1958）即关闭了。

石棉矿：1928～1948 年以及 1950～1972 年，莫沙嫩石棉矿曾间断地开采过石棉，产量较小。

蓝晶石矿：1951～1957 年曾开采过 9283 吨蓝晶石。据说，仍有潜力。

半宝石矿：主要是肉红玉髓和玛瑙，现在仍在开采。产量不稳定。1999 年为 84 吨。

此外，根据空中磁力探测，在西部卡拉哈里地区地下有三个深层沉积盘地，其中有含石油和天然气地岩层。博茨瓦纳政府和加拿大石油国际援助公司合作在诺索普—恩考吉内打凿 1 口深井，取样研究开采前景和可行性。

二 制造业

博茨瓦纳的制造业基础薄弱。独立时，全国只有 1 个牛屠宰厂、骨粉厂和鞣皮厂。几乎所有的工业产品、日用品、饮料和食品都是从南非进口。独立后，鉴于制造业在经济中具有创造大量就业机会、能够生产进口替代品和出口商品、节省和赚取外汇等重要作用，博茨瓦纳政府采取了重要政策措施发展制造业，特别是小型工业企业。1970 年成立博茨瓦纳发展公司参与合作兴办制造业。1973 年成立工商部并设部属企业开发局，保护和扶植小业主兴办制造业，并划出限于本国公民投资的工业项目，比如学校用课桌椅、校服、工作服、风衣、制砖、面包作坊和高粱粉厂等。1982 年 5 月实施《财政援助政策》，在资金方面给予业主资助并通过国家发展银行发放工业贷款。1989 年 12 月实行鼓励发展工业政策，并把公司税从 35% 减少到 15%。为在农村地区发展工业，政府于 1980 年成立农村工业促进会，在卡尼耶村建立了 1 个农村工业革新中心，研究适用农村的技术革新项目，鼓励农村居民在大村庄开办企业。大多数大村庄已划出工业开发区，政府投资改善那里的供水和供电条件以及交通运输基础设施。比如，博勒克斯公司在拉莫茨瓦村开办了 1

个面粉厂，加工图利农场区和进口的小麦。

为实施经济多样化和可持续发展战略，摆脱单纯依靠采矿业和养牛业的状况，博茨瓦纳政府于1988年3月在塞莱比—皮奎铜镍矿城建立经济开发区，发展外向型制造业，从国外引进新的大、中型工业项目，促进本地原有企业扩大或创建新的工业项目，着眼于劳动密集型的服装、鞋类和电子元件等出口工业项目。到90年代，已有47个工业项目在那里定点，其中包括1个大型运动衫厂。此外，在哈博罗内还建立3个汽车装配厂。

经过多年的不懈努力，博茨瓦纳制造业有了一定发展。1990~2001年10年期间，制造业年均增长率为5.3%。全国制造业工厂从1966年的3个增加到2002年的300多个；在制造业方面就业人员从1980年的5600人增加到2003年的30200人；制造业产值从1991/1992年度的4.15亿普拉增加到2001/2002年度的14.04亿普拉。2002年，制造业产值在国内总产值中所占比重为5.3%。

制造业虽有较快的发展，但主要是规模较小的轻工业，而且由于国内市场小，大多数是外向型出口企业以及来料加工企业。其中最多的是纺织业，其次是食品加工业、金属加工业和建筑材料业。这些工厂2/3集中在城镇，特别是首都哈博罗内和商业城弗朗西斯敦，只有10%在农村地区。

1. 食品加工业

最大的食品加工业是肉类公司所属的3个牛屠宰厂、牛肉罐头厂和宠物饲料罐头厂。

肉类公司总部洛巴策城的现代化牛屠宰厂，1965年12月独立前夕由自治政府赎买并接管。日屠宰量为800头牛和500头羊。

北部马翁牛屠宰厂，1983年建立，日屠宰量为120头牛。

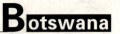

东部弗朗西斯敦牛屠宰厂，建于 1989 年，日屠宰量 400 头牛和 150 头羊。

洛巴策的牛肉罐头厂，每周加工 300 吨牛肉罐头。

其他食品加工业主要是供本国居民消费的玉米、高粱、小麦面粉厂以及麦片、饼干和饮料厂，规模都较小。

2001 年，肉类公司全年牛屠宰量为 16.9 万头，纯利润 3800 万普拉（合 65 万美元）。牛肉和肉制品出口金额（离岸价）4.27 亿普拉。

2. 纺织业

它是 80 年代中期以后新兴的产业，包括生产西服、工作服、校服、妇女和儿童服装以及针织品和人造纤维等工厂。其中最大和主要的有：比利时、荷兰、马来西亚和英国四方合资的年产 150 万件运动衫厂，还有月生产 400 件针织品的安东尼服装厂、首都服装厂、孔一埃特衬衫厂、海岸俱乐部服装厂、英国阿尔歌工业有限公司月生产 60 吨丙烯酸纤维丝和 2.5 万件西服和衬衫的服装厂。其他纺织厂是第一服装厂、生产妇女服装的拉莫茨瓦服装厂、生产 T 恤衬衫的鸽子服装厂以及毛毯、化纤（聚乙烯）、鞋类等工厂。

纺织品大部分出口到美国、欧洲和周边国家。纺织品出口金额 1998 年曾达到 3.03 亿普拉，后来由于斯里兰卡人开办的服装厂关闭，2001 年出口金额下降到 1.93 亿普拉。

3. 汽车工业

它是 90 年代后兴办的制造业，主要是汽车装配厂和配件厂。其中主要有 90 年代建立的年产 3000 辆小汽车的韩国现代汽车装配厂、年产 2000 辆小汽车的瑞典沃尔沃汽车装配厂和俄罗斯的卡玛兹卡车装配厂。此外，还有几家零配件厂，生产车厢、拖车、电瓶和篷盖。装配的汽车出口创汇从 1991 年的零美元猛增到 1997 年的 11.82 亿美元，成为重要的创汇产品。这些汽车出口到南非和南部非洲国家。1999 年 1 月，韩国现代汽车装配厂由于其在南非的母公司破产而关闭，给博茨瓦纳的制造业造成较大损失，以致汽车业出口金额从 1999 年的 6.67 亿普拉下降到 2003 年的 4.43 亿普拉。

4. 建筑材料业

鳄鱼混凝土制品厂（Kwena Concrete Products），是 1983 年由本国资本和专家建立的建筑材料厂，位于哈博罗内西部的新工业区，面积 1 万平方米，雇用员工 200 人，生产建筑用的砌块、砌砖、石板、连锁铺路石、下水道和排水管以及包括铁路轨枕在内的许多其他预制混凝土产品。它的最大客户是博茨瓦纳铁路局，日产 1080 块轨枕，可供铺设 1.5 公里的铁路。该厂以先进技术改装设备，拟把砖和石板产量增加 10 倍，还可以生产各种彩色混凝土砖代替土砖，价格便宜一半。该厂的资产从 1983 年的 90 万普拉增加到 1989 年的 1.15 亿普拉。

5. 其他制造业

除上述制造业工厂外，还有化工、橡胶、塑料、金属制品、电器、纸张和纸制品、木材和木制品等工厂，不过规模和产量都很小，部分产品出口，部分供本国消费。

三　电力工业

独立初期，博茨瓦纳没有电力工业，生产和生活用电均由邻国南非输入。独立后，用电量增多，政府于 70 年代先后在首都哈博罗内、塞莱比—皮奎铜镍矿城和煤矿镇莫鲁普莱各建 1 座发电厂。后来又在肉类公司总部洛巴策和商业城弗朗西斯敦各建 1 个发电厂。这些发电厂都属于准国家企业博茨瓦纳电力公司。此外，在农村地区的塞罗韦村、马哈拉佩村和图图梅村各有 1 个柴油发电站。上述 5 个发电厂都是燃煤火力发电厂，所用煤完全由莫鲁普莱煤矿供应。发电厂中，莫鲁普莱发电厂最大,共有 6 台发电机组,发电量可达 132 兆瓦。它通过 132 千伏高压输电线把电输送至东部城市工业和居民区。最大用电户是塞莱比—皮奎铜镍矿的汰选炉,所耗电量占全国发电量的 24%。

2001 年,全国电力总消费量为 1842.5 兆瓦/时,其中 45% 是本国电厂生产的,55% 仍需从南非共和国输入。

2001 年,博茨瓦纳电力公司的收入是 4.085 亿普拉,在其 2001/2002 年度预算中拨款 1.93 亿普拉扩建输电和配电设施。因为电力公司在政府帮助下拟定扩大输电网实现农村电气化计划,预订在 2009 年 3 月以前,让 70% 的居民都能用上电。

电力公司的产值(含供水公司产值)从 1991/1992 年度的 1.68 亿普拉增加到 2001/2002 年度的 7.50 亿普拉;其产值在国内生产总值中的比重从 2% 上升到 2.4%。

四 建筑业

从独立到1991 年,博茨瓦纳的建筑业在经济领域中一直是最兴旺的行业之一,因为城镇工商区和居民区不断增加和扩展。建筑业由博茨瓦纳土地与住房部管辖。经营单位是博茨瓦纳房屋建筑公司。但是,大型建筑都是由国际建筑公司承包。

1992/1993 年度,建筑业受到一次重大挫折。当时博茨瓦纳房屋建筑公司由于一桩贿赂案件被迫取消了所有建筑合同。后来才慢慢重新签订建房合同。自 90 年代中期起,政府部门增加建设工程项目,建筑业又重新活跃起来。

1996 年,博茨瓦纳房屋建筑公司计划建造 637 套民用住宅,233 间非民用房屋;造价总金额分别为 5700 万普拉和 2900 万普拉。1999 年计划建造 2539 套民用住宅和 2310 间非民用房屋;造价总金额分别为 11.15 亿普拉和 3130 万普拉。

建筑业产值 1991/1992 年度为 6.31 亿普拉，而 2001/2002 年度为 17.38 亿普拉；其年产值在国内生产总值中所占比重分别为 7.5% 和 5.6%。2002 年建筑业的从业人员为 2.88 万人。

2003 年，博茨瓦纳政府计划在首都哈博罗内建造一座投资 8 亿普拉的国际金融服务中心大楼，那将是博茨瓦纳有史以来最大的一个工程项目。

第四节　商业与服务业

博茨瓦纳的商业史可追溯到 19 世纪初。1810 年以前，茨瓦纳人部族相互之间就进行以物换物的交易，也同南非的格里夸人做这样的生意。1810 年以后，欧洲商人带着货物（枪支、布匹、服装、火绒盒、糖和酒等）来到博茨瓦纳与当地部族人交换象牙和动物毛皮，进行不等价交换：按照现在普拉的价值计算，当时一个价值 1.5 普拉的火绒盒竟换取一根价值 30 普拉的象牙，而一支价值 2.5 普拉的枪竟换取一根价值 70 普拉的象牙。因此，象牙生意盛极一时，商旅趋之若鹜，几乎导致大象灭绝的危险。恩瓦托部族当时的首府绍尚曾经成为长达 40 多年的商品交易中心和南来北往的商旅中转站。欧洲商人还带来货币（英镑），使贸易从以物换物转变为货币交易。这个时期的商品运输工具主要是牛拉四轮大车，再就是人力运送。1869 年，英国公司在弗朗西斯敦附近地区开采金矿和铜矿，弗朗西斯敦逐渐成为一个为采矿业服务的商业城镇，有商店，也有餐饮服务业。

1966 年独立时，博茨瓦纳首都从南非的马弗京迁至原为小村庄和火车站的哈博罗内。新建的首都按规划在市中心建立了一条商业大街和广场。林荫大道两旁和广场周边，大小商店鳞次栉比，还有配套的银行和保险公司等服务行业。这是博茨瓦纳独立后兴建的第一个现代城市商业区。

1966 年独立时，博茨瓦纳政府颁布并实施了《贸易法》，规定经营商业者需申请营业执照，并确定商店种类和征税原则。商店一般分为两大类：百货商店（杂货店）和专门商店。百货店可以销售普通商品和加工食品，但不能经销药品、鲜肉和石油产品。专门商店分门别类，包括鲜肉店、书店、汽车行、电器商店和加油站等。国家的关税和国内税务局负责确定税率并征收商业销售税和营业税。大多数商品都征收 10% 的销售税。但是，药品、未加工的粮食、书籍和文具免征销售税。对不同种类的含酒精饮料征收不同的销售税；对本国制造的商品和进口商品征收的销售税也是不同的。2001 年 7 月，实行税率为 10% 的增值税代替原来的销售税，目的是理顺税务管理体系。增值税几乎涵盖所有商品和服务。原来免征销售税的少数商品仍免征增值税。

1973 年，博茨瓦纳政府成立工商部，下设商业和消费事务局，负责管理商业。1980 年，博茨瓦纳政府实施《财政援助政策》，扶植本国人特别是农村居民，参与商业活动，开办零售商店或服务行业。在这项政策的推动下，70 年代和 80 年代，农村地区的大小村庄建立了许多杂货店，现在几乎所有的村庄都有零售店，有的大村庄还有批发店。此外，60 年代兴起的并得到政府支持的合作社也参与商业活动，开办了超级市场和零售商店。

由于经济条件和生活习惯的差异，博茨瓦纳城市和农村商业和服务业发展不平衡，并各具特点。博茨瓦纳有 4 个城市：哈博罗内、弗朗西斯敦、塞莱比—皮奎和洛巴策。城市大多数居民在机关、工厂、企业和事业单位工作，工资较高，购买力较强，因此商业和服务业发展较快。城市商业区是按照居民集中区规划建立的。首都哈博罗内就有大约 20 个商业街区，其中最大的是市中心的商业大街，其次是火车站商业区，然后是本地商业区。商业区里有南非连锁店和印度商人开设的超级市场、批发商店和零

售商店。顾客经常光顾这些商店是因为商品齐全，价格较便宜，离工作地点或住宅较近。随着经济的发展，收入的增加，生活需求更多，城市的服务行业也在兴起。哈博罗内市餐饮业兴旺，不仅有欧洲餐馆，中国、印度和朝鲜餐馆，还有酒吧和小吃店。其他服务业包括洗衣店、理发店、美容院。哈博罗内市有42家旅馆其中7家现代化旅馆：希尔顿（博茨瓦纳）大饭店、大棕榈树旅馆、总统旅馆、太阳旅馆和夜总会、绿洲旅馆、哈博罗内饭店和马卡多饭店。哈博罗内市出租车没有计程表，几个乘客可乘坐一辆顺路车。如果乘客单独租用，需付较高车费。其他城市的商业和服务业情况没有哈博罗内市那样发达，基本情况大致相似。

农村情况与城市不同，农民收入低，购买力小，所需商品种类不多，商店大多是小本经营的杂货店。现在，所有村庄普遍有商品零售杂货店，大村庄还有批发店。农村商业还有两个与传统生产方式有关的特点。一是商业销售因农业季节变化有淡季和旺季之分；二是除村庄商店固定服务外，还有小商贩为"农耕区"和"放牧区"的临时农牧民的流动服务。村里的商业淡季是每年12月至4月，这一时期，农民没有农作物出售，手头拮据。旺季从5月初开始至12月，农民收获后出售瓜豆类和粮食，手头有了现金。

农村的传统生产方式是，农耕区一般距离村庄15~80公里；放牧区在农耕区以外，距离村庄最远的150公里。每年10~11月雨季开始时，农户男劳力开始离开村庄去农耕区并在那里的临时茅屋度过夏季直到第2年7~8月收割庄稼后才回村庄。穷苦的农户男人或较大男孩受雇于大牧主长年居住在放牧区的"牧牛站"放牧牛群。为这些临时农牧民服务的就是流动商贩。他们是小商贩，一般本钱只有400普拉，携带的货物主要是面粉、糖、茶叶、肥皂、火柴、香烟和糖果等食品和日用品。

尽管由于城乡经济发展不平衡，贫富悬殊，国内市场较小，但是经济的快速发展，政府开支的增加和工资相应的提高促进了商业和服务业的发展特别是城市商业和服务业的发展。作为第三产业的商业和服务业在国民经济中已占较重要的地位。商业和服务业的产值在国内生产总值中所占比重从 1991/1992 年度的 5.5%（4.57 亿普拉）增加到 2001/2002 年度的 11.7%（36.51 亿普拉）。商业从业人员从 1998 年的 4.33 万人增加到 2003 年的 5.5 万人。

第五节　交通运输与邮政电信

博茨瓦纳独立时交通运输和邮政通信都很落后。全国只有 6 公里沥青路面公路，一条属于罗得西亚铁路局的单轨过境铁路；没有邮政和电话设施。独立后，博茨瓦纳政府一直把基本建设投资的 25% 用于发展交通运输事业，并且也重视发展邮政和电信事业。

一　公路

博茨瓦纳是个内陆国家，交通运输以公路为主。独立时，全国有 7200 公里的道路，几乎都是沙砾路，主要交通工具是牛拉四轮车。在北部奥卡万戈三角洲水域常见的交通运输工具是独木舟。

独立以来，政府对公路建设的投资逐年增加，平均每年要建造 200 公里的沥青路面公路。1991/1992 年度至 1996/1997 年度期间，平均每年用于公路建造和维修的费用为 1 亿多普拉，最多的 1996/1997 年度达到 2 亿多普拉。到 2003 年，全国沥青路面公路已从独立时的 6 公里增加到 7000 公里，包括从南到北的全天候公路，基本上实现了道路沥青路面化。城镇和主要村庄之间

都有公路相通。在《第九个全国发展计划》中，博茨瓦纳政府已把公路建设重点转向修筑桥梁和公路维修。由于博茨瓦纳缺少水和普通的筑路材料，维修费用很高，政府正在制定公路收费制度，让使用者承担部分维修费用。近几年来，随着经济发展和人民生活水平提高，车辆数目增加很快，汽车从1998年的10.54万辆增加到2001年的14.1万辆；卡车从1998年的5700辆增加到2001年的7400辆。

1998年，全长595公里的泛卡拉哈里公路建成。这条公路横跨卡拉哈里沙漠把博茨瓦纳的西部和东部连接起来，结束了卡拉哈里地区和杭济地区与东南部人口稠密地区的隔绝状况。这条公路还具有重要的国际意义。它实现了南部非洲发展共同体（简称萨达克）成员国连成一片的战略目标，对南部非洲地区之间交往、贸易和经济发展具有很大的促进作用。它使南非的约翰内斯堡与纳米比亚首都温得和克之间的路程缩短了500公里。

二　铁路

博茨瓦纳的一条干线铁路在东南部的狭长地带，全长641公里，从南边的拉马特拉巴马到北边的瓦卡兰加。这条1067毫米轨距的单轨铁路是1897年英国南非公司通过殖民当局强征当地部族土地建造的。它原来是一条为英国南非公司在南罗得西亚矿山运送矿产品到南非开普港的专用铁路。贝专纳兰保护地当局利用这条过境铁路运输进口货物和少量出口货物（牛肉），主要的受益者是殖民当局和欧洲人农牧场主，茨瓦纳人没有从铁路获得直接利益，只是获得从商店买到进口货物的间接好处。

博茨瓦纳独立时，这条铁路的所有权属于罗得西亚铁路局。独立后，博茨瓦纳政府曾于70年代准备接管这条铁路，但由于政治和技术原因，未能实现。1980年，津巴布韦共和国成立后，这条铁路归津巴布韦铁路局管理。博茨瓦纳政府与津巴布韦铁路局经过多次商谈，最后以3800万美元赎买了这条铁路。1987年1月1日，博茨瓦纳政府正式接管这条铁路，并成立博茨瓦纳铁路局，购买新的机车和车辆，开始有了自己国家的铁路。

从70年代起，由于采矿业的发展，博茨瓦纳政府先后投资建筑了总长246公里的三条铁路支线，专门运送铜镍矿石、煤和苏打灰。这三条支线是：塞莱比—皮奎至塞鲁莱支线（56公里），帕拉佩至莫鲁普莱支线（15公里）和弗朗西斯敦至苏阿盐沼地支线（175公里）。

博茨瓦纳铁路局是准国家企业，现在拥有40辆不同马力的柴油机车，最大的功率为2200马力；还有1100辆专门用于运输煤、石油产品、盐、牲畜和苏打灰的车皮和车厢。运输的其他货物还包括玉米、玉米面、混凝土和糖。在客运方面，铁路局拥有45个座位的空调客车，其中有卧铺。干线铁路从南到北沿线车站有：洛巴策站、拉莫茨瓦站、哈博罗内站、皮拉内站、马哈拉佩站、帕拉佩站、塞鲁莱站、塞莱比—皮奎站和弗朗西斯敦站。客运现在有两次夜班车从洛巴策站至津巴布韦的布拉瓦约城，还有往返于首都哈博罗内和弗朗西斯敦城的两次白天快车。

除担负国内大宗货物的运输外，这条铁路现在已成为南部非洲地区铁路系统中的一个中转枢纽。它向南与南非共和国铁路接轨，向北与津巴布韦共和国铁路相连，从而把西面大西洋岸的纳米比亚与东面濒临印度洋的莫桑比克连接起来。它也承担国际货运重任。1992/1993年度南部非洲遭受严重旱灾期间，这条铁路为本地区运送了100多万吨救灾物资，显示了它的重要性。

由于这条铁路是将近一个世纪以前建造的，铁路基础设施都已陈旧。博茨瓦纳政府在80年代接管后利用中国的贷款和技术对铁路进行了分段更新，现已完成全铁路的更新工程。博茨瓦纳铁路局现在已用本国"鳄鱼混凝土制件厂"制造的预应力混凝

土轨枕，培训了本国火车司机以及维修和后勤人员。

铁路局在货运和客运方面都是赢利的。2000 年，铁路的客运量为 46.25 万人次；国内货运量是 21.03 万吨，过境货运量是 37.28 万吨。

三 民航

独立前，贝专纳兰保护地在弗朗西斯敦城有一个机场，每周有一次从弗朗西斯敦至马翁的小飞机航班，其支线还可到达杭济。

独立后，博茨瓦纳政府于 1973 年成立博茨瓦纳航空公司，拥有 3 架飞机，其中两架 40 个座位的福克 37 型客机和 1 架 16 个座位的多尼尔客机。此外，其他国家的航空公司也有往返哈博罗内的定期航班。这些公司是：肯尼亚、莱索托、赞比亚、津巴布韦和南非等国的航空公司。1985 年，首都哈博罗内的塞雷茨·卡马国际机场建成后，大型飞机可以起降，博茨瓦纳民航事业有了较快的发展。到 90 年代末，博茨瓦纳全国共有 31 个国营机场，其中 5 个主要机场分别在哈博罗内市、弗朗西斯敦城、塞莱比—皮奎城、马翁镇和卡萨内镇。上述机场不包括行政区一级的机场和军用机场。

在国际航空方面，1987 年英国航空公司开辟了伦敦至哈博罗内的每周一次的直达航班，成为博茨瓦纳第一条国际直达航班。空中航线还同南非、津巴布韦、赞比亚、坦桑尼亚、肯尼亚、莱索托、斯威士兰、莫桑比克、纳米比亚和法国相通。航空公司的客货运均通过博茨瓦纳航空公司办理。除定期的国际和国内航班外，还有包机，特别是往返旅游景区中转站马翁和卡萨内两地的旅游包机。

为了加强博茨瓦纳领空的飞行安全，博茨瓦纳政府在博茨瓦纳领空建立了飞行信息区，其界限与博茨瓦纳边界线一致。博茨

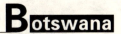

瓦纳民航局已培训了本国飞行员以及空中和地勤服务人员。

近几年，博茨瓦纳航空公司的客流量有所增加，从 1997 年的 36.67 万人次增加到 2001 年的 45.63 万人次，入境和离境旅客数量基本相等（见表 4-6）。

表 4-6　1997~2001 年博茨瓦纳民航客运人数

	1997	1998	1999	2000	2001
客运总数	366700	404000	427400	432800	456300
入境旅客	183200	201300	214400	217600	223900
出境旅客	183500	202700	213000	215200	232400

资源来源：博茨瓦纳中央统计局《统计公报》（2002）。

四　邮政与电信

1. 邮政

在英国殖民统治时期，1957 年以前，贝专纳兰保护地没有邮局，只有伦敦宣教会和传教士在他们传教的部族领地首府雇用人传递过邮件。1957 年，贝专纳兰保护地政府在其设在南非境内的马弗京首府开办邮局。1963 年在保护地境内的洛巴策镇设邮局，当时的邮政服务只限于城镇和大村庄。1966 年独立时，邮局由洛巴策迁至首都哈博罗内。

独立后，博茨瓦纳的邮政业务有较快的发展，邮局不仅办理一般的邮政业务，还兼管电话和邮政储蓄。1980 年 4 月，邮政业务和电信业务分开，分别划归邮政署和博茨瓦纳电信公司管理。1989 年，博茨瓦纳国民议会通过《邮政法》确定博茨瓦纳邮局的任务是，提供邮政服务，发展、经营和管理全国邮政业务，并与其他国家邮政部门就邮政业务进行双边合作。1990 年，博茨瓦纳议会通过《储蓄银行法》，银行接管了邮政储蓄业务。

现在，全国已有 100 个邮政所，分布在城镇和大、中村庄。在没有邮政所的分散居民点有邮亭，总共有 70 多个邮亭。此外，一些村庄的杂货店主人也代卖邮票和汇款单以及代送邮包和挂号信件等邮政业务。没有上门送信服务。

在国际方面，国际邮件可通过哈博罗内邮局转达五大洲的国家：转至纽约可到达美国、加拿大和南美洲；转至伦敦可到达英国；转至法兰克福可到达德国、中欧和东欧国家；转至斯德哥尔摩可到达斯堪的纳维亚半岛国家；转至肯尼亚的内罗毕可到达东非、中非和北非国家；转至尼日利亚可到达西非国家；转至津巴布韦的哈拉雷；转至纳米比亚可到达亚洲和中东国家；转至南非的约翰内斯堡可到达澳大利亚。博茨瓦纳邮局可以向下列国家收发普通邮件：津巴布韦、赞比亚、马拉维、英国、美国和南非。此外，还可以单向收到下列国家城市的普通邮件：俄罗斯的莫斯科，加拿大的多伦多和蒙特利尔，新加坡，瑞典的马尔莫班，爱尔兰的都柏林，牙买加的金斯敦和古巴的哈瓦那。

2. 电信

电话：独立时，博茨瓦纳境内只有沿东部狭长地带的铁路线旁有一条从南非通往罗得西亚的电话和电报线路。那是为殖民当局和英国南非公司服务的。

独立后，博茨瓦纳政府重视发展电话和电信事业。经过几十年的努力，现在电话设备已全部数字化。全国城镇和大村庄均有程控电话。1980 年 4 月，博茨瓦纳电信公司成立，接管了由邮政局管理的电话业务。1980 年在卡莱山建立了卫星中继站之后，国际电信服务有了很大改善和发展。博茨瓦纳可以通过短波向欧洲、美洲、亚洲和非洲 80 多个国家直拨国际长途电话和发送电传。

1986 年以来，博茨瓦纳电信公司致力于发展农村地区电话业务，计划在 500 人以上的村庄安装电话。到 1991 年，已经有 100 多个这样的村庄可以通话了。国内长途电话费是每分钟 0.22

太贝；国际长途话费每分钟从 1.56 普拉至 5.60 普拉不等，随国家远近增减。

截至 2001 年，博茨瓦纳电信公司已有 13.59 万电话用户，每百人拥有 8.5 部电话。此外，还有 2893 个公用自动收费电话亭。全国有 19.5 万手机用户。电话覆盖率是南部非洲地区 4 个覆盖率最高的国家之一。

3. 因特网

博茨瓦纳电信公司于 1999 年批准最早的 4 个因特网经营者。到 2003 年，因特网站已增加到 13 个，用户已遍及全国。上网人数从 1999 年的 1000 人增加到 2002 年的 4 万人。博茨瓦纳政府、中央统计局和博茨瓦纳银行都有网址，向网民发布最新的信息和数据。德比茨瓦纳钻石公司和大多数私人企业也都有自己的网址，发布经济信息。

第六节　财政与金融

一　财政

19 65 年，过渡自治政府曾在财政部里设立发展规划处，管理国家发展问题。独立后，博茨瓦纳政府于 1967 年建立发展规划部代替发展规划处。1970 年，财政部和发展规划部合并成立财政与发展规划部，由副总统领导这个掌管国家财政和经济建设的重要部门。

从 1966 年独立至 1976 年，博茨瓦纳的财政和金融系统完全是南非财政和金融系统的组成部分。南非的货币兰特是博茨瓦纳合法的通用货币，博茨瓦纳的外汇储备纳入南非的国际储备。博茨瓦纳的财政部门几乎没有正式法规。1975 年，博茨瓦纳国民议会通过并实施《博茨瓦纳银行法》和《财政法》。1976 年依

法建立博茨瓦纳银行（中央银行）并发行本国货币普拉，宣布退出南非兰特货币区，在财政和金融方面获得自主权。博茨瓦纳财政与发展规划部掌管国家财政并制定国家发展计划。从1968～2003年，该部共制定9个国家发展计划，并根据谨慎的财政方针制定并执行年度财政预算。

博茨瓦纳独立时，政府1966/1967年度财政预算（包括经常开支和发展开支）按照现在价格计算约为1790万普拉，收支不能平衡，赤字较大，靠英国给予一半财政补贴。这种状况一直持续6年。到1972/1973年度，由于钻石和关税同盟关税分成两项外汇收入增加，牛肉出口价格看好，博茨瓦纳政府从这一年起财政收支开始实现自给，不再要英国补贴。此后，由于采矿业兴起，特别是建立4个钻石矿，外汇收入大幅度增加。从1973/1974年度的30年期间，博茨瓦纳国内生产总值逐年大幅度增长：到1973/1974年度，国内生产总值从1966年的5900万普拉（按1974/1975年度不变价格计算）上升到1.975亿普拉；10年后的1982/1983年度，达到13.909亿普拉；20年后的1992/1993年度上升到91.19亿普拉；30年后的2002/2003年度已超过百亿，达到363.39亿普拉。

随着国内生产总值大幅度增加，博茨瓦纳政府财政预算也大幅度增加。1982/1983年度财政收入为3.94亿普拉，支出4.14亿普拉，赤字2000万普拉；10年后的1992/1993年度财政收入为38.04亿普拉，支出36.30亿，盈余1.74亿普拉；2002/2003年度，财政预算数字又翻了几番，收入143.11亿普拉，支出157.10亿普拉，出现13.99亿普拉赤字。几十年来，大多数财政年度收支都有盈余，因为博茨瓦纳政府长期以来一直执行谨慎的财政方针，把政府财政支出与国内生产总值的比例相对地稳定在45%左右。博茨瓦纳财政收入有三个主要来源：钻石收入、南部非洲关税同盟关税分成和国内税收、博茨瓦纳中央银行的外汇投资收益。其余来自其他部门。钻石收入占财政收入的 46%。
（见表 4 − 7）

表 4 − 7　2002/2003 年度政府财政收入来源

财政总收入	154.11 亿普拉	财政总收入	154.11 亿普拉
矿业部门	46%	其他税收	28%
关税同盟分成	12%	外援（含赠款）	14%

资料来源：博茨瓦纳财政与发展规划部《经济年度报告》（2004）。

　　由于钻石收入和关税分成逐年增加，从 1973/1974 年度以
后，博茨瓦纳进出口贸易基本上是顺差，外汇储备大幅增加。有
几年出现过财政赤字。比如 1997 年亚洲爆发金融危机，1998 年
国际市场钻石滞销，博茨瓦纳钻石出口下降 12%，外贸出现逆
差，当年财政赤字达 14.65 亿普拉。不过，博茨瓦纳政府有殷实
的外汇储备，足够弥补财政赤字，不影响经济稳定和发展。

　　博茨瓦纳财政预算支出包括两部分：一般支出和发展支出。
博茨瓦纳政府十分重视发展经济基础设施和人力资源开发。自从
1972/1973 年度财政收支自给自足后，博茨瓦纳政府一直在预算
中，划拨相当数量的资金用于建设交通运输基础设施，修水库，
打机井，建立学校和医院。1999/2000 年度至 2002/2003 年度期
间，每年财政预算中，发展支出平均为 36 亿普拉，其中教育拨
款最多，其次是交通运输。30 多年来，博茨瓦纳政府把历年积
累的财政收支盈余资金用于与国计民生和社会事业有关领域，取
得了引人注目的成就，逐步改善了人民生活条件。

　　在财政方面，博茨瓦纳政府还坚持一个原则，即不借过多内
外债，利用外国优惠贷款建设重大项目，不动用外汇储备，不向
私人资本市场或多边发展机构借高利息贷款，偿债率一直保持在
5% 以下，因此，经济长期以来运转情况良好。

在第九个国家发展计划中，博茨瓦纳政府确定，在努力保持经济可持续发展过程中，继续实施谨慎的财政政策，积累资金投入经济发展所需要的物质基础设施和人力资源开发。

二 金融

茨瓦纳的金融业历史要从独立前夕 1965 年算起。当时过渡自治政府决定建立一个信贷机构，向茨瓦纳人农牧户、合作团体和工商户提供资金，帮助国家发展经济。1965 年建立的信贷机构国民发展银行开始时因缺少资金，发放的信贷不多，但它却是博茨瓦纳金融业的萌芽。

1966 年独立后至 1976 年的 10 年期间，博茨瓦纳没有中央银行和本国货币，一直是在南非的兰特货币区，沿用南非货币兰特。1975 年，博茨瓦纳国民议会通过《博茨瓦纳银行法》，建立博茨瓦纳银行，即国家的中央银行。该行于 1976 年开始营业并发行本国货币普拉，宣布正式退出南非的兰特货币区。

（一）博茨瓦纳银行（中央银行）

作为政府的金融顾问，博茨瓦纳中央银行为政府和其他金融机构提供服务，并对政府的财政机关进行审查和监督，负责发行货币，监控通货膨胀。它还负责管理外汇储备、国际收支往来以及外国在博茨瓦纳开业的金融机构。该银行的研究部门收集和阐明金融统计，监控国家经济总的发展情况并汇编国际收支情况。

发行货币：博茨瓦纳银行发行的本国货币称"普拉"（Pula），辅币称"太贝"（Thebe）。1 普拉 = 100 太贝。普拉纸币的面值分为 1、2、5、10、20、50 和 100 七种；硬币面值分为 1、2、5、25 和 50 太贝以及 2 普拉。现在，1 普拉纸币和 2 太贝硬币已停止流通。

货币供应总额：随着经济发展和人口增多，博茨瓦纳中央银行发行的货币总额日益增大。1998 年，货币供应总额为 13.20

亿普拉，其中流通货币 3.53 亿，活期存款 9.68 亿。2003 年货币供应总额增加到 26.03 亿普拉，其中流通货币 5.33 亿，活期存款 20.70 亿。各种存款和储蓄货币总额从 1998 年的 44.29 亿普拉增加到 2003 年的 66.84 亿。中央银行发行债券货币额从 1998 年的 19.20 亿普拉增加到 2003 年的 64.89 亿。外汇存款额从 1998 年的 9.39 亿普拉增加到 2003 年的 15.18 亿。四类供应货币总数合计从 1998 年的 76.18 亿普拉增加到 2003 年的 172.94 亿普拉。

据统计，1996 年，博茨瓦纳中央银行的总资产为 143.74 亿普拉。

监控通货膨胀：博茨瓦纳中央银行通过调整利率、发行债券和调整普拉与南非兰特的比价，监控和平抑通货膨胀。由于博茨瓦纳大多数进口商品来自南非，南非市场物价波动对博茨瓦纳消费品价格影响较大。为此，博茨瓦纳中央银行适时调整普拉与南非兰特的兑换率，以保持博茨瓦纳产品在南非市场的竞争力，平抑本地的通货膨胀。1996 年以来，博茨瓦纳年均通货膨胀率一直保持在 10% 以下。2003 年的通膨率为 9.2%（见表 4-8）。

表 4-8　2000~2003 年通货膨胀率

	2000	2001	2002	2003
各年变化(%)	8.5%	6.6%	8.0%	9.2%

资料来源：博茨瓦纳银行《年度报告》(2004)。

博茨瓦纳中央银行以其盈利为政府提供财政收入。1999/2000 年度，该行为政府财政收入提供 12 亿普拉；2002/2003 年度提供 10.29 亿普拉。它每年汇编和发行《博茨瓦纳金融统计》和《年度报告》。

银行利率：2000~2003 年，博茨瓦纳中央银行贷款基准利率一直保持在 14.25% 。优惠存款利率保持在 15.75% ，减去通膨率，实际利率由 2000 年的 6.7% 上调至 2003 年的 8.7% 。博茨瓦纳房屋自助协会抵押贷款利率从 2000 年的 14.5% 上调到 2003 年的 15% 。商业银行的储蓄利率从 2000 年的 8.69% 下调至 2003 年的 7.70% 。

外汇：1980 年以前，博茨瓦纳货币普拉汇率只盯住单一美元。此后，普拉汇率改为与一篮子货币挂钩。这种变化反映了博茨瓦纳进出口贸易格局的变化。博茨瓦纳政府在中央银行配合下，跟踪国际经济情况变化并根据博茨瓦纳进出口贸易需要，在挂钩货币取舍和汇率调整方面作出相应的变化。90 年代普拉挂钩的国际货币包括兰特、美元、英镑、马克、日元、津元、国际货币基金组织的特别提款权、欧元和法郎（见表 4－9）。博茨瓦纳中央银行一直秘密确定普拉与外币兑换率。尽管国际货币基金组织对此不满，但是博茨瓦纳政府不打算改变这种做法。

表 4－9　普拉与一篮子外币兑换率

单位：（1 普拉＝　　）

	南非兰特	美元	英镑	德国马克	日元	津元	特别提款权	欧元	法郎
1991 年	1.3241	0.4305	0.2579	0.7320	60.41	2.4374	0.3374	0.3606	2.4990
2001 年	1.7188	0.1432	0.1319	0.3162	18.80	7.9389	0.1143	0.1617	1.0606

资料来源：博茨瓦纳银行《年度报告》（2002）。

普拉的币值是坚实的，因为它有殷实的外汇储备作后盾。博茨瓦纳外汇储备从 1990 年底的 33 亿美元增加到 2003 年底的 58 亿美元。2003 年普拉的币值是波动的，但是月平均起来仍是升值的，主要是因为美元疲软。2003 年 1 月底，5.48 普拉＝1 美元，但是到 12 月底，它又升至 4.88 普拉＝1 美元。普拉与兰特的比价是，0.65 普拉 = 1 兰特。

外汇管制：1994/1995 年度，博茨瓦纳财政与发展规划部长在预算报告中宣布，取消外汇管制和对国际收支往来账户的所有限制，从而使国际收支资本账户自由化。尽管如此，博茨瓦纳中央银行仍继续监控资金的流入和流出，以便收集数据，监控资本流向和国际收支状况，杜绝洗钱行为。博茨瓦纳中央银行负责执行新的外汇管理条例并指定商业银行为其授权代理人。

新的外汇管理条例适用于在博茨瓦纳居住的三类人：

永久居民，系指在博茨瓦纳有永久住所的居民。每年可在博茨瓦纳购买不超过 10 万普拉的资产，包括购买股票、证券和不动产。

临时居民，系指根据合同或养老金条款直接受雇、转雇或隶属于在博茨瓦纳的营业单位的非本国居民（在博茨瓦纳居住或工作，但其经常居住地不在博茨瓦纳）；自办企业的临时居民，系指通常在博茨瓦纳居住的非本国居民，包括商人、自由从业人员、博茨瓦纳某公司的控股股东、博茨瓦纳合伙公司的合伙人以及通过合同受雇或通过退休金条款雇用的雇员。临时居民可将其税后收入的 100% 汇出博茨瓦纳。

每个博茨瓦纳游客和居民出入境可携带 1 万普拉（纸币或硬币）或相当于此数目的外币。

（二）商业银行和非银行金融机构

博茨瓦纳银行成立和国家货币发行后，博茨瓦纳金融业有了较快的发展。外国商业银行在博茨瓦纳开业，国内的非银行金融机构活跃，保险业和证券交易逐步兴起。

商业银行：博茨瓦纳现在有 5 家外国商业银行，其中两家英国银行分行，即巴克莱银行（Barclays Bank of Botswana）和标准渣打银行（Standard Chartered Bank）；两家南非银行，即第一国民银行（First National Bank）和标准投资银行集团（Standard Investment Corporation）；1 家印度银行，即巴罗达银行（Baroda Bank）。

在 5 家外国商业银行中，就资本、存款和贷款而言，巴克莱银行名列前茅。各商业银行在全国各地设有 40 个分行，60 个代理处和 14 个取款点。在安装自动取款机后，代理处和取款点分别减为 25 个和 11 个。

非银行金融机构：在信贷和储蓄方面，博茨瓦纳还有一些非银行金融机构。它们是：

国民发展银行：这个独立前夕建立的信贷机构，其主要业务是向农牧户发放短期和长期贷款，帮助他们购买农业机器和设备、良种和肥料，建立放牧围栏，繁殖良种牲畜和打机井。到 70 年代末，该行年贷款总额在 50 万到 150 万普拉之间。80 年代改组后，其年贷款总额几乎增加 10 倍，达 940 万普拉。它曾贷款帮助建立了班达马腾哈农场区。90 年代初，由于客户拖欠到期归还贷款太多和管理不善，该行曾一度停业。1995 年整顿后，全面恢复信贷业务，继续执行政府的《财政援助政策》，重点帮助农牧户发展农牧业生产。

该行大部分贷款受益者是大农牧场主，他们的贷款占总贷款的 60%。但是，该行没有忽视小农牧户，已采取更加优惠条件和深入基层办法，努力照顾小农牧户。现在，该行在全国有 6 个区分行和 12 个地方办事处，计划再设 10 个办事处。

博茨瓦纳发展公司（Botswana Development Corporation）：成立于 1970 年，职能是为所有投资者在博茨瓦纳确定投资项目，特别是制造业项目，并协助建立可行性企业。它为各种项目提供融资服务，通过参股、提供贷款和建设工厂厂房等方式促进国家工业化。总体上，该公司只为 10 万普拉以上项目融资。除大型矿业外，该公司通过其分公司和联营公司在经济各部门进行投资或入股。

博茨瓦纳住宅互助协会（Botswana Building Society）：是根据 1977 年的《住宅互助协会法》成立的，专为城市和农村居民

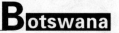

提供建房短期和长期抵押贷款。它在全国主要居民中心设有 9 个分支机构。1995 年，该互助协会总资产为 3.03 亿普拉，储蓄存款总额达 2730 万普拉。

博茨瓦纳储蓄银行（Botswana Savings Bank）：原为南非的邮政储蓄银行的一个分行。1911 年在当时的贝专纳兰保护地开业。博茨瓦纳独立后，该行作为一个信贷和储蓄机构曾由工程和交通运输部管辖。1982 年，它以邮政储蓄银行名义置于财政与发展规划部管辖。1992 年，博茨瓦纳国民议会通过《博茨瓦纳储蓄银行法》，并依法建立博茨瓦纳储蓄银行。该行是属于政府的准国家金融机构。它在全国各地通过 108 个邮政分局办理信贷和储蓄业务。其总部在首都哈博罗内的"措马雷洛大厦"。它向低收入人群发放信贷并办理三种储蓄：普通存款、特别存款和长期存款。凡在该行存款所得利息均免交所得税。

保险公司：博茨瓦纳的保险业起步较晚。1987 年博茨瓦纳国民议会通过并实施《保险法》。此后，依法建立保险公司。博茨瓦纳保险注册官由财政与发展规划部长任命，管理保险公司事宜。90 年代初，由于经济情况不佳和竞争激烈，一些保险公司关闭。90 年代中期以后，随着经济发展，保险业也发展起来。注册的保险公司由 90 年代的 4 家发展到 2000 年的 11 家，其中主要的有：博茨瓦纳保险控股公司，其分支机构包括博茨瓦纳人寿保险公司、博茨瓦纳普通保险有限公司和博茨瓦纳保险基金管理公司。此外，还有博茨瓦纳互助和联邦保险公司、博茨瓦纳大都市保险公司及博茨瓦纳老鹰保险公司。

这些保险公司的总资产达 25 亿普拉（合 6600 万美元）。

证券交易所：1989 年，博茨瓦纳开始有非正式的股票市场，当时有 6 家公司股票上市。1994 年，博茨瓦纳国民议会通过《博茨瓦纳股票法》并于 1995 年付诸实施，遂建立博茨瓦纳股票交易所，由财政与发展规划部任命的博茨瓦纳股票委员会管

理。股票交易所在博茨瓦纳唯一的股票经纪人——股票委员会监督下根据国际通行标准进行上市、转让、交割、合并和挂盘等交易活动。上市股票指数按市场投资资本总额计算。私人上市者占总市场投资总数的 8%。

1998 年，在股票交易所上市的公司总共 23 家，其中 14 家是本国公司，9 家是外国公司。总上市资本为 326 亿普拉（合7.24 亿美元）。

第七节　对外经济关系

独立前，博茨瓦纳作为英国的贝专纳兰保护地加入了1910 年成立的南部非洲关税同盟（南非、贝专纳兰保护地、巴苏陀兰保护地和斯威士兰保护地），只与该同盟成员国以及宗主国英国有经济和贸易关系。1966 年独立后，博茨瓦纳开国总统塞雷茨·卡马谈到国家的对外经济和贸易关系时明确指出："我们的不结盟政策要求我们不管意识形态如何，要与世界上所有国家发展关系，不仅要使我们的对外关系多元化，而且要使外国投资和我们的贸易关系多样化，以增加我们执行独立外交政策的能力，使我们对重要的国际事件持独立的立场。"根据这些原则，博茨瓦纳除保持传统的经贸关系外，还积极参与地区和国际经济合作组织，广泛地发展与世界其他国家的经贸关系。

一　对外贸易

博茨瓦纳的对外贸易与国民经济的发展、国家财政收入和人民生活关系密切，十分重要。博茨瓦纳政府的发展资金和财政收入主要来源是对外贸易出口收入，特别是钻石的出口收入。全国所需要的生产资料和人民生活必需品大部分靠进口。1966 年独立后至 70 年代中期，博茨瓦纳对外贸易唯一出口商品是牛肉，而大部分食品和工业品靠进口。因此，这一时期对外贸易经常是逆差。1975 年以后，采矿业逐步发展，矿产品尤其是钻石，逐渐代替牛肉成为主要出口商品。1985 年以来，外贸收支状况大为改善，除 1998 年出现逆差外，其后年份均为顺差（见表 4－10）。经过多年的积累，根据国际货币基金组织的统计，博茨瓦纳外汇储备大量增加，从 1999 年底的 33 亿美元增加到 2002 年的 54.7 亿美元，足够支付 16 个月的进口商品。2003 年，博茨瓦纳外贸出口值为 141.84 亿普拉，进口值为 133.02 亿普拉，有 8.82 亿普拉顺差。

表 4－10　　1999～2003 年博茨瓦纳进出口贸易额

单位：百万普拉

	1999	2000	2001	2002	2003
出口总额(离岸价)	12292	13649	13519	14672	14184
进口总额(到岸价)	10164	10613	10557	12839	13302
两比余额	2128	3036	2962	1833	882

资料来源：博茨瓦纳银行《年度报告》(2004)。

出口　博茨瓦纳的主要出口商品是：钻石、铜镍锭、苏打灰、牛肉、组装汽车和纺织品。主要出口伙伴国是英国、欧共体国家，南部非洲国家（见表 4－11）。出口商品总值 2003 年已达到 141.84 亿普拉（见表 4－12）。

1. 钻石

博茨瓦纳创汇最多的产品，占出口商品总值的 74%。钻石的销售全部是空运，先从钻石矿空运至首都哈博罗内的钻石大楼进行分类和分级，然后空运至瑞士的世界钻石销售中心苏黎世。再由苏黎世分销到印度、比利时、美国和荷兰的阿姆斯特丹。钻石价格统一由总部设在伦敦的钻石贸易公司（原名中央销售组

织）定价。博茨瓦纳的钻石按钻石贸易公司规定的配额出售。
2003 年钻石出口值为 117.07 亿普拉。

表 4 – 11　博茨瓦纳主要出口贸易伙伴国（占出口总值的%）

国　　别	1999 年	2000 年	2001 年	2002 年	2003 年
南部非洲关税同盟国	10.4	6.7	6.5	6.4	6.3
津巴布韦	2.4	3.9	2.6	2.2	2.8
其他非洲国家	1.1	0.9	0.8	0.6	0.3
英　国	66.5	69.7	85.9	86.1	81.5
其他欧洲国家	18.2	17.5	3.2	3.4	7.9
美　国	0.7	0.5	0.2	0.5	0.3
其他国家	0.7	0.7	0.9	0.8	0.9

资料来源：博茨瓦纳银行《年度报告》（2004）。

表 4 – 12　1999 ~ 2003 年博茨瓦纳出口商品值

单位：百万普拉；离岸价格

项　　目	1999	2000	2001	2002	2003
钻　石	9801	11378	11259	12474	11707
汽　车	667	270	299	408	443
铜镍锭	405	552	410	482	695
牛肉产品	270	278	427	279	260
纺织品	249	244	193	183	227
苏打灰	197	208	208	268	230
总共(含其他)	12292	13649	13519	14672	14184

资料来源：博茨瓦纳银行《年度报告》（2004）。

2. 铜镍锭

1985 年以前是通过南非的德班港和莫桑比克的马普托港运
至美国的新奥尔良州附近的镍港售给那里的阿马克斯镍精炼厂。
1985 年以后，部分铜镍锭售给邻国津巴布韦的精炼厂，而其余

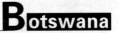

大部分运销给挪威的精炼厂，精炼后转销德国。由于国际市场铜镍价格长期低廉，铜镍的出口值一直较小。铜镍锭年出口量一般在 4 万~5 万吨左右。2003 年铜镍锭出口值为 6.95 亿普拉，是第二大出口创汇产品。

3. 牛肉及其副产品

牛肉是博茨瓦纳的传统出口商品，也是 1975 年以前唯一的出口商品，运销欧洲、亚洲和非洲的 17 个国家和地区。其中欧洲国家是英国、德国、法国、西班牙、丹麦、意大利、法属安蒂尔岛和留尼汪；非洲国家是南非、赞比亚、莫桑比克、安哥拉、刚果（布）、刚果（金）和毛里求斯；亚洲的日本和中国香港。鞣皮销往意大利。2003 年牛肉出口值为 2.60 亿普拉。虽然其出口值在出口总值中比重已降至次要地位，但它是可持续发展的出口产品。

4. 苏打灰

苏打灰矿于 1995 年投产，年产 30 万吨苏打灰和 70 万吨盐。苏打灰运销南非和其他非洲国家做化工原料。盐主要供本国需要。2003 年苏打灰产量 23.45 万吨，出口值 2.30 亿普拉。

5. 纺织品

大部分出口远销美国、欧洲国家和周边国家。由比利时、荷兰、马来西亚和英国四方合资的年产 150 万件运动衫厂的产品全部出口。纺织业是 20 世纪 90 年代才发展起来的外向型制造业。1998 年出口值曾达到 3.03 亿普拉。2003 年的出口值为 2.27 亿普拉。

6. 组装汽车

90 年代，韩国、瑞典和俄罗斯的汽车公司先后在博茨瓦纳各开办一个汽车组装厂。其中韩国现代汽车组装厂于 1996 年曾向南非出口 15066 辆汽车，1997 年汽车出口值曾高达 11.82 亿普拉，成为博第二大出口商品。但是，不幸的是，1999 年 1 月，现代汽车组装厂由于其在南非的母公司破产而关闭，使博茨瓦纳汽车工业遭受挫折，结果组装汽车出口值从 1999 年的 6.67 亿普

拉下降到 2003 年的 4.43 亿普拉。

出口管理规则：博茨瓦纳大多数出口商品须附有博茨瓦纳政府颁发的原产地许可证。获得原产地证明书的条件是，产品成本的 25% 以上由当地材料和劳动力价格构成，产品的最后工序在当地完成。少数商品出口须获得政府有关部门的许可证。放射性矿物质、次贵重宝石、未经琢磨的钻石、已切割和琢磨过的钻石的出口由矿业和水利部颁发许可证；植物、皮革和农产品的出口由农业部颁发许可证；野生动物和陈列标本的出口由野生动物和国家公园管理局颁发许可证。

进口 由于粮食生产长期不能自给和制造业基础十分薄弱，博茨瓦纳所需要的食品和工业品大部分靠进口。需要进口的主要商品是食品、饮料、烟草、机器和电器、车辆和运输设备以及石油及其产品。

80 年代以前，博茨瓦纳进口商品中，粮食和食品居首位，其次是机器和电器、车辆和运输设备。80 年代以后，采矿业和交通运输业的发展，人口的增加和生活水平的提高以及城市化加快，商品进口情况发生变化。机器和电器已居进口商品的首位，其次是车辆和交通运输设备，食品已退居第三位。2003 年进口商品总值为 133.02 亿普拉，其中机器和电器进口值为 23.21 亿普拉，车辆和交通运输设备进口值为 18.89 亿普拉，食品、饮料和烟草进口值为 17.63 亿普拉（见表 4－13）。

博茨瓦纳的主要进口贸易伙伴国是南非和南部非洲关税同盟其他成员国以及邻国津巴布韦（见表 4－14）。75% 的进口商品来自南非的特兰斯瓦省的威特沃特斯兰德工业区和靠近博茨瓦纳边境的农场区。这些地区离博茨瓦纳人口稠密的东部很近。博茨瓦纳很少从欧洲国家或北部的非洲国家进口商品，因为相距远，运费高。80 年代以后，博茨瓦纳与瑞典的贸易量增长较快，并且开始从美国和加拿大进口一些商品。

表 4 – 13　1999 ~ 2003 年博茨瓦纳进口商品值

单位：百万普拉；到岸价格

项　　目	1999	2000	2001	2002	2003
食品、饮料和烟草	1412	1494	1476	2077	1763
燃　料	495	523	712	768	1515
化学和橡胶产品	941	1033	1090	1366	1484
木和纸制品	819	817	928	921	1296
纺织品和鞋类	596	617	494	585	584
金属和金属制品	877	769	814	1015	1062
机器和电器	2142	2356	2078	2366	2321
车辆和运输设备	1374	1315	1285	2024	1889
其他商品	1508	1688	1680	1715	1388
总　共	10164	10613	10557	12839	13302

资料来源：博茨瓦纳银行《年度报告》（2004）。

表 4 – 14　博茨瓦纳主要进口贸易伙伴国

单位：占进口总值的%

国　　别	1999 年	2000 年	2001 年	2002 年	2003 年
南部非洲关税同盟国	76.6	73.9	77.6	81.2	73.3
津巴布韦	3.9	3.5	3.2	2.0	0.6
其他非洲国家	0.3	0.3	0.3	1.3	0.4
英　国	2.7	4.2	4.4	3.4	2.6
其他欧洲国家	6.5	12.3	7.9	7.0	6.0
韩　国	2.6	0.2	0.2	0.1	0.1
美　国	1.8	1.7	1.8	1.4	0.7
其他国家	5.6	4.0	4.5	3.7	16.3

资料来源：博茨瓦纳银行《年度报告》（2004）。

　　进口管理规则：凡拥有工业许可证或贸易许可证的工业和商业单位，均有权从国外进口所需物品。在经营进口业务时，须向

主管进口业务的工商部下属的商业和消费事务局申办进口许可证。有些商品的进口须向政府的其他有关部门申办许可证。进口肉、蛋、家禽、农产品和园艺产品，须向农业部申办许可证；进口麻醉药品、血清和疫苗等药品则须向卫生部申办许可证。某些商品如活植物、鲜水果和蔬菜等还须卫生许可证和原产地证明书。

从南部非洲关税同盟其他成员国（南非、纳米比亚、莱索托和斯威士兰）进口货物不需要进口许可证。从津巴布韦和马拉维两国进口商品也不要进口许可证。

所有进口货物在进入博茨瓦纳境内后，须在7天内报关。7天内未报关者，货物承运人或保管人必须把货物转移到国家仓库保管，海关征收保管费。如果3个月仍未报关，货物将被公开拍卖。

进口贸易所需外汇，在进口商出示购货款金额和装船文件后，可从特许银行兑换并且必须通过特许银行办理，可以在特许银行开设任何一种指定的外币账户。

关税制度：博茨瓦纳是"南部非洲关税同盟"成员国，成员国间的商品可自由流动，对外征收统一关税，关税税率一般在20%左右。成员国海关收益分配是根据预定协议来进行的。博茨瓦纳几乎所有进口商品均通过南非的口岸入关，由南非政府负责管理海关，征收关税并向博茨瓦纳回流其关税收入。关税的征收分从量和从价两种。从量关税的征收以进口货物的重量计算。该重量通常指商品净重加上商品出售时带包装的重量。从价关税的征收按货物成交价格计算。成交价格通常为进口国的市场批发价加上到海关清货时的所有费用。如成交价格不易确定，海关有权决定关税的数额。

二　多边国际经济关系

博茨瓦纳参加了以下地区和国际经济合作组织。

南部非洲关税同盟：该同盟现在有 5 个成员国，即博茨瓦纳、南非、纳米比亚、莱索托和斯威士兰。同盟区人口 4300 多万。成员国之间货物自由流动，免征关税和销售税。博茨瓦纳每年从关税同盟获得集合关税的总额分成。这笔外汇收入是博茨瓦纳财政岁人的重要组成部分而且还可以弥补外贸逆差。1972 年关税同盟分成 829 万普拉，帮助博茨瓦纳政府于 1972/1973 年度实现财政自理，取消了英国给予的财政补贴。这个关税分成随经济发展逐年增加。80 年代为 1.02 亿普拉，90 年代增至 10.93 亿普拉。

南部非洲发展共同体（简称"萨达克"）：在博茨瓦纳的倡议和推动下，南部非洲的博茨瓦纳、津巴布韦、赞比亚、坦桑尼亚、安哥拉、莫桑比克、莱索托、斯威士兰和马拉维 9 国于 1980 年 4 月 1 日在赞比亚首都卢萨卡建立南部非洲 9 国发展协调会议（1992 年 8 月 17 日转为南部非洲发展共同体）。共同体现在有 13 个成员国，除原来的 9 国外，新成员是南非、纳米比亚、毛里求斯和刚果（金）。共同体区人口约 2 亿，总部设在博茨瓦纳首都哈博罗内。成员国在经济合作和发展方面进行了分工。博茨瓦纳负责农业和兽疫防治的研究。1985 年在博茨瓦纳建立了南部非洲农业研究合作中心。博茨瓦纳前总统卡马曾是"萨达克"首脑会议的首任主席。卡马逝世后，时任博茨瓦纳总统马西雷从 1980 年直到 1996 年，一直担任"萨达克"首脑会议主席。2000 年 7 月，"萨达克"国家实施"萨达克贸易协定"，约定在 8 年内取消贸易壁垒，让成员国商品在共同体内自由流动。

科托努协定：博茨瓦纳于 1975 年加入《洛美协定》（现名《科托努协定》），与欧共体及加勒比海和太平洋国家建立并发展经贸关系。根据该协定，博茨瓦纳的产品进入欧共体国家免除关税并不受配额限制。

77 国集团：博茨瓦纳于 70 年代加入 77 国集团，与广大发展中国家一道努力推动南南合作。

联合国贸发会的《普遍优惠制》：作为发展中国家，博茨瓦纳产品享受普遍优惠制，其产品进入美国、加拿大、澳大利亚、欧洲国家和日本等几十个工业发达国家享受减税优惠。

《非洲增长与机遇法案》：2002年美国同意将博茨瓦纳列为最不发达国家，允许在博茨瓦纳来料加工的纺织品免税进入美国市场。

此外，为促进国际经济和贸易关系的发展，博茨瓦纳每年举办以下展览会：

博茨瓦纳国际贸易交易会（哈博罗内）

博茨瓦纳工业贸易展览会（哈博罗内）

博茨瓦纳工商业和人力协会北部交易会（弗朗西斯敦）

农业博览会

还举办手工艺品、艺术品和计算机等专门展销会。

三　双边经济关系

独立后，博茨瓦纳在保持并发展与英国和南部非洲关税同盟国的双边经济合作关系的同时，广泛地发展与世界其他国家的双边经贸关系。博茨瓦纳与一些国家签订了双边经济和技术合作协定和贸易协定，接受发达国家和国际经济组织的官方发展援助（见外国援助）。博茨瓦纳同欧洲国家德国、瑞典、挪威、法国和荷兰等国建立了经济和贸易关系，同美洲的美国和加拿大建立经济关系，同亚洲的中国、日本、新加坡和马来西亚也有良好的经济合作关系。

四　外国援助

博茨瓦纳接受的官方发展援助分双边和多边两种。

双边的官方援助国主要是英国、德国、瑞典、挪威、荷兰、美国和日本。英国是博茨瓦纳传统的援助国。1966 年博茨瓦纳独立至 1971/1972 年度期间，英国曾给予博茨瓦纳政府财政援助，占博茨瓦纳财政支出的一半。1972/1973 年度后，英国继续给予博茨瓦纳官方发展援助。1966～1979 年，英国共提供 8350 万普拉的官方援助。90 年代，英国提供的官方发展援助年均约 500 万美元。1996～2000 年期间各官方发展援助国提供的援助呈下降趋势（见表 4－15）。在此期间，提供官方发展援助最多的国家是日本，年均 1600 万美元，最多的一年（1998 年）为 3400 万美元，其次是德国年均 930 万美元。

表 4－15　博茨瓦纳获得的官方发展援助实际金额*

单位：百万美元

国　别	1996 年	1997 年	1998 年	1999 年	2000 年
德　国	7.7	7.2	14.20	10.5	6.7
日　本	18.0	9.8	34.0	13.9	6.1
英　国	4.7	6.5	5.2	4.8	3.7
挪　威	6.6	7.3	4.2	2.7	2.7
美　国	7.0		3.8	3.6	1.0
瑞　典	15.7	8.5	3.8	1.2	7.0
双边总金额	67.9	55.8	73.10	41.10	23.50
多边机构欧共体	2.7	64.08	29.10	17.40	4.4
联合国开发计划署	-16.0	6.0	6.0	7.0	9.0
非洲开发银行	3.1	1.5	4.6	-0.5	0.3
多边总金额	8.4	69.20	35.90	20.70	8.1
双边和多边总金额**	74.6	121.6	106.4	60.9	30.7
赠　款	67.1	82.1	77.0	60.1	36.3

资料来源：经济合作和发展组织《资金流向受援国的地理分布》。

说明：*官方发展援助系指经济合作和发展组织成员国和石油输出国组织成员国以及多边机构提供的赠款和至少含 25% 赠款的贷款，用于促进受援国的发展和福利。

**总金额包括未计入多边或双边援助的欧盟和阿拉伯国家提供的援助。总金额不是所提供数字相加的总和。

向博茨瓦纳提供官方发展援助的国际组织是：欧共体、非洲开发银行、阿拉伯银行、石油输出国组织、联合国开发计划署、联合国难民署。其中欧共体是最大的援助组织，1996～2000年总共向博茨瓦纳提供了31.18亿美元官方发展援助。其他组织援助数字较少（见表4-15）。不过欧盟近年来给予博茨瓦纳较多的官方发展援助。2002～2007年，欧盟给博茨瓦纳2.26亿普拉的发展援助，用于自然资源保护、艾滋病防治和贸易发展等项目。此外，欧盟还提供3.02亿普拉的应急款项，作为发生重大自然灾害时的紧急援助。

五　外国资本

独立后，作为最不发达国家，博茨瓦纳最需要的是资金和技术，发展经济和建设国家。70年代初，博茨瓦纳政府成立工商部，下设促进贸易和投资局，积极引进外资和先进技术开发本国矿产资源。大部分外国资本来自南非，其次是英国、美国和欧洲国家。外国资本主要集中在采矿业，其次是制造业、商业和旅游业。70年代和80年代，南非的德比尔斯联合矿业公司投资3.65亿普拉在博茨瓦纳兴办了3个钻石矿。1973年，南非的英—美公司投资300万普拉在莫鲁普莱开采煤矿。1974年，南非的英—美公司和美国的阿马克斯公司联合投资1.8亿普拉在塞莱比—皮奎建立铜镍矿。80年代末，博茨瓦纳政府在塞莱比—皮奎建立经济开发区，鼓励外国投资者在博茨瓦纳兴办进口替代型和出口导向型企业，外国资本开始转向制造业。90年代，比利时、荷兰、英国和马来西亚四国合资在塞莱比—皮奎开办1家大型运动衫厂。瑞典、俄罗斯和韩国的汽车企业分别在博茨瓦纳投资建立了汽车装配厂。此外，1993年，博茨瓦纳政府向日本贷款5300万普拉建筑横跨卡拉哈里沙漠公路。在首都哈博罗内，南非的连锁店集团开设了4家超级市场；国际旅

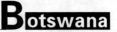

馆业集团开设了希尔顿（博茨瓦纳）大饭店、太阳旅馆和大棕榈树旅馆。在工矿企业中，外国资本占58.9%。博茨瓦纳利用外资总额10多亿美元，人均吸收外资额居非洲首位。外国资本对博茨瓦纳的经济发展和增长起了重要作用。

六　外资政策

博茨瓦纳政府十分重视引进和利用外国资本，采取了一些鼓励外国投资的政策。1982年5月，博茨瓦纳政府实施《财政援助政策》，鼓励外国投资者在博茨瓦纳建立和发展进口替代型和出口导向型企业、为生产性企业提供市场开发或收购服务的"环节性"企业和旅游业。凡按照该政策创办的外资中、大型生产性企业均可获得博茨瓦纳政府财政拨款和减免税收的优惠。

政府财政拨款：外资创办的中、大型生产性企业可获得以下三种财政拨款：（1）资本拨款，对于非居民投资的独资企业或合资企业，对其每创造一个就业，可获得博茨瓦纳政府1000普拉拨款作为资本；（2）对非熟练工人工资拨款，在企业成立后的5年，博茨瓦纳政府补偿企业所雇佣的本国非熟练工人工资。第1、2年补偿总工资额的80%，第3年为60%，第4年为40%，第5年为20%；（3）培训拨款，企业成立后的5年内，博茨瓦纳政府补偿企业对非熟练工人脱产培训费用的50%，但培训拨款不超过企业5年中在博茨瓦纳生产增值的50%。

税收优惠：根据《财政援助政策》，凡在哈博罗内、弗朗西斯敦和塞莱比—皮奎三地创办的外资企业，头5年按下列比例交纳公司税：第1年和第2年免交，第3年交所得税的25%，第4年交50%，第5年交75%。凡是在马翁、莫丘迪和塞罗韦等地创办的外资企业，头3年免交，第4年交25%，第5年交50%。

1989年12月，博茨瓦纳政府又实施一项税收特别优惠政

策。该政策规定，外国开业 10 年以上的国际公司在经济开发区塞莱比—皮奎投资的项目，其产品全部出口至"萨达克"和南部非洲关税同盟成员国以外地区并在其开业两年至少雇用 400 名博茨瓦纳人（两年后雇用人数仍保持这个数字），除可享受《财政援助政策》的各项优惠外，还可得到以下特别税收优惠：一是企业开业头 20 年内仅征收 15% 的公司税；二是企业开业头 10 年免征税后利润所付利息的预扣税款。

第八节　旅游业

一　旅游资源和景点

大自然赋予博茨瓦纳最珍贵的财富之一是种类和数量众多的野生动物。野生动物现在已成为博茨瓦纳的主要旅游资源。

据统计，博茨瓦纳全国有 164 种哺乳动物，157 种爬行动物，其中 40 多种是观赏动物，30 种蝙蝠，27 种啮齿动物和 20 种夜间活动的食肉动物，其余的是啮齿类小动物。总数量约 300 万头，其中大象约 12 万头，故亦有"大象之邦"的美称。此外，还有约 550 多种禽鸟，其中有观赏的飞禽和各种水鸟。这些珍奇的野生动物现在都受到国家保护，栖息在国家公园和野生动物保护区。

除了野生动物外，博茨瓦纳还有奥卡万戈内陆三角洲水乡。马卡迪卡迪盐沼地和措迪洛山区的岩画，也是引人入胜的旅游景点。旅游者还能在卡拉哈里沙漠边缘领略几千年前原始群生活风情，因为那里还有少数桑人（布须曼人）仍然保留着原始采集和狩猎生活方式。

博茨瓦纳有以下几个主要旅游景点。

乔贝国家公园 在博茨瓦纳东北部乔贝河以南，面积 1.17 万平方公里，具有多样的生态环境。既有湿地、浅水草原和草地，又有沙洲、河谷和森林带。它是一个适宜于不同习性野生动物繁衍生存的理想家园，野生动物爱好者的天堂。每年 3 月至 11 月干旱季节，逐水草而生的野生动物成群结队地从四面八方涌向乔贝公园区，其宏伟声势，蔚为壮观。那里是非洲大象最多的地区之一，据最新估计，全国大象总共约 12 万头。象的数量太多已危及当地的生态环境。博茨瓦纳政府已向"濒危野生动植物国际贸易公约"组织提出申请出售 20 万吨象牙，并与邻国安哥拉和莫桑比克磋商，拟转送一批大象给这两个国家。

在浅水池沼地，旅游者可以看到成群涉水漫游的红驴羚、泽羚和野水牛；在河边灌木丛中可以看到猎豹和珍稀的南非羚羊。如果旅游者在园区作 3 日游，就可以把以下野生动物摄入镜头：黑貂、南非羚羊、黑斑羚、条纹羚、红驴羚、泽羚、狮子、獴、野水牛、大象、长颈鹿、河马、白犀牛、丛林松鼠、疣猪、狒狒和猎豹，还有芦苇丛中和池沼里的鹈鹕、白脸鸭、鱼鹰、小白鸭、翡翠鸟、红嘴鹦鹉、白鹅、黄鹭、犀鸟、大鱼鹰、伯劳和织巢鸟。在乔贝公园估计有 450 多种禽鸟。

中央卡拉哈里野生动物保护区 在博茨瓦纳中部，面积 5.28 万平方公里，是非洲最大的野生动物保护区，大部分地区是名副其实的无人区。那里有辽阔的沙草原，大大小小的沙丘，干涸的化石河谷，数不清的盐沼地。每年头几个月，刚返青的植被引来成千上万的南非大羚羊、小羚羊、角马、鸵鸟、长颈鹿、豹子、狮子、豺狗和许许多多的小野猫。当野生动物在不同的池沼地边饮水时，旅游者可以看到动物互相追逐甚至厮打的情景。这里可以看到黑鬃毛狮子。这个保护地西南边是跨界羚羊公园（原名国家羚羊公园）。这是博茨瓦纳与南非共有的、地跨两国边界的公园，两边面积合起来为 3.2 万平方公里。这里有各种大

小型的羚羊，还有角马以及黑鬃毛狮子等猛兽。天空还有 50 多种猛禽。

奥卡万戈内陆三角洲　位于博茨瓦纳西北，是一片呈扇形的水域，面积 1.6 万平方公里。这片宁静宜人的水乡，有晶莹透明的浅水池沼，弯弯曲曲的溪流。旅游者可以乘坐黑檀木树干制的独木舟穿梭于芦苇荡和棕榈树小岛和河池之间，聆听清脆悦耳的鸟鸣，欣赏翡翠鸟捕鱼和异彩纷呈的睡莲等水生花卉和涉水漫游的珍稀水鸟。钓鱼爱好者可以在池沼里垂钓。在一些无水地带栖息着大群角马、红驴羚、大象和野水牛，还有猎豹、狮子和鬣狗。三角洲周围大部分地区是浅水平原，其间有小岛和树林地。最大的岛是面积 709 平方公里的酋长岛。现在，三角洲的 2/3 面积已划入莫雷米野生动物保护区。这个未开发的自然水域已列为世界自然遗产。

马卡迪卡迪盐沼地的火烈鸟　马卡迪卡迪盐沼盘地是世界上最大的盐沼盘地。它曾经是一个相当于东非的维多利亚湖那样的大湖，面积 1 万多平方公里。现在由两个盐沼地组成：东边的苏阿盐沼地和西边的恩堆堆盐沼地，合称为马卡迪卡迪盐沼盘地。这里全年有半年以上时间是一片白皑皑的盐碱地。每年 1 月到 7 月雨季，这片白色的硬土地变成一片汪洋的浅水湖。这时候，一夜之间从四面八方飞来数以百万计的火烈鸟，使这个盐沼地变成粉红色的海洋，蔚为壮观。它们粉红色的羽毛是因为体内有胡萝卜素。火烈鸟都是夜间飞行，据说一小时可飞 60～65 公里，能在一夜之间突然出现在食物和繁殖条件适宜的季雨造成的浅水湖。因此，人们称它们是"闪电"候鸟。它们在这里以藻类和无脊椎生物为食，待雨季结束时，它们又成群结队地迁徙到非洲的其他湿地和湖泊。火烈鸟至今仍是非洲的一种神秘而又神奇的飞禽，因为由于不能接近其生息环境，关于它们的习性、迁徙等许多问题仍是不解之谜。

　　措迪洛山区岩画　位于博茨瓦纳西北部接近纳米比亚边界处，由 4 座高度都不超过 450 米的岩石山组成。"措迪洛"这个名字，桑人的语言意思是"悬岩"。在这些岩石山的 350 多处有 4000 多幅岩画，像一个露天画廊。旅游者在桑人的向导引领下沿着山间沙砾小道可以欣赏到原始人的文化风采。这些岩画有各种动物形象，如犀牛、长颈鹿、羚羊、水牛和乌龟，还有像企鹅那样的鸟和鱼一体的动物形象。据说，22000 年以前，卡拉哈里沙漠的一部分曾是一个超级内陆湖。岩画内容还有人们舞蹈和狩猎图像。考古学者认为，这些岩壁画的年代可追溯到晚石器时期，是大约 1500 年前桑人祖先绘制的。但是，根据桑人的口头传说，这些岩画是神仙绘制的。他们传说，措迪洛山是神仙最初从天上降下人和牛的地方。最好的岩画是在"女人山"上，有的画隐藏在高得难以接近的悬岩隙缝里。这些岩画已列入世界文化遗产。这里还有一个铁器时期的班图人遗址，年代约为公元750 年，遗址里有陶器片、骨制和石器工具。

　　在乔贝国家公园的萨武蒂的山岩上和东部图利农场区附近的莱波利策山地也有岩画。

　　二　政府发展旅游业的政策和措施

　　独立后，博茨瓦纳政府重视保护和利用野生动物资源，发展旅游业，为人民谋福利。70 年代和 80 年代，博茨瓦纳工商部的野生动物和国家公园局负责管理国家公园和野生动物保护区。博茨瓦纳政府划拨全国 17% 的土地为国家公园和野生动物保护区。此外，又把这些动物保护区周围 22% 的国家土地划为野生动物控制区。1986 年，博茨瓦纳颁布并实施《野生动物保护政策》，确定在可持续发展基础上利用国家野生动物资源。博茨瓦纳《第七个国家发展计划》（1991～1997 年）规定，优先发展旅游业是实现经济多样化和可持续发展的重要选项

之一。1990 年，又实施一项《国家旅游业政策》，目的在于保证在生态平衡和可持续发展基础上发展旅游业。为加强对涉及环境保护和生态平衡的旅游业的统一领导和管理，博茨瓦纳政府于1994 年成立环境、野生动物和旅游部，下设旅游局专门管理和发展旅游业。

全国现在共有 3 个国家公园和 5 个野生动物保护区。

3 个国家公园是：乔贝国家公园、跨界羚羊公园（原名国家羚羊公园）和恩达伊国家公园。

5 个野生动物保护区是：莫雷米野生动物保护区、马卡迪卡迪沼泽地野生动物保护区、库莱野生动物保护区、马布阿塞胡贝野生动物保护区和中央卡拉哈里野生动物保护区。

2000 年 5 月，博茨瓦纳政府公布《旅游业总体计划》，确定了发展生态旅游业的总目标：在可持续发展基础上，利用旅游资源、自然风景和独一无二的生态地理和文化特征，尽可能地为博茨瓦纳人谋求最大的社会和经济实惠。根据这个总方针，近几年来，修改了《狩猎和许可证条例》和《公园和野生动物保护区条例》，还制定和实施了关于管理猛兽、大象、鳄鱼等动物及鸟类的法规。为保护自然生态环境，博茨瓦纳政府在发展旅游业方面一直遵循"高收费、低流量"原则。在重要的旅游景点，接待游客的是乡村别墅型旅馆，一般只能容纳 25～30 人，并且都是高档消费。旅游业经营者不赞成这个原则，但是，为了保护世界自然遗产，博茨瓦纳政府仍坚持这一原则，提倡发展历史和文化旅游项目。为保护珍贵的野生动物，博茨瓦纳政府严禁在野生动物保护区狩猎，专门在北部和西部划出旅游狩猎区，对娱乐性狩猎有一些明确规定：狩猎者必须购买狩猎许可证在划定区域内打猎，狩猎必须在白天进行，使用常规打猎方法。每个狩猎者每年可猎取 20 头黑斑羚、8 头条纹羚和 1 头大象。严禁猎取长颈鹿。狩猎时期是每年 3 月第二个星期二到 11 月的第二个星期二。

为使博茨瓦纳旅游业与世界旅游业接轨并获得较大发展，旅游局已向美国、英国和德国派出常驻代表。博茨瓦纳是南部非洲旅游协会成员，该协会正计划采用成员国"统一签证"以方便游客在成员国之间旅游。

三 旅游业发展情况

独立初期到 70 年代，博茨瓦纳政府忙于发展养牛业和采矿业，加上它与周边的南非和罗得西亚两个种族主义政权处于敌对状态，没有精力也没有条件发展旅游业。80 年代，津巴布韦独立，博茨瓦纳采矿业兴起，财政收支有余，博茨瓦纳政府建造纵贯南北公路和卡马国际机场等基础设施，旅游业发展开始提上日程。根据统计，1986 年，博旅游业接待 381205 人次（含因公和经商往来者），其中 63% 来自南非，14% 来自津巴布韦，其余 23% 来自世界其他国家。90% 以上旅游者乘汽车来博茨瓦纳，大约 6% 的旅游者乘飞机，只有 3% 的游客乘火车。这一年旅游收入相当于 7600 万普拉，使旅游业成为当年主要创汇行业之一。90 年代，纳米比亚独立，南非废除种族隔离制、建立民族团结政府，博茨瓦纳的周边环境改善，各种旅游设施日臻完善。哈博罗内市有 42 家旅馆，弗朗西斯敦城有 19 家旅馆；通往旅游景点的门户马翁以及奥卡万戈三角洲和莫雷米地区总共有 78 家大小旅馆或别墅型小旅店。卡萨内景点和乔贝国家公园区共有 17 家小旅店。图利农场区也有 10 个小型旅店。所有这些旅店都向游客提供交通和游览各种便利。1998 年，博茨瓦纳游客人数达到 83.5 万人次（含因公或经商往来者），收入 12 亿普拉（合 2.6 亿美元）。大多数游客来自南非和津巴布韦，其次是欧洲和美国。为招揽欧美的富有旅游者，博茨瓦纳旅游局已向英国、德国和美国派出常驻代表。2001 年纽约"9.11"恐怖事件后，博茨瓦纳旅游者人数从 2001 年的 30.7 万人次下降到 2002

年的 19.7 万人次。不过 2003 年又回升到 22.6 万人次。在过去 10 年中，外国私人资本在旅游业的投资从 1200 万普拉增加到 5500 万普拉。2000 年开始实施的《旅游业总体计划》要求到 2020 年的 20 年内，旅游业产值每年增长 10%，每年收入 5 亿普拉，使旅游业产值占国内生产总值的 4.5%，成为经济多样化和可持续发展的一个重要领域。

四　主要旅游城市

**博罗内**　首都和政治中心，全国最大的城市。1966 年独立时，它是一个只有 6000 人的村庄，原来是特洛夸部族的首府，是以该部族酋长哈博罗内命名的。选它为首都是因为它位于恩霍特瓦内河上有水源并且是靠近铁路的一个火车站。市中心是一条两旁林荫道的步行商业街。大街西面是国民议会大厦和政府各部办公楼；北面是总统府；南面是非洲市场和总统旅馆。大街东面两公里处是博茨瓦纳大学和国家体育场。体育场附近有高尔夫球、网球、板球和橄榄球俱乐部和球场。哈博罗内市有 1 个国家博物馆和美术馆。博物馆陈列着展示博茨瓦纳社会发展史的文物。八角形美术馆每年举办 20 次工艺美术展览，可以在那里欣赏到博茨瓦纳的传统和现代的雕刻、编织、绘画等工艺美术精品。

市郊区有 1 个植物园、1 个动物园和狮子园。植物园里栽培着 12000 种植物，还有昆虫、爬虫和化石标本。在 550 公顷的动物园里沿着一条观赏路网可以看到黑斑羚、条纹羚、长角羚、大羚羊、角马、斑马、长颈鹿、犀牛和鸵鸟以及包括老鹰在内的多种猛禽和其他鸟，但没有猛兽。狮子园里不仅有狮子还有豹子和斑马。在郊区的哈博罗内水库可以垂钓或乘游艇休闲。经过几十年的建设，哈博罗内市已成为一个拥有 18.6 万人的现代化城市。

弗朗西斯敦　博茨瓦纳历史上最早的一个城镇，也是最早的商业城镇。1869 年，英国人丹尼尔·弗朗西斯（Daniel Francis）

偕同一批澳大利亚人来到塔蒂地区开采金矿，在这个地方住宿，于是这个为金矿服务的小镇便建立起来，并以其名字命名为弗朗西斯城（Francistown），音译为弗朗西斯敦。其街道很宽可以让马（或牛）牵引的四轮车掉头行驶。弗朗西斯和后来的罗得斯南非英—美公司从弗朗西斯敦周围小金矿掠走了 20 多万盎司黄金及其副产品 2.7 万多盎司的白银，留下了 40 多个废弃的小金矿。1897 年，马弗京—布拉瓦约铁路建成穿过博茨瓦纳东南部狭长地带，它成为一个火车站。它位于通往津巴布韦的布拉瓦约和赞比亚的利文斯敦的必经要道，也是前往奥卡万戈三角洲和乔贝国家公园等旅游景点的中转站。独立后，这座古老城镇发展很快，不仅保持着货物集散地的商业城市特点，还建立了杜梅拉重工业区和石油仓储以及两个包括纺织品、鞋类、陶瓷和化工等轻工业区。此外，还有一个现代化的牛屠宰厂和鞣皮厂。现在，弗朗西斯敦已是一座拥有 8.4 万人的现代商业和工业城市。

第九节 国民生活

一 概况

博茨瓦纳独立时，80% 人口居住在农村。大多数农村居民生活在贫困线下。随着经济的发展和城镇兴起，博茨瓦纳城市人口比例发生了很大变化。根据 2001 年人口普查，城市人口总数为 866680 人，占全国人口的 52%；农村人口 812211 人，占全国人口的 48%。全国人口中有 9 万多 15～45 岁男劳动力无正式职业，主要从事农业劳动，还有 1 万农村居民在邻国南非的矿山工作。2003 年的失业率为 19.6%。

30 多年来，博茨瓦纳经济迅速发展，国内生产总值逐年增加，由 1966 年的 3690 万普拉增加到 2003 年的 363.39 亿普拉（约合 66

亿美元），人均生产总值 20538 普拉（约合 3700 美元），通膨率为
9.2%。人民生活条件也在不断改善。独立时只有 25 所小学，现
在增加到 738 所，中学由 8 所增加到现在的 270 所，而且公立中小
学都免费。全国城市和工矿区均有水库，农村有 1 万眼机井和土
井。除边远地区零星住户外，城乡居民普遍有洁净饮用水。卫生
条件也大大改善。从独立时巫医看病和几个传教士办的医务所发
展到现在的包括 16 所医院在内的 1396 个公立医疗机构，508 名医
生，3994 名护士和 3704 张病床。农村每 15 公里内有一个保健站。
尽管人均国内生产总值大大提高，人民生活条件不断改善，但是
城乡居民之间，城市居民之间以及农村居民之间的贫富差距却很
大。城市政府机关和企业上层领导工资与一般工人工资差距很大。
比如，议会议长年工资加上各种补贴总共约 14 万普拉，而一般工
人（按小时计工资）1 个月只能挣 225 普拉。城市中最贫困的是
无技术的一般工人。农村居民的收入多少是以拥有牛头数多少为
标准的。每头牛的价格为 600 普拉。根据此标准，农村居民分为
三个层次：从事农业耕作的无牛或少牛的小农户，约占总农户的
45%；饲养 10～40 头牛也从事农耕的中等农户，约占 34%；拥有
40 头牛以上大农牧户，约占 21%。因此，农村中最贫穷阶层是无
牛农户。据最新统计，博茨瓦纳人口中生活在贫困线下的人已从
1993/1994 年度的 47% 下降到 2002/2003 年度的 30.3%。这部分
人就是上述的城市一般工人和失业者以及农村的无牛或少牛户。

二 就业和失业状况

19 66 年独立时，全国 80% 的居民在农村从事农耕和放
牧，基本上过着自给自足的生活。70 年代兴办矿业，
80 年代发展制造业。随着工矿业发展和城镇兴起，大批农民劳
动力转为工矿业工人和城镇居民，全国总劳动力人数逐年增加，
出现了就业和失业问题。据博茨瓦纳中央统计局统计，1991 年劳

动力总数为440333人，就业人数为379948人，失业率为13.7%。10年后的2001年人口普查表明，在179万人口中，劳动力总数增加到558705人，就业人数为449193人，失业率为19.6%。

2003年在各行业和各部门的就业情况是：商业最多，55000人；其次是制造业，30200人；再次是建筑业，29000人。矿业虽在国民经济中占主导地位，但在就业方面却只雇用8000人。在中央和地方政府以及准国家企业等部门就业人数为138400人，而在私营部门从业人员则为160300人（见表4－16）。上述情况说明，私营部门（含商业）和制造业部门雇用人员最多。

表4－16 1999～2003年各部门就业情况*

单位：人

	1999	2000	2001	2002	2003
农　业	4000	5800	6300	6300	6500
矿　业	8400	8100	6800	7400	8000
制造业	23200	29300	28000	29700	30200
水电业	2600	2600	2800	2900	2800
建筑业	25500	28100	28400	28800	29000
商　业	43200	44800	49400	53300	55000
交通通信	8600	9100	10200	10100	10100
金融服务	16100	17700	18200	18200	19000
社区和个体	3900	4100	4600	5100	5600
教　育	5000	6300	6500	6600	7000
小　计	140600	155900	161100	168400	173200
准国家企业	13600	13700	13400	13700	12900
私人部门	127000	142200	147000	154800	160300
中央政府**	84900	83700	84700	84600	86600
教　育	31900	30600	31400	29600	30200
地方政府	18900	20400	21000	21800	22200
总　计	244400	255900	266700	274800	282000

资料来源：博茨瓦纳中央统计局《统计公报》（2004）。

说明：＊领工薪雇员，不包括自营业主。

　　＊＊中央政府雇员不包括国防军和临时雇员。

在农村，还有 9 万多农民从事无现金收入的农牧业劳动。

近几年来，失业率增加。2003 年失业率为 19.6%（不包括未充分就业者）。失业率上升是因为农业劳动收入低和经常遭受旱灾，大批贫苦农民离开农村，盲目流入城市。据统计，从 1991～2001 年的 10 年期间，多达 74% 的农民离开农村到城市寻找工作，使失业问题变得更加严重。

博茨瓦纳政府十分重视解决失业问题，并为此采取了许多政策和措施。早在 1982 年，博茨瓦纳政府实施《财政援助政策》，鼓励当地人经营商业，发展劳动密集型制造业。对于创造就业机会的投资者给予财政奖励：凡获得财政援助的投资者每创造一个就业机会，政府即以银行账户的方式向投资者补助 1000 普拉，不过补助金只能用于添置固定资产；投资者所雇用的当地非熟练劳动力，如果日工资低于 12.87 普拉，可以申请政府补助。补助金额头 2 年为工资的 80%，第 3 年为 60%，第 4 年为 40%，第 5 年为 20%。投资者培训当地雇员的支出，在头 5 年可得到政府 50% 的补助，但每年最多不超过 2500 普拉。1989 年 12 月实施的吸引外资的特别优惠措施中也把创造就业列为重要条件，即外资企业开头两年至少要雇用 400 名博茨瓦纳人，两年以后雇用人数也要保持在这个数目以上。

博茨瓦纳还有一批农民在邻国南非矿山当矿工，其人数已从 1990 年的 16893 人减少到 90 年代末的约 10000 人。

三　工资

博茨瓦纳工薪阶层分属于两大系统：国家部门，包括中央政府和地方政府以及准国家企业；另一系统是私营的各行各业。两大系统的工薪特点是：政府公务人员及企业管理和技术人员均按月计工资，而一般雇员和工人工资按小时计算；另一个特点是，领导层工薪与普通雇员和工人工资水平相差很大。此外，非公民的外国专业人员的工资最高。据博茨瓦纳中央统计局统计，2002 年，中央政府公务人员月平均工资为 2804 普拉；地方政府为 1866 普拉（见表 4-17），而普通雇员和工人的平均小时工资为 2.50 普拉。

表 4-17　1998~2002 年各部门平均月工资

单位：普拉

	1998	1999 *	2000	2001	2002
博茨瓦纳公民：					
私营和准国家企业	1067	1243	1605	1414	1560
农业	346	383	434	409	563
矿业、采石业	1250	2249	3010	2423	3206
制造业	632	785	1096	835	849
水电业	2043	3166	3616	3525	4517
建筑业	754	776	1006	917	997
交通通信	1725	2318	2689	2616	3510
金融服务	1593	1979	2164	2251	3056
商业	867	953	1001	1179	989
社区、个人服务	1249	1413	1669	1060	1998
教育	1983	2261	3069	2775	2895
地方政府	1190	1496	1732	1948	1866
中央政府	1566	1733	2001	2232	2804
非公民：					
私营、准国家企业	4906	5257	5424	5865	6655
地方政府	3927	5091	4968	6018	7538
中央政府	3623	5292	5391	6073	6342

资料来源：博茨瓦纳中央统计局《统计公报》（2003）；博茨瓦纳银行《年度报告》（2003）。

说明：* 至当年 9 月。

各行业的管理和技术人员的工资水平也不相等：最高的是水电业，月平均工资为 4517 普拉；其次是矿业，3206 普拉；最低

是农业，563 普拉。各行业非技术工人工资则按小时计算，最高的每小时 2.60 普拉，最低的是守夜人，2.20 普拉（见表 4 – 18）。

表 4 – 18　1999 ~ 2003 年最低小时工资

单位：太贝

项　　目	1999 *	2000 *	2001	2002	2003
建筑和采石	190	205	225	240	260
制造业	190	205	225	240	260
批发业	180	205	225	240	260
零售业	170	185	205	215	230
旅游餐饮	190	205	225	240	260
汽车、运输	190	205	225	240	260
守夜人	165	180	200	210	260

　　资料来源：博茨瓦纳中央统计局《统计公报》（2004）；博茨瓦纳银行《年度报告》（2004）。

　　说明：＊至当年 7 月。

　　政府和企业聘请的外国管理和技术专业人员的工资最高，平均月工资分别为 7538 普拉和 6655 普拉。

　　上述情况表明，城市居民收入有很大差距。1983 年以前，博茨瓦纳政府规定，每两年增加一次职工工资。1983 年以后，改为每年增加工资。增加的幅度一般在 10% 以下。比如，1983 年为 8%，1984 年为 10%，1985 年为 6%。但是，2001 年却增加 20%，增幅最大。增加工资的受益者主要是公务人员和技术管理人员，而普通雇员和工人受益较小，因为后者的工资基数低。

　　根据《所得税法》，博茨瓦纳居民和个人需交纳所得税。2001 年修正的所得税法已把应税收入标准从 15000 普拉上调到 25000 普拉。对非本国公民的应税收入标准从 30000 普拉上调到

43750 普拉。税率为累进制，起征税率为 5%，累进为 10%、15%、20%。超过 10 万普拉的收入税率为 25%。

农村有 9 万多居民为无牛或少牛自耕农，没有现金收入，生活在贫困线下，城乡贫富悬殊。

博茨瓦纳还有 1 万多农民在南非矿山当矿工，有一笔外汇收入，可以为贫困家庭解决一些问题。

关于这些社会不平等现象，博茨瓦纳开国总统卡马称之为应填平的鸿沟。他曾指出："我们将日益重视填平部族与部族之间，地区与地区之间，城镇和农村之间，富人和穷人之间，青年人和老年人之间的鸿沟工作。如果这些鸿沟填平了，国家的团结就可以免受冲击。我们已不能忽视存在于农村社会内部的不平等现象。假如民主党要实现它的理想，我们就必须找出道路和办法来减少这些不平等。"①

几十年来，博茨瓦纳政府在发展生产，创造就业机会和增加居民收入等方面采取了许多政策措施，努力消除贫富悬殊的现象。

四 物价

19 66 年独立时，博茨瓦纳 85% 的商品是从邻国南非进口的。在 1966～1976 年的 10 年中，博茨瓦纳没有自己的中央银行和货币，沿用南非货币兰特，因此，国内市场物价都是随南非市场物价变动而变动。1976 年，博茨瓦纳政府建立博茨瓦纳银行（中央银行）并发行本国货币普拉，退出南非货币兰特区，从而获得控制商品市场的主导权。博茨瓦纳中央银行的一个重要职能就是通过调整普拉与兰特的兑换率和银行利率以及发行债券等办法监控和平抑通货膨胀，稳定金融市场，保障人民生活。

① 1971 年 4 月 10 日卡马在博茨瓦纳民主党第十届年会上的讲话。

鉴于博茨瓦纳大多数商品来自南非，南非市场物价波动直接影响博茨瓦纳物价。80年代，南非的年平均通货膨胀率为13.1%。从80年代至1996年，博茨瓦纳的通货膨胀率一直在两位数以上。1997年以后，南非的通膨率下降到10%以下。博茨瓦纳中央银行也在普拉与外币挂钩和兑换率方面采取了平抑通货膨胀的措施。1980年以前，博茨瓦纳货币普拉只与美元挂钩。后来，博茨瓦纳改变为与一篮子货币挂钩，并根据进出口贸易需要和国内市场情况，适时调整挂钩币种和兑换率。比如，2001年南非货币兰特大幅贬值，博茨瓦纳中央银行没有使普拉贬值，相反使普拉与兰特比价升值，从而平抑了国内通货膨胀，并保持了博茨瓦纳商品在南非市场的竞争力。在物价上涨时，博茨瓦纳政府相应地增加职工工资。

为减少对南非进口商品的依赖，博茨瓦纳政府在生产进口商品替代型工业和农副产品方面曾作过一些努力，有的取得成功，有的由于南非同类商品在技术和价格方面都占优势而未能成功。比如，发展养鸡业，使鸡蛋供应能够自给自足。但是，80年代在中国水稻专家指导下在马翁试种水稻项目，却因所产大米的价格（成本加运费）高于从南非进口的大米，加上其它原因，不得不放弃这个农业试验项目。

到2003年，博茨瓦纳仍有73.3%的商品来自南部非洲关税同盟国，主要是南非。

根据博茨瓦纳中央银行统计，2000~2003年的4年期间，博茨瓦纳消费品价格指数平均上升7.3%，低于80年代至1996年的两位数，略高于博茨瓦纳中央银行每年2月发布的《年度报告》中关于通膨率控制数字（4%~6%）。这个消费品价格指数是以1996年消费品价格指数为100计算的。

以下列举1996年首都哈博罗内市场的一些主副食品的价格（见表4-19），从中可以看出博茨瓦纳国民的生活开支情况。

表 4 – 19 1996 年哈博罗内市一些主要食品价格

单位：普拉

名 称	价 格	名 称	价 格
玉米粉(12.5 公斤)	17.87	洋葱(1 公斤)	2.47
高粱粉(5 公斤)	6.73	土豆(1 公斤)	2.52
白面粉(5 公斤)	9.70	鲜牛奶(1 公升)	2.47
牛肉(1 公斤)	9.17	鸡蛋(1 打)	4.33
猪肉(1 公斤)	13.98	白糖(2.5 公斤)	4.98
橘子(1 公斤)	4.00	茶叶(125 克)	3.01
苹果(1 公斤)	4.61	啤酒(340 升)	1.70
西红柿(1 公斤)	3.94		

资料来源：博茨瓦纳中央统计局《统计公报》(1997)。

上述物价对于政府官员和行业高级管理和技术人员来说，不算昂贵，但对于月收入平均只有几百普拉的普通雇员和工人来说，却只能维持自己生活，要赡养家庭就困难了。

此外，博茨瓦纳的水电费和住房租金都是很高的。

哈博罗内市的水电费和住房租金是：

水费：家庭每月用水 0 ~ 10 立方米者，每立方米 85 太贝；11 ~ 15 立方米者，250 太贝；16 ~ 25 立方米者，320 太贝；25 立方米以上者，440 太贝。

电费：家庭用电，每户每月交纳固定电表费 8.09 普拉，每千瓦/时电费为 0.2914 普拉。

住房租金：公寓住房单人间月租金 600 ~ 800 普拉；2 ~ 3 人房间，1200 ~ 1500 普拉；3 ~ 4 人间，2000 ~ 4500 普拉。

五 社会保障

博茨瓦纳宪法规定，国家公务员享受养老金和抚恤金福利。这笔费用 2001 年以前一直由国家财政预算中支

付。2001年，政府决定设立养老金基金。每年政府向基金提供公务员工资的15%，职工自己负担5%。在设基金的当年，政府向该基金拨款6.5亿普拉。2003年，享受养老金的公务员总共为13.88万人。

根据《雇佣法》，凡在私营或准国家企业就业的雇员和工人都享有以下社会保障。

工作时间：每周5天，每天9小时或者每周6天，每天8小时。连续工作5小时，必须有30分钟休息时间。连续工作7天，必须有不少于24小时的休息时间，通常包括周日。

加班费：加班费为雇员基本工资的一倍半。周末和节假日加班，则为基本工资的两倍。

带薪假期：雇员工作每满1个月，应有1.25天带薪假期，即工作1年，至少应有15天带薪假期。

病假：凡连续工作满1年的雇员应有至少14天的病假。如果缺席超过24小时，病人应尽快通知雇主并提交医生证明。

妇女产假：产假为12周，分娩前后各6周。雇员应提供医生、护士或接生员的证明。产假期间，雇主应支付不低于雇员25%的基本工资或每日工资50%的补贴，即每天50太贝。

伤病死亡补偿：雇员在工作期间患职业病和因工伤或职业病导致死亡者，应获得以下补偿：永久丧失劳动力者，赔偿额为雇员受伤时月收入的60倍，数额最高不超过25万普拉，最低不少于1.6万普拉。永久性部分丧失劳动力者，补偿额为雇员受伤时月收入的60倍乘以伤残等级，数额最多不超过20万普拉，最低不少于8000普拉。如果死亡，死者家属将获得事故时日工资48倍的补偿金，最高额为8万普拉，最低额为5000普拉。

5年服务奖：凡为雇主连续雇用60个月（5年）的雇员，不论合同是否终止，都应获得60个月的服务奖金。每个月的奖金是前60个月连续工作期间1个工作日工资。如继续雇用，再

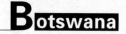

工作的每个月的奖金为两个工作日的工资。但在合同终止时领取养老金者不享受此待遇。

2003 年，享受这些社会保障的职工总共为 160300 人。

在社会保障方面，博茨瓦纳红十字会做了许多有益工作。它是国际红十字会和红新月会的会员，受到这些国际组织和国内慈善人士的资助，积极参与社会救济工作和慈善事业。比如，救灾，急救，组织献血，为孤儿和残疾人谋福利。

此外，遇到自然灾害时，政府拨款并组织救济工作，曾以妥善救济灾民因无人饥饿死亡而受到联合国的表彰。

第五章

军　事

第一节　概述

一　建军简史

19　66 年独立后至 1977 年的 11 年期间，博茨瓦纳没有军队，只有警察部队和警察巡逻队，负责维持治安和边界巡逻。20 世纪 70 年代，博茨瓦纳支持津巴布韦解放组织反对罗得西亚殖民统治、争取民族独立的斗争。这个时期，罗得西亚殖民当局时常以追击津巴布韦游击队为借口，武装袭击博茨瓦纳北部和东部边境的村庄，造成人员伤亡和财产损失。1977 年，入侵程度十分严重，以致整个东部边境地区变成"军事行动区"，警察巡逻队已不能胜任阻击入侵之敌的任务。在此严峻情况下，1977 年 4 月 18 日，博茨瓦纳国民议会通过第 10 号法律，即《建立博茨瓦纳国防军法律》。根据此法律，国防军的任务是保卫博茨瓦纳的领土完整并威慑任何潜在的侵略者。

博茨瓦纳国防军建立后，有效地抵制了罗得西亚军队的入侵和骚扰。1980 年，津巴布韦独立后博茨瓦纳东部边境威胁解除。但是，南部非洲地区仍然动荡不安。博茨瓦纳政府认为需要加强国防军建设，决定建立一支装备现代化、有高度纪律性和责任感的军队。这支国防军包括陆军和空军。博茨瓦纳新建国防军承担了保卫领土完整的重任。

1990 年，纳米比亚独立；1994 年，新南非诞生。博茨瓦纳与周边国家已成为友好邻邦。因此，90 年代中期以后，博茨瓦纳进入和平时期。博茨瓦纳政府为其国防军确定了和平时期的任务，即要成为一支生产大军，其长期目标是，军队的粮食达到自给自足。现在，一些地方的驻军已经在蔬菜方面实现自给自足。此外，博茨瓦纳国防军还参加救灾活动。比如，1995 年国防军曾在全国遭受水灾的村庄救出了许多受灾村民和财产。1996 年，国防军曾以 9 万个麻袋沙土和 2 千个轮胎筑起一道防洪堤保护了苏阿城的苏打灰厂免遭洪水破坏。此外，博茨瓦纳国防军还参加社区扶贫活动，帮助贫苦和弱势居民建造住房。在爆发牛口蹄疫期间，国防军协助有关当局控制牲畜流动。此外，还支援反偷猎巡逻队打击偷猎罪犯，保护野生动物。

二 国防预算

博茨瓦纳的国防预算，就其占国家预算总额的比例来说是很高的，约占国家经常预算开支的 8%，而南部非洲国家的国防预算开支一般只占国家预算开支的 4.5%。这是因为博茨瓦纳独立时从英国贝专纳兰保护地殖民当局继承的不是一支军队而只是一支警察部队。独立后，从 1966～1977 年，国家只有警察没有军队。这就是说，博茨瓦纳的国防军是从无到有地建立起来的。不论是武器装备，还是军事训练，都需要从头做起。因此，需要很大费用。90 年代中期以后，博茨瓦纳的国防预算开支比起 70 和 80 年代军队初建时期相对地减少一些。第八个国家发展计划中，6 年的国防预算经常开支平均占总预算开支的 7% 左右。其中最低的 1997/1998 年度为 6.20 亿普拉，最高的 2002/2003 年度为 7.58 亿普拉。博茨瓦纳的武装部队总司令是

共和国总统，而国防事务又归副总统兼总统事务部长管理。因此，国防预算列在国家总统预算项下，每年由国民议会通过后才能生效。国防预算开支的细节大部分是保密的。

三　国防体制

博茨瓦纳不设国防部，国家武装部队包括陆军、空军和准军事部队（警察）。武装部队总司令是共和国总统。国防事务由总统事务部长管理。博茨瓦纳没有海军，因为它是内陆国家，没有海岸线。

博茨瓦纳的陆军和空军分别设有司令。警察部队设有警察总监。2003 年，全国武装部队总司令是共和国总统莫哈埃·伊恩·卡马副总统兼总统事务部长管理国防和军队事务。现任国防军陆军司令是费希尔中将（L. M. Fishel），副司令兼参谋长及空军司令卡特·马西雷少将（Carter Masire），副参谋长奥策勒少将（B. Otsile）。

国防军司令部下设 7 个处：后勤处、人事处、作战处、情报处、财务处、审计处和军法处。国防军有一支军乐队，参加国庆节等大型庆典活动。

第二节　军种和兵种

博茨瓦纳国防军只有陆军和空军两个军种，没有海军。此外，还有准军事部队（警察）。2003 年博茨瓦纳国防军总兵力 9000 人。

一　陆军

陆军编制是：两个步兵旅、1 个装甲兵旅、炮兵旅、防空旅和军需供应旅。此外，还有由侦察兵和中央警卫队组成的特种部队、宪兵队、通信兵团、工程兵团、医务兵团以及由征兵处和培训处组成的新兵培训机构。共计 8500 人。

根据《世界军事年鉴》（2003 年），博茨瓦纳陆军配备有：86 辆坦克，142 辆装甲车，18 门牵引炮，18 门迫击炮和 6 门高射炮。此外，还有 6 枚反坦克导弹和 28 枚地—空导弹。

二 空军

空军部队总兵力 500 人，配备有 54 架飞机，包括 13 架美式 F-5 战斗机和 5 架英式"打击能手"战术支援机。还有 2 架 C-130 大型运输机，6 架英式"岛民"运输机以及 28 架直升机。此外，配备有 30 门火箭炮和若干具火箭筒。

空军有 3 个基地，分别在昆嫩区、弗朗西斯敦和哈博罗内。

三 准军事部队（警察）

博茨瓦纳的警察部队有较长的历史。早在 1885 年，贝专纳兰保护地当局就建立了一支几十人的边防骑警队伍，配备马匹和步枪。其组成是欧洲人任警官，非洲人当警察，到 1895 年曾扩大到 500 人；其任务是维护保护地的和平与社会秩序，防止茨瓦纳人重新要求独立。20 世纪 50 年代，殖民当局把警察建成机动部队，以防止民众骚乱并保证保护地的安全。1963 年，邻国南罗得西亚的伊恩·史密斯政府宣布单方面独立，贝专纳兰保护地与南罗得西亚的关系紧张，这支机动警察部队又执行防止外来入侵的准军事任务。

1966 年独立后，博茨瓦纳政府接管了这支警察部队。1973 年，博茨瓦纳首任总统塞雷茨·卡马的长子伊恩·卡马加入这支部队并成为领导。这支警察部队就是 1977 年 4 月成立的博茨瓦

纳国防军的前身。

博茨瓦纳国防军成立后，警察部队就成为准军事部队，由1000人发展到现今的1500人。其任务是保护人民的生命和财产安全，防止和威慑犯罪，平定内部骚乱，维护治安和公共秩序，拘捕罪犯并将其绳之以法。它还执行法律赋予的一切其他任务。

博茨瓦纳警察还可以代表检察总长行使有关部门未能行使的向地方法院起诉犯罪案件。

博茨瓦纳的警察部队由警察委员会领导，设有：警察总监、副总监、警察高级助理、警察助理、警长、副警长、巡官、副巡官、警士和警察。

第三节　军事训练和兵役制度

一　军事训练

博茨瓦纳国防军总部设有培训处，负责训练新入伍的士兵，还代邻国莱索托和莫桑比克培训士兵。博茨瓦纳军队的军官大多数是在美国、英国的军事院校培训的，也有一部分军官是在津巴布韦、肯尼亚、尼日利亚和南非等非洲国家军事院校学习的。空军 F－5 战斗机驾驶员是由加拿大空军培训的。博茨瓦纳国防军现任司令费希尔中将曾就读于美国的指挥参谋学院和美国军队战争学院。前任国防军司令伊恩·卡马曾在英国皇家军事学院受过军事训练。

二　兵役制度

博茨瓦纳国防军总部下设征兵处。每年征兵一次。18岁至24岁的青年都可以志愿报名应征。士兵需小学毕业，军官需高中毕业。军人是职业，领取薪俸。士兵服役不能超过 45 岁，军官服役不能超过 60 岁。

三　军阶

博茨瓦纳国防军军阶是按照英国军队军阶分级的：最高层军阶是中将，其次为少将和准将；旅团级军官分上校、中校和少校；尉级军官的分级是：上尉、中尉和少尉。

第四节　对外军事关系

一　军事条约

19 87 年博茨瓦纳与美国签订了军事协定。此后，美国军队每年都来博茨瓦纳与博茨瓦纳国防军举行联合军事演习，训练丛林作战能力。

博茨瓦纳与南部非洲发展共同体有军事合作。2003 年 8 月 22～24 日，博茨瓦纳空军参加了南部非洲发展共同体在赞比亚共和国举行的联合防灾演习，主要目的是提高各成员国应对水灾和旱灾的能力。

在国际领域，博茨瓦纳国防军积极参加非洲统一组织（今非洲联盟）和联合国采取的地区和国际维持和平行动。

1992～1994 年，博茨瓦纳军队分 4 批共 1188 名军人参加了联合国"索马里维和行动"；1993 年 4 月至 1994 年 12 月，博茨瓦纳国防军军人共 2180 人参加了联合国的"莫桑比克维和行动"；1994～1996 年，博茨瓦纳国防军派出 10 名军官观察员参与非统组织和联合国采取的"卢旺达维和行动"；1998 年 9 月，博茨瓦纳军队分两批共 450 人应南部非洲发展共同体的要求对莱索托兵变进行了军事干预的维和行动。

二　进口武器

　　博茨瓦纳国防军的武器装备主要来自欧美国家，包括美国、英国和前苏联（今俄罗斯）。在 20 世纪 70 年代，博茨瓦纳遭到罗得西亚殖民政府武装入侵威胁时，中国曾无偿赠送博茨瓦纳一批轻武器和弹药。

三　外国军援

　　外国对博茨瓦纳的军事援助，部分是轻武器和弹药，多数是后勤装备和设施。德国曾赠送给博茨瓦纳国防军价值数百万普拉的军用运输车辆。美国驻欧洲军队副司令曾赠送博茨瓦纳国防军 1 架 C－130 运输机和 850 万普拉，用于建造 1 所军医院和培训军人。美国国防部赠送给博茨瓦纳国防军价值 700 万普拉的物资，包括家具、电脑、电器、复印机、木工机械、书籍和医疗设备等。

第六章

教科文及医药体育新闻出版

第一节　教育

一　简史

博 茨瓦纳的现代教育史可追溯到 19 世纪。1859 年，德国的路德教传教士海因里希·舒伦伯格在恩瓦托部族首府绍尚开展传教活动并创办了第一所小学。1862 年，舒伦伯格离开绍尚，英国伦敦宣教会接管了这所小学。此后，其他教会传教士在茨瓦纳人部族首府传教并开办小学。但是，部族酋长对教会小学强调宗教教育不满意。1923 年，卡特拉部族摄政伊桑·皮拉内创办了第一所茨瓦纳人部族自办的小学。随后，其他部族纷纷自筹资金开办部族自己的小学，因为殖民当局长期忽视保护地的教育事业，不给茨瓦纳人办的小学拨款。

至于中学教育，卡兰加部族人卡莱曼·杜梅迪绍·莫策特在该部族人的资助下于 1932 年创办了第一所中学，但由于缺少经费和部族矛盾，于 1942 年关闭了。在中学教育方面，罗马天主教会于 1934 年也曾试办过 1 所农业学校，但因得不到部族人支持，于 1940 年关闭。直到 1940 年，殖民政府才在塞罗韦和卡尼耶两地各办 1 所初级师范学校。

1951 年，恩瓦托部族自筹资金开办了莫恩公学（Moeng College），开始只接收本部族子女。后来，殖民政府接管这所公学并向所有茨瓦纳部族人子女开放。20 世纪 50 年代，卡特拉、奎纳和恩瓦凯策等部族都开始兴办自己的部族中学，但所有这些中学都缺少有资历的教师和购买设备的经费。1964 年独立前夕，贝专纳兰保护地有 8 所初级中学，其中 4 所教授 5 年级课程。这些高级班一共只有 39 名学生。这就是为什么博茨瓦纳独立时人才奇缺的主要原因。

至于高等教育，1952 年，南非在教育方面实施种族隔离的班图教育法，不准黑人学生上南非的大学。1964 年，英国政府和罗马天主教会达成协议，把天主教设在巴苏陀兰保护地的庇护 12 世学院改为巴苏陀兰—贝专纳兰—斯威士兰大学，为开普殖民总督管辖的三个保护地的非洲人学生提供受高等教育的机会。60 年代末，博茨瓦纳和上述两个保护地先后独立，这所大学更名为博茨瓦纳—莱索托—斯威士兰大学，三个独立国家共同管理并分担大学经费。

由于英国殖民当局在其统治期间长期忽视教育事业，独立时，博茨瓦纳的教育事业十分落后，只有屈指可数的茨瓦纳人知识分子，以致政治和经济部门的许多重要岗位必须聘请外国专业人员。

独立后，博茨瓦纳政府十分重视发展教育事业，于 1976 年制定《国家教育政策》，采取一系列措施发展教育事业。博茨瓦纳政府的国家发展计划都把发展教育事业、提高全民文化素质放在优先地位。《国家教育政策》规定的方针是，为所有的博茨瓦纳适龄儿童提供受教育的机会，在财力允许的条件下，减少受教育机会不平等现象，培养各种类型的人才，满足国家经济建设的需要，加强学校与社会的协作，积极鼓励社会团体参与开办和管理学校。

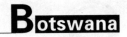

1992 年 4 月，马西雷总统任命一个国家教育委员会，根据社会和经济发展情况，研究和改革国家的教育制度，并提出今后发展教育的战略，以适应经济多样化和可持续发展的要求。1994 年 3 月，博茨瓦纳政府公布了第 2 号政府白皮书，即《修订的国家教育政策》，为解决教育中存在的问题提出改革方案并为今后 25 年教育事业发展确定了指导方针。《第八个国家发展计划》（1997～2003 年）明确指出，教育要为国家培养一支为生产服务的和高效率的人才队伍。为此，强调提高教育质量和效率，加强师资培训，注重职业和技术教育以及男女受教育机会平等。

独立 30 多年来，博茨瓦纳教育事业有很大发展，实现了普及初等教育，公立中小学实行免费教育。1982 年，建立自己的高等学府——博茨瓦纳大学，并确定在《第九个国家发展计划》（2003～2009 年）期间建立第二所大学。小学在校人数从独立前夕 1965 年的 6.61 万人增加到 2000 年的 32.6 万人；中学在校人数从 1965 年的 1300 人增加到 2000 年的 16.1 万人；大学在校人数从 1981 年的 1022 人增加到 2001 年的 12286 人。成人识字率从 1981 年的 34% 增加到 2002 年的 68%。

二 教育在国家中的地位

独立后，博茨瓦纳政府一直重视发展教育事业，不仅把教育视为国家培养建设人才和有一技之长公民的基地，而且要通过教育帮助学生理解和遵循建国五项原则：民主、发展、自力更生、团结和社会和谐。从建国开始，博茨瓦纳政府的国家发展计划和年度预算中都给予教育部门最多的拨款。在第六、第七和第八个国家发展计划的经常开支预算中给教育部门的拨款占总预算的 21% 以上，是政府各部门所得拨款数额中最高的。在国家发展开支预算中，教育部拨款占 9%～11%。

比如，1991/1992 年度，教育拨款占总经常开支预算的

22.6％；1992/1993年度增加到30.5％。从第八个国家发展计划6个年度国家拨给教育部门的经常开支数额可以看出，教育拨款数额不仅最多，而且逐年都有增加：1997/1998年度，政府总经常预算开支为47.57亿普拉，而教育部门的拨款是12亿普拉；1998/1999年度，增加为12.73亿；1999/2000年度，又增至13.51亿；2000/2001年度上升至14.33亿；2002/2003年度财政总预算中教育拨款（经常和发展两项）31.9亿普拉，占预算总额的28％。

教育部和行政区教育局利用国家巨额拨款建立大、中、小学校和师范院校校舍，发展函授、职业和技术培训等非正规教育。截至2000年，全国已有738所小学，270所中学和6所师范院校，1所农学院和1所大学，还有37所私立学校。国家建设需要而国内高等院校没有的科目，则以奖学金派留学生出国学习。留学生人数已从1991年的3000多人增加到2003年的约7000人。

30多年来，博茨瓦纳教育部门培养了一大批专业人才，输送到国家政治和经济部门重要工作岗位。

博茨瓦纳大学历届校长都是共和国总统。

三 教育体制

行政体制 博茨瓦纳最高教育行政机构是教育部，负责统一领导和管理全国教育事业，下设11个职能管理司：教育计划司、行政管理司、统一教学服务司、初等教育司、中等教育司、师范教育发展司、学科发展与评估司、技术教育司、职业培训司、非正规教育司、学位和奖学金司。

教育部通过职能管理司实施和监督国家教育制度的执行并与有关部门协调为全国各类中学、师范院校、技术学校等提供校舍、能源、师资、教学设备及课本。

博茨瓦纳教育政策强调实行国家与地方相结合的管理体制。各级行政区教育局主要负责本地区小学的校舍、能源及其他相应设施的管理。小学的师资配备及课本仍由教育部负责。

学制　博茨瓦纳教育体制分为正规教育和非正规教育。正规教育包括学前教育、初等教育、中等教育、高等教育及各类中等职业技术教育。非正规教育包括国家扫盲计划、成人教育、函授教育、残疾人教育以及各种职业和技术培训教育。

博茨瓦纳的初等教育 1996 年以前实行的是 7 - 2 - 3 学制，即小学 7 年，初中 2 年，高中 3 年。根据 1994 年 3 月颁布的《修订的国家教育政策》关于改革教育学制的建议，初等教育从 1996 年起，逐步过渡到 7 - 3 - 3 学制，即初中由 2 年改为 3 年，基础教育从 9 年改为 10 年。

（一）　正规教育

学前教育（幼儿教育）

80 年代以前，博茨瓦纳曾实施过幼儿日托计划，作为一项社会福利。80 年代以后，随着经济建设和社会事业发展，越来越多的妇女参加工作，博茨瓦纳政府决定把幼儿教育作为学前教育纳入国家正规教育制度。据统计，90 年代，博茨瓦纳共有 200 多所学前教育中心，注册儿童约 8000 名，幼儿教师增加到约 300 名。博茨瓦纳政府还建立了两所幼儿教师培训中心，为发展学前教育提供师资。

初等教育（小学教育）

博茨瓦纳的小学入学年龄是 6 岁，学制是 7 年。小学分茨瓦纳语小学和英语小学。茨瓦纳语小学，从小学一年级至四年级，教师用茨瓦纳语讲课，而英语是必修课；英语小学，从一年级开始，教师就用英语讲课，而茨瓦纳语是必修课。小学课程包括茨瓦纳语（母语）、英语（官方语言）、算术和常识。学生学习 7 年参加毕业考试，获得毕业文凭，可以进初级中学。1981 年人

口普查显示，学龄儿童入学率大约 83.5%，而 2003 年统计，学龄儿童入学率已达到 90% 以上。小学校已从 1997 年的 714 所增加到 2000 年的 738 所，在校人数从 1996 年的 322268 人增加到 2000 年的 326000 人。小学教师人数由 1997 年的 11454 人增加到 2000 年的 12135 人。2000 年，小学生与教师的比例是 26.6∶1。

中等教育

博茨瓦纳中学包括初中和高中。独立后至 1996 年，中等教育学制是初中 2 年，高中 3 年。从 1996 年起，初中改为 3 年。2000 年，全国总共有中学 270 所（包括初中和高中），在校学生是 160576 人。中学生与教师的比例是 17.6∶1。1991 年，博茨瓦纳政府决定，中等教育实行免费。2003 年，初中入高中的升学率为 30%。

博茨瓦纳初级中学设置 10 门课程，最多 11 门。每个学生应选读 8 门必修课，即英文、茨瓦纳文、社会科学、数学、自然科学、设计和技术、农业、道德教育。此外，还要从下列课程中至少选修 2 门，至多选修 3 门：家政、商业、会计/簿计、文秘（实用文书）、宗教、第三语言、美术、音乐和体育（普通体育课）。根据 1994 年颁布的《修订的国家教育政策》，初中的农业课内容增加了渔业、养蜂业、鸵鸟及其他家禽养殖业。蔬菜种植业也列入农业课。学校还通过每年由博茨瓦纳全国和行政区农业教师协会举办的农业博览会展出学生生产的农产品。

博茨瓦纳的高级中学至今仍将英国剑桥海外学校会考用作高中毕业考试。课程是按照考试要求设置的。

高等教育

博茨瓦纳政府重视发展高等教育。独立后初期，博茨瓦纳与莱索托和斯威士兰三国联合开办一所大学。1982 年，博茨瓦纳建立自己的大学：博茨瓦纳大学。此外，还有各类高等专科院校：农业学院、会计学院、银行学院、发展管理学院、警察专科学校、汽车专科学校、公路培训中心、文秘会计专科学校等。目的是为政府及国家各重要技术管理部门培养高层次技术管理人才。

博茨瓦纳大学

博茨瓦纳大学于 1982 年 10 月 23 日举行成立典礼，位于首都哈博罗内，校长是当时的共和国总统奎特·马西雷博士。现任校长是现任总统费斯图斯·莫哈埃。这是一所综合性大学，共有 7 个学院，40 个系。此外，还有国家发展与文献研究院、继续教育中心、计算机中心和图书馆等单位。附属于博茨瓦纳大学的学校有 6 所师范学校和 4 所卫生学校。

院系设置情况：

商业学院（Faculty of Business）：3 个系（会计和金融、管理、营销）。

教育学院（Faculty of Education）：9 个系（成人教育、教育基础、教育技术、家政教育、语言和社会科学教育、数学和理科教育、护理教育、体育、初等教育）。

工程和技术学院（Faculty of Engineering and Technology）：5 个系（建筑和规划、土木工程、电力工程、工业设计和技术、机械工程）。

人文学院（Faculty of Humanities）：7 个系（非洲语言和文学、英语、法语、历史、图书馆和信息、媒体学、神学和宗教）。

理学院（Faculty of Sciences）：8 个系（生物科学、化学、计算机科学、环境卫生、环境科学、地理、数学、物理）。

社会科学学院（Faculty of Social Sciences）：8 个系（经济学、法律、政治和行政管理、人口学、心理学、社会工作、社会学、统计学）。

研究生学院（School of Graduate Studies）：负责协调各院系

研究生工作。

进入博茨瓦纳大学须通过剑桥大学普通级会考（非高级考试）。

博茨瓦纳大学学制分为：大专 2～3 年，本科 4～5 年，硕士研究生 2 年。学位制有学士学位和硕士学位。可授予学士学位的专业 11 个，授予硕士学位的专业 5 个。

博茨瓦纳大学的在校人数从 1981 年的 1022 人增加到 2001 年的 12286 人。第九个国家发展计划提出，要在 2007 年建立第二所大学——科技大学，预计招收 1000 名学生，最终达到 10000 名。另外，还要建立 1 所医学院。

博茨瓦纳大学没有设置的科系而国家建设又缺少人才的领域，教育部学位和奖学金司则以奖学金方式派留学生出国学习。1985～1990 年，博茨瓦纳曾向美、英、荷兰、澳大利亚、前苏联、南非、津巴布韦等国派出 457 名留学生。2003 年，博茨瓦纳派往国外的留学生约 7000 名，其中 6000 名在南非大学学习，500 名在美国、300 名在英国，其余的分别在澳大利亚、加拿大、古巴和中国等国学习。

师范教育

独立前，殖民当局于 1940 年在塞罗韦村和卡尼耶村各办了 1 所初级师范学校。独立后，博茨瓦纳的小学和中学教育发展很快。中、小学教师奇缺，尤其是中学教师缺口更大。在培养师资方面，博茨瓦纳政府采取了院校培养、岗前培训和在职培训相结合的方式。80 年代以来，博茨瓦纳政府在师资队伍建设方面作了很大努力。现在，博茨瓦纳大学有教育学院，培养高中教师。在莫莱波洛莱和托诺塔两地各有 1 所师范学校，专门培养初中教师。在弗朗西斯敦、洛巴策、塞罗韦和特洛昆 4 个城镇各有 1 所师范学校，专门培养小学教师。尽管如此，师资仍不能满足需要。2000 年，小学教师 12135 名，其中受过培训的合格教师占

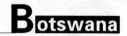

29.7%；中学教师 8655 名，其中受过培训的合格教师占 21.5%。在此情况下，博茨瓦纳政府继续聘请外籍教师。90 年代，外籍教师占中小学教师总数的 2.6%。每年聘请外籍教师的费用高达 3953 万普拉，约合 1853 万美元。

为解决本国教师质量低和数量不足的严重问题，博茨瓦纳教育部建立了 12 个教师培训中心，并计划增加到 14 个。教师培训发展司已编制师范函授教材，帮助在职教师提高教学水平。行政区教育官员也加强了地区小学教师的培训工作。

（二）非正规教育

博茨瓦纳的非正规教育涉及面较广，包括职业和技术培训、半工半读学校、函授教育和成人教育（扫盲计划）。

职业和技术培训

博茨瓦纳教育部和劳动与内政部共同负责职业培训，而技术培训则由各部门自己负责，大多数与博茨瓦纳大学合作进行。教育部的教育和培训司向职业技术培训单位提供服务和帮助。教育部开办了 6 个职业培训中心，其中两个在哈博罗内，其余 4 个分别在吉瓦嫩、帕拉佩、塞莱比—皮奎和马翁。培训的职业范围较广，包括机械、建筑、商业、纺织和计算机。马翁培训中心还有旅馆和餐饮业。培训中心采取学习与实习相结合的方式。学员在培训中心学习 3 个月，然后在他们所在的工作单位实习 9 个月。原来在哈博罗内的综合技术中心已于 1996 年并入博茨瓦纳大学的工程和技术系，培养高级工程技术人员。

半工半读学校

博茨瓦纳的半工半读学校是自治性的社区民办学校，其特点是学校既讲授初中课程，又教学生掌握一种谋生的劳动手段。实际上，它是教育与劳动生产相结合、培养普通工人的学校。学生劳动生产的产品可以在市场上销售，所得收益支付学校经费，学生还参加社区的发展项目，培养自力更生能力。这种既能给予学

习机会又能获得就业机会的学校在农村地区很受欢迎，逐步推广到全国各大村镇，并得到政府的支持。学生学习的工种从最初的建筑工扩大到铁匠、木工、农业和商业工、管道工、鞣皮工、汽车修理工、制图员和电焊工。现在全国总共有 37 个半工半读学校，继续为未能上初中的小学毕业生继续求学，创造就业机会和推动农村工业发展起着重要作用。

残疾人教育

博茨瓦纳红十字会作为慈善事业为残疾人开办了技能培训班，根据残疾人具体情况，教他们学习一种可以谋生的技能。

函授教育

1973 年，博茨瓦纳建立函授学校，主要帮助不能进入初中的小学毕业生通过函授继续学习初中课程。学校通过邮寄课本和讲义给学生，学生邮寄作业给函授教师。1978 年，博茨瓦纳函授学校并入教育部非正规教育司。当时函授学生曾达到 4000 人。

此外，博茨瓦纳大学新成立的继续教育中心提供函授教育。

成人教育（扫盲计划）

1979 年，博茨瓦纳教育部的非正规教育司实施了一项全国扫盲计划，在全国 9 个行政区的 5 个区先进行试点，然后全面推广。正规教育司下设 12 个地区成人教育处，向地区派出扫盲辅导员，负责管理和监督扫盲工作。此外，还成立了全国扫盲委员会负责协调和监督扫盲计划的执行和政策审查。据统计，1981～1986 年，参加扫盲运动学习的成年人达到 17.8 万人。这项规模最大、一直持续至今的成人教育计划取得了很大成绩。据统计，博茨瓦纳全国成人识字率已从 1981 年的 34% 增加到 2003 年的 81%。

四　教育研究和国际交流

独立后，博茨瓦纳没有专门研究教育的机构。在教育方面需要作重大决策时，由共和国总统任命一批专家成

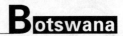

立全国教育委员会进行研究并制定方针政策。1975年，卡马总统任命的国家教育委员会制定了《国家教育政策》。1992年，马西雷总统任命的国家教育委员会根据经济和社会发展变化情况制定了《修订的国家教育政策》。1988年3月，博茨瓦纳大学建立教育研究委员会。该委员会与教育部和博茨瓦纳教育研究协会相互配合参与国家的教育决策并参加国际学术交流活动。

博茨瓦纳教育学院也为赞比亚、斯威士兰、莱索托、马拉维和纳米比亚等周边国家的学生开设2年期的专科学分课程和学士学位课程。

美国基金会、加拿大国际开发署、芬兰政府、英国文化中心和欧盟分别资助博茨瓦纳发展职业教育，帮助博茨瓦纳农学院设置林业系并为博茨瓦纳留学生提供奖学金。

2003年，博茨瓦纳在南非、美国、英国、澳大利亚、加拿大、津巴布韦、古巴和中国等国家学习的留学生约7000人，其中6000人在南非大学学习，其余分别在美国和英国及其他国家学习。

第二节 科学技术

博茨瓦纳政府重视科学技术的发展和应用，并在自然科学和社会科学领域建立了一些应用科学技术的研究机构。但是，在基础科学和理论研究方面，由于基础薄弱和缺少科学研究人才，尚没有全国统一的科研机构。

一 社会科学

博茨瓦纳大学有两个研究学院：国家发展和文献研究院，主要在农业、教育、环境、卫生、营养食品方面开展研究，并为博茨瓦纳国民经济和南部非洲周边国家的发展和

合作提供信息和情报。

另一个研究机构是教育学院建立的教育研究委员会。它与博茨瓦纳教育部和博茨瓦纳教育研究协会合作，参与国家教育决策并参加国际学术交流活动。

此外，博茨瓦纳大学的社会科学学院和人文学院，为国家培养社会科学方面的人才。

在社会科学领域，有两本权威著作问世：一本是博茨瓦纳大学前副校长、托马斯·特洛教授（Professor Thomas Tlou）和博茨瓦纳博物馆前馆长亚历克·坎贝尔（Alec Campbell）合著的《博茨瓦纳历史》。这本历史著作从远古至现代全面阐述了博茨瓦纳社会、政治和经济发展情况，是一本权威的历史教科书。

另一本是博茨瓦纳大学环境科学系高级讲师 R. M. K. 西利策纳博士（Dr. R. M. K. Silitshena）和农业经济学硕士 G. 麦克劳德先生（Mr. G. Mcleod）合著的《博茨瓦纳：自然、社会和经济地理》。这本书配有地图、图解和统计表，全面详细地阐述了博茨瓦纳的自然地理概况和社会人文情况，是一本权威的地理教科书。

二　自然科学

1978 年 9 月，博茨瓦纳在法国帮助下建立了 1 所兽疫苗研究所。该研究所开始生产牛口蹄疫疫苗。第一批 1.5 万支疫苗使用后效果显著，遂进行批量生产，每周可生产 10 万支疫苗。1980 年，国际动物流行病组织宣布博茨瓦纳为无牛口蹄疫区。该研究所生产的牛口蹄疫苗不仅供本国需要，而且向 8 个非洲国家提供 4300 万支防疫苗。在兽疫防治研究方面，该研究所又研制出炭疽病疫苗、炭疽热疫苗和牛肺瘟疫苗。世界粮食和农业组织已确定该疫苗研究所为南部非洲地区示范研究所和兽疫苗基地。博茨瓦纳还建立了萃萃蝇、锥体虫病和狂犬病防治

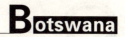

培训中心。在恩加米兰地区，萃萃蝇防治人员运用科学方法分阶段消灭了那个地区危害牲畜的萃萃蝇。

此外，在农业方面，南部非洲发展共同体根据成员国的分工，在博茨瓦纳建立了国际半干旱作物研究中心，培育成功抗干旱的高粱和粟子良种，为地区农业发展作出贡献。

为防治危害人民健康的艾滋病，2002年建立了博茨瓦纳—哈佛艾滋病疫苗研究所，批量生产艾滋病防疫苗，并于2003年对艾滋病患者进行临床试验。

在实用科技方面，位于卡尼耶镇的农村工业革新中心是国家农业技术研究和推广中心。它引进国外先进技术，使之转化为适合本地条件的技术并予以推广。该中心负责一些科技领域的研究工作，包括太阳能、风能和沼气等可再生能源的应用技术，机井水泵和净化水技术以及粮食收割、加工和储存技术，还有制砖瓦机械及砖瓦质量检测和监控设备。

关于太阳能，该中心已经制成太阳能炉子和太阳能热水器。由于博茨瓦纳常年阳光充足且温度很高，太阳能发电器利用光电管盘把太阳能转化为电能。许多居民住宅已安装了太阳能热水器，而在边远地区的医务所和卫生站安装了太阳能发电盘。

在风能方面，这个中心正在根据博茨瓦纳的具体情况，试制风车，研究如何提高风能的利用率。

在沼气方面，该中心利用牛粪在地窖发酵产生沼气，并把剩下的含有20%氮的渣子用作农用肥料。沼气可为农场和牧场的机井提供发电动力并且可以代替木柴作为农村家庭炊事燃料。博茨瓦纳农村到处是牛群，牛粪是随手可得的无本原料。

博茨瓦纳学会，它是一个专门研究博茨瓦纳各个领域问题的研究机构。它组织重大课题的研讨会，举办这方面的报告会，组织考察团，出版名为《博茨瓦纳备忘录和档案》（Botswana Notes and Records）的年刊。它的一个分支博茨瓦纳鸟类俱乐部，出版双月刊，关注和研究保护鸟类及其生态环境的问题。

此外，还有卡拉哈里环境学会，专门从事博茨瓦纳的生态环境保护研究，通过多种形式宣传保护野生动物的知识，鼓励并资助关于保护野生动物及其生态环境的研究工作。

博茨瓦纳的一些环保人士组织了博茨瓦纳森林协会，除在森林保护方面向政府提出建议外，还在林业方面进行科学研究。

第三节　文化

茨瓦纳约有 20 多个大小部族，其中茨瓦纳人部族占居民的大多数，桑人（布须曼人）是古老的原住居民。其他的部族群体来自周边国家的不同种族，他们都有悠久的、丰富多彩的历史和文化传统。19 世纪以前，由于没有文字，历史和文化的发展没有文字记载。但是，他们依靠一代一代人的身教言传保存了许多珍贵的传统文化瑰宝。比如，口述的神话故事，粗犷豪迈和热情奔放的音乐舞蹈，图案造型古朴精巧的手工艺品，尤其是桑人祖先遗留下的岩画，已列为世界文化遗产。

19 世纪初，欧洲传教士和殖民者进入博茨瓦纳，引进现代文化。博茨瓦纳各部族人在保护传统文化的同时，接受了现代文化的一些影响。比如，包括酋长在内的一些部族人皈依基督教并接受其"一夫一妻制"教义；兴办现代学校代替一年一度在荒郊野外举办男女"成年启蒙教育团"；接受现代医术代替掷骨头占卜治病的巫术。

独立后，博茨瓦纳政府十分重视保护和发展历史传统和民族文化。国家宪法规定，设立酋长院，保留了传统的民主协商制度；采取各种措施和通过各种形式保护和发扬民族文化。建立和扩大博物馆、档案馆和图书馆；组织各部族的能工巧匠制作传统

的手工艺品；定期举办传统和现代工艺美术展览，交流切磋技艺；鼓励社会人士和学校建立音乐和舞蹈团体等等。

博茨瓦纳政府主管文化的部门是劳工和内政部的文化和社会福利局。不同时期的国家发展计划提出的关于发展文化事业的任务表明，博茨瓦纳文化政策的主旨是：努力保护传统文化并使各部族文化融为一体；努力使传统文化和现代文化兼容并包，形成一种既体现传统文明又包容现代文明并使两者相得益彰的新文化环境，实现社会和谐。政府将教育和文化有机地结合起来，使教育体制符合文化理念；注意通过各种途径在国内外宣传民族文化，扩大影响；鼓励官方文化机构之间进行合作，也支持政府与非政府文化组织之间互相交流和切磋；为保证城镇和农村文化事业同步发展，鼓励和支持各地区进行文化交流，反对文化方面的任何歧视行为。

一　文学

19世纪以前，博茨瓦纳各部族没有文字。部族的历史和文化都靠口头传述。因此，只有口述文学。1819 年，英国伦敦宣教会传教士詹姆士·里德创作了一本茨瓦纳文拼音小册子，博茨瓦纳人开始有了文字，并不断加以完善。英国传教士又把英文《新约全书》译成茨瓦纳文。1857 年，传教士艾什顿创办了第一份茨瓦纳文报纸，命名为《茨瓦纳人教员和新闻报道员》。这时候，有了茨瓦纳文书籍和报纸。20 世纪，一些受过现代教育并熟习英文和茨瓦纳文的茨瓦纳人知识分子开始用茨瓦纳文写小说和诗歌。

1. 口述文学

博茨瓦纳各部族有许多口述神话故事，现在散见于历史书和一些杂志，有待系统整理和汇编成集。下面列举 4 则口述神话和传说。

马茨恩的脚印

茨瓦纳人部族口头传说，他们的始祖马茨恩（Matsien）原来居住在马茨恩山的地洞里。在混沌初开之际，大酋长马茨恩召集族人和牧畜并引领他们走出洞穴进入光明世界。他们对上苍为他们创造的新世界感到惊奇，于是便在今天称作博茨瓦纳的美丽土地上定居下来。马茨恩没有再回到洞穴。但是，他和族人在洞口边缘留下了大脚印，让子孙后代知道祖先的发源地。这个留下马茨恩脚印的洞穴位于哈博罗内市以北的离皮拉内村8公里处，需要走一段崎岖的岩石山路才能到达。

天降下人和牛

姆布古舒部族传说，他们的始祖尼亚姆比（Nyambi）是天上的神仙。他从天上用绳子把第一个姆布古舒人放在博茨瓦纳西北部的措迪洛山区的"女人山"上，然后又放下牛。姆布古舒人指着"女人山"的羊肠小道上的牛脚印说，那就是泥土尚松软时，天上放下的牛留下的足迹。人和牛是同时从天上来到人间的。

爱 情 弓

桑人传说，他们家里都有一把爱情弓，这是父亲传给儿子的。当年轻人爱上一个姑娘时，他就用祖传的爱情弓向那个姑娘射出一支爱情箭。如果姑娘接住这支箭，这就表明，她也爱上这个小伙子。真可谓千里姻缘一箭牵。

山 神 显 灵

在措迪洛山区流传着一个故事。20世纪50年代，旅行家劳伦斯·范德波斯特（Laurens van der Post）路过措迪洛

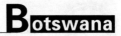

山区，由于他不尊重那里的山神，未用野猪和小羚羊祭祀山神而受到惩罚。他的车子坏了不能动，照相机和录音机出了毛病不能用，还遭到一大群马蜂的刺蜇。山神的显灵使波斯特感到心惊胆战。于是，他写了一份道歉书，装进一个瓶子，放在有他签名的绘画镜框下方，向山神请罪。山神接受了他的道歉，准许他顺利借道措迪洛山路继续旅行。

2. 书面文学

20 世纪 50 年代，少数受过高等教育、掌握英文和茨瓦纳文两种语言的茨瓦纳人知识分子开始用茨瓦纳文写小说和诗歌。最早的代表人物是李蒂莱·迪桑·拉迪特拉迪（Leetile Disang Raditladi）和卡莱曼·杜麦迪索·莫策特（Kgalemang Tumediso Motsete）。

拉迪特拉迪是位多产作家，还写过剧本和诗，并且是一位出色的新闻记者，曾以"观察者"笔名在报刊上发表文章。他的 3 部茨瓦纳文小说是：《储存快乐的乐器》（Sefanana Sa Menale）、《莫茨瓦塞莱二世》（Motswasele Ⅱ）和《导致死亡的爱情》（Ditshontsho Tsa Lorato）。他在小说中抨击了非正义行为和封建专制。不仅如此，他在独立前夕还曾是工会活动家和政治活动家，领导过弗朗西斯敦城非洲工会联盟组织，创建了恩瓦托国民大会党和博茨瓦纳自由党。

莫策特是茨瓦纳人第一个获得英国伦敦宣教会奖学金在英国接受高等教育的知识分子。他在英国获得理学士和音乐学士学位并且担任过音乐老师。他是一位诗人，用茨瓦纳文写诗歌，诗坛鼻祖。他的诗歌代表作是博茨瓦纳共和国国歌的歌词"我们的国土"，已译成英文。其中第一段歌词是：

/用你强大的手，/上帝，/保佑这块光荣土地，/使得我

们祖先的遗产，／永保和平无忧虑，／快醒来吧，／啊，／男子汉，／所有妇女也都一同站起，／为了幸福的国土，／一同工作齐努力。

此外，60年代初，他积极参加政治活动，曾是博茨瓦纳人民党创始人和领导人之一并在自治政府举行的大选中代表人民党参选赢得议会中唯一的一个席位。后来，人民党分裂，他曾支持组建博茨瓦纳民族阵线。1965年以后，他退出政治舞台，隐居家乡马哈拉佩村，1974年逝世。

在博茨瓦纳的书面文学方面，还有一位南非出生的博茨瓦纳公民、著名女作家贝西·埃默里·黑德（Bessie Emery Head）。她于1937年出生于南非的彼得马里茨堡，非婚生。她的黑人父亲和白人妇女相爱，触犯了种族主义法律《禁止通婚法》，遭到残酷的迫害。父亲神秘地失踪，怀孕的母亲被送进精神病院。她出生后就进了孤儿院，后来由养父母抚养长大成人。她在南非结婚后有了孩子并在学校教书，但是受到排斥和疏远。于是，她"抛弃故乡、教职和丈夫，带着幼子到博茨瓦纳农村去寻找新的人生意义"。她于1964年到博茨瓦纳并在塞罗韦村定居，后来取得博茨瓦纳国籍，成为博茨瓦纳公民。她于1986年在塞罗韦村逝世，并被安葬在那里。博茨瓦纳是她的归宿地，也是她的第二故乡。在塞罗韦村的22年期间，她用英文撰写了5部文学作品：《雨云四合》（When Rainclouds Gather）、《马鲁》（Manu）、《权力问题》（A Question of Power）、《塞罗韦：风暴的村庄》（Serowe：Village of Rain Wind）、《珍宝搜集者》（The Collector of Treasures）。其中《珍宝搜集者》是13则短篇故事集，书的全名是《珍宝搜集者和其他博茨瓦纳村庄的故事》（The Collector of Treasures and other Botswana Village Tales）。她以简洁通俗的语言"记述了传统的博茨瓦纳乡村生活，内有阴森森的巫术，以及对非洲大男子主义的猛烈抨击。"作品还对儿童和妇女表现了深切同情。这 13 篇故事名称是：

《深深的河：古老部族迁徙的故事》 （The Deep River：A Story of Ancient Tribal Migration）

《天堂的门没有关闭》（Heaven is not Closed）

《村庄的圣人》（The Village Saint）

《雅各布：一个信仰医疗牧师的故事》 （Jacob：A Story of Faith-Healing Priest）

《莉菲》（Life）

《巫术》（Witchcraft）

《求雨神》（Looking for a Rain God）

《村社会议》（Kgotla）

《风和孩子》（The Wind and a Boy）

《婚礼一瞥》（Snapshots of a Wedding）

《特殊的人》（The Special One）

《珍宝搜集者》（The Collector of Treasures）

《狩猎》（Hunting）

塞罗韦村的大酋长卡马三世纪念馆已收藏并展出里德生平资料及其关于博茨瓦纳社会风土人情的著作。

在推动文学事业发展方面，博茨瓦纳大学的"人文学院"设立了"非洲语言和文学系"，培养文学方面的人才。《互谅》杂志开辟了文艺专栏，刊登青年作者撰写的短篇小说和故事。

二　音乐舞蹈

博茨瓦纳各部族人都能歌善舞。在农村、社区和城镇到处都可以听到嗓音豪放、节奏欢快的歌声，看到热情奔放、激动人心的舞蹈。

音乐舞蹈源于生产劳动和生活。博茨瓦纳的传统音乐舞蹈具有各部族的传统文化特色和浓厚的生活气息，歌颂劳动，赞美生活。歌颂生产劳动的有耕种舞和丰收舞，庆贺丰收，并预祝来年风调雨顺，五谷丰登；赶牛舞，祝愿牧草茂盛，牛羊肥壮。赞美生活的战士舞，表现勇士的威武勇敢和昂扬斗志；恋爱舞，展示恋人各自风采，倾吐相互爱慕之情。还有模仿动物舞姿的鸵鸟舞。由于不同部族的文化传统和宗教信仰的差异，舞蹈的动作、手法、技巧和形式也多种多样。但是，它们都具有非洲部族人民音乐舞蹈的共同特点：旋律急促，声调明朗，风格质朴，情绪炽烈，节奏感强。

舞蹈时，男人一般赤裸上身，头上扎一根带长穗的豹皮头圈，腰间系一条鸵鸟蛋壳串片或植物纤维编织的腰带，穿一条短皮裙。妇女的舞蹈盛装是，身穿各种兽皮制作的"裙衣"或编织的百穗短裙，佩戴白色或彩色项圈、项链，手臂和脚踝上方套着成串鸵鸟蛋壳制作的串珠和串片，有节奏地扭动四肢、腰部、臀部和胯部。白色或彩色的套圈发出沙沙声响，与妇女的"由噜噜"的呼叫声和歌声协调呼应，节奏感强，气氛欢快。

鼓是茨瓦纳人音乐舞蹈的主要乐器。一般是击鼓起舞，用鼓点音调和节奏变化来表达人的喜怒哀乐的复杂感情。鼓手通常是两腿夹着鼓，也有放在鼓架上或地上的。主要用手掌拍打或用手指敲击。

独立前，博茨瓦纳没有作曲家和舞蹈家。音乐和舞蹈全靠部族有天赋的乐师和能歌善舞的爱好者代代传承下来。有的部族是通过男女成年启蒙教育团传授传统舞蹈的。

独立后，博茨瓦纳政府重视传承和发展传统音乐舞蹈，其方针是在普及基础上提高，通过各种途径，特别是学校和社区组织合唱团和舞蹈团方式，举办学校、地区和全国的音乐舞蹈比赛和派团组出国访问演出和参加国际音乐舞蹈节方式，发展音乐舞蹈事业。

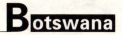

在音乐方面，民间合唱团遍及全国各地。教堂有唱诗班，学校和社区有合唱团，有些学校早晨集会前要唱歌。学校和社区间举行音乐比赛。每年国家举办一次全国音乐节（National Music Eisteddfod）。全国有 10 个主要合唱团，其中一些曾到非洲、欧洲和美洲国家访问演出。1995 年，博茨瓦纳曾派合唱团参加在邻国津巴布韦首都哈拉雷举办的南部非洲发展共同体第一届音乐节。合唱团的音乐爱好者还把教堂音乐与传统音乐巧妙地结合起来创造出优美动听的歌颂神灵的赞歌。20 世纪 60 年代，茨瓦纳人知识分子卡·杜·莫策特曾在英国学习音乐并获得音乐硕士学位，回国后担任过音乐老师并于 1966 年博茨瓦纳独立时，谱写了共和国歌曲和歌词，成为博茨瓦纳首位作曲家。此外，作家李·迪·拉迪特拉迪也写过诗。这两位茨瓦纳人可以说是博茨瓦纳音乐界的先驱。

在舞蹈方面，男女老幼都会跳传统舞蹈。许多单位都有自己的传统舞蹈团。大多数学校特别是师范学校都有传统舞蹈团。节假日，身着传统舞装的男女青年在公共场所和大街上表演传统舞蹈，有时候观众激发舞兴情不自禁地随舞蹈者一起载歌载舞，欢乐气氛达到高潮。全国著名的传统舞蹈团是迪托尔瓦纳传统舞蹈团（Ditholwana Traditional Dance Troupe）和莫哈瓦纳传统舞蹈团（Mogawana Traditional Dance Troupe）。前者多次代表博茨瓦纳参加国际艺术节。后者于 1996 年 11 月到中国访问演出，受到热烈欢迎。每年，博茨瓦纳有三个全国性舞蹈节：每年 3 月或 4 月在哈博罗内市举办的梅蒂松艺术节（Maitisong Festival），全国性最大的文艺节，参加表演的除本国各地区的音乐、舞蹈和戏剧团队外，还有南部非洲邻国的艺术团；8 月在杭济区举办的古鲁舞蹈节（Kuru Dance Festival）；9 月在马松哈举办的多姆巴沙巴舞蹈节（Dombashaba Dance Festival）。

在现代音乐舞蹈方面，博茨瓦纳广播电台和电视台在文化娱乐节目中播送各种现代流行歌曲、音乐和舞蹈。现代舞蹈爱好者建立了博茨瓦纳舞蹈体育协会（Botswana Dance Sports Association），负责推动和发展现代舞蹈。哈博罗内市有三个现代舞蹈俱乐部，其中两个在博茨瓦纳大学：博茨瓦纳大学舞蹈俱乐部（UB Dance Club）和狂欢舞蹈俱乐部（Carnival Club）。俱乐部成员在教练指导下学习和练习恰恰舞、伦巴舞、桑巴舞、芭蕾舞和摇滚舞等现代流行舞蹈。还有一个交际舞俱乐部（Ballroom Dance Club），设在哈博罗内市议会巴布西礼堂，学员在那里练习华尔兹、探戈、快步和摇摆等交际舞。博茨瓦纳大学舞蹈俱乐部的 11 对舞伴曾由博茨瓦纳舞蹈体育俱乐部赞助在哈博罗内太阳旅馆举行过一次表演会，受到舞蹈爱好者的欢迎。但是，博茨瓦纳舞蹈体育协会打算举办一次全国性表演比赛并派现代舞蹈队去邻国南非参加国际比赛，都因筹款困难未能如愿以偿。博茨瓦纳的现代舞蹈业尚处于艰难创始阶段。

三　戏剧与电影

殖民时期，贝专纳兰保护地既没有戏剧，也没有电影。独立后，博茨瓦纳的戏剧和电影事业都是从无到有，白手起家。

戏剧　博茨瓦纳政府重视并支持发展戏剧事业，其主要方针也是在普及基础上提高，通过学校的戏剧爱好者自愿组织的剧团，自编自演反映社会问题和生活的话剧，参加学校、地区和全国性的戏剧比赛以及国际戏剧节，学习交流，逐步提高。为推动和发展戏剧事业，每年举办一次初级和高级中学戏剧节（Junior and Senior Secondary Schools Drama Festival），各中学推选自编自演的参赛节目。每年参赛节目约有 150 个，分为茨瓦纳语和英语节目，并分别评选出全国最优秀戏剧节目奖，给予奖励。

博茨瓦纳政府在哈博罗内市建立一座专门剧院：梅蒂松文化

中心（Maitisong Cultural Centre），其剧场配有现代的声光设备，可容纳 450 名观众，每年举行 60 多场演出，有力地推动了戏剧的发展。戏剧团也可以在有多功能设备的社区礼堂演出。此外，在全国每年一度的梅蒂松艺术节上，也有戏剧表演。博茨瓦纳曾派戏剧团参加 1997 年 6 月在邻国莫桑比克首都马普托举办的南部非洲共同体戏剧节。

电影 博茨瓦纳的电影业起步晚，发展滞后。现在，全国大城市一共有 5 家电影院，放映进口影片，主要是英国、美国和中国香港的英语影片。1988 年，开始有一家私人电视台，放映进口录像故事片；2003 年 7 月，才建立国家电视台。独立初期，博茨瓦纳不能摄制纪录片。1976 年 6 月至 10 月，中国新闻摄影组帮助博茨瓦纳摄制了庆祝独立 10 周年的纪录片。80 年代以后，博茨瓦纳新闻局下属的图像设计处已能够摄制新闻纪录片和广告宣传片，并为国家旅游局制作介绍博茨瓦纳自然风貌和地区特色的录像带，其中《博茨瓦纳——鲜明对比的国家》（Land of Contrasts），有 5 种不同语言（英、法、德、意大利和茨瓦纳）解说的录像带。介绍各地区特色的录像带分别是：《哈博罗内》（Gaborone）、《东部地区》（Eastern Region）、《卡拉哈里》（Kalahari）、《马卡迪卡迪》（Makgadikgadi）、《乔贝和莫雷米》（Chobe and Moremi）和《奥卡万戈》（Okavango）。

上述情况表明，博茨瓦纳的戏剧和电影事业尚处在开创和奠基阶段。

四　工艺美术

博茨瓦纳的工艺美术史可追溯到几千年以前桑人祖先绘制的岩画。后来从四面八方来的讲班图语人、茨瓦纳人、叶伊人和姆布古舒人等部族群体又带来世代相传的多种多样、风格各异的手工艺品，汇集成为博茨瓦纳传统的文化瑰宝。

这些手工艺品包括编织品、陶制品、木雕、首饰和装饰品、毛纺织品和皮制品，以及生产和生活日用品。这些工艺品，做工精巧，造型奇特，图案优美，色彩斑斓，都体现了各自的传统文化特征。所用的材料都是就地取材，有动物的皮毛，植物的纤维和根叶，还有取之不尽的泥土。独立后，博茨瓦纳政府在保护和发展传统工艺品同时，也注意吸收和发展现代工艺美术。在美术界已有了油画、炭画和彩色粉画等美术作品。

以下是独立以来，博茨瓦纳工艺美术传承和发展情况。

不朽的古朴岩画　在博茨瓦纳西北角奥卡万戈河上游的沙卡韦村西南约 50 公里处，屹立着 4 座小山，名称是措迪洛群山。"措迪洛"这个词，桑人的语言意思是"峭壁"。它们分别是："男人山"、"女人山"、"小孩山"和一个无名圆丘。最高的"男人山"410 米，"小孩山"仅 40 米。桑人传说"男人山"和"女人山"结婚生下"小孩山"。桑人的祖先和晚石器时期的居民在岩壁上绘制的岩画使这 4 座山不仅成了桑人怀念祖先的神圣殿堂，也成为博茨瓦纳乃至世界的珍贵文化遗产。

4 座山的 350 处岩壁上有 4000 多幅岩画，其中"女人山"上的岩画最多也最好。考古学家发现，3 万～2.5 万年以前这些山上就有人居住过。最早的岩画年代为 1500 年。这些岩画大多数是各种动物的形象，包括羚羊、长颈鹿、牛和犀牛等，甚至还有乌龟图像。除单独的动物或人物的刻画外，还有表现生产和生活的图像，如打猎、牧牛和舞蹈。有些岩画是用准确优美的线条勾刻出的，有些是采用透视画法。其颜色有白色、褐色、红色和黄色。有的是单色，也有双色和多色。其中一些岩画是姆布古舒人绘制的，但姆布古舒人声称，不是他们祖先画的而是神仙画的。大约公元 500 年时，讲班图语的农民曾在这里的附近地区定居过。据说，他们继承了这些艺术传统，复制和创新了一些岩画。有一幅水牛岩画被证实是现代人的仿制品。

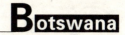

　　博茨瓦纳还有两处山岩上有桑人祖先遗留下来的岩画。一处是东南部图利农场区附近的茨瓦蓬和莱波科莱花岗岩山，另一处是乔贝国家公园区的萨武蒂山。

　　博茨瓦纳政府已制定法律保护这一历史文化遗产并在措迪洛山建立了一座博物馆。联合国已把措迪洛山岩画列为世界遗产。

　　精美的编织品　博茨瓦纳最闻名的手工艺品要数编织品。编织品的制作和应用已有几千年的历史。不同部族的编织品都具有各自的传统风格。编织品种类很多，包括篮子、敞口和带盖子的器皿、带把和头顶的容器、簸糠秕用的器皿。其形状有圆形、椭圆形和扁平的。其彩色的图案仿效动物的形态和色彩，并且都有寓意。最著名的图案有：飞燕图案，表示迎接首场春雨；长颈鹿泪花图案，表示纪念狩猎；牛尾图案，表示牛的重要性。此外，还有斑马纹图案、蟒蛇皮图案和鸵鸟奔跑图案以及茅屋圆顶图案等。编织者还巧妙地把这些图案交织在一起创造出新颖别致的图案。每个编织品不仅是美观的工艺品，也都有其不同的用途。有的用于盛水果和蔬菜，有的用于装粮食和物品，小编织品还可以盛糖果，大编织器皿可以顶在头上装浣洗的衣服，有的编织器皿可以盛水和土制的啤酒。编织用的主要材料是号称"植物象牙"的棕榈树纤维。编织者用含有不同颜色的树汁和树叶把淡色的棕榈纤维染成各种颜色的原材料，制作出色彩绚丽的编织品。

　　陶制品　博茨瓦纳有许多陶器厂，主要集中在南部地区。有的制作形状和大小不同、图案和色彩多样的传统陶土器皿，包括用于盛水和自制啤酒的坛子罐子或烹饪用的器皿；有的还制作有传统风格的动物面具，甚至微小的陶土首饰，堪称一绝。另一些陶器厂则生产现代日用茶具和餐具，其造型和图案都具有传统风格。在中部，桑人也制作他们传统的陶器。传统陶器的制作工艺都是代代相传的。所用的原料是哈巴内山区和灌木林带的陶土。在哈博罗内市附近的一些地方有几家各具特色的陶器厂。哈巴内

村的佩策哈诺陶器厂生产传统的彩釉陶器；塔马哈陶器厂生产非洲模式的现代图案的陶器。

木雕和骨制品　博茨瓦纳全国各地都有木雕工艺品。在塞罗韦村有一家木雕厂，制作精细的木雕品。各部族和各地区还有许多分散的个体能工巧匠。传统的木制品种类很多，造型奇特，做工精细。大型的有独木舟和传统村社会议上大酋长坐的木雕折叠椅，小巧玲珑的有人物和动物木雕像、手杖和日用餐具木碗木盘，还有传统的乐器木鼓和木琴。

各地的木雕品都体现了不同地区居民传统的风土人情。

生活在奥卡万戈三角洲水域地区的部族人用整棵檀木树干，挖空制作独木舟，作为水乡居民日常交通和运输工具。这种独木舟现在也用于旅游者观赏水乡景色的游艇。一般可乘3人，两名乘客，一名艄公，用木篙撑行。近些年来，为了保护珍贵的檀木树，已改用玻璃纤维钢制作这种形状的独木舟。水乡地区还有河马、鳄鱼和禽鸟的木雕像。

卡拉哈里沙漠地区的木雕品则体现了桑人传统生活情景，有身背弓箭的猎人和背驮婴儿的母亲等木雕作品。

姆布古舒人的木雕品则别具一格。他们以拉长或缩短人体部位的夸张手法制作稀奇古怪的人物雕像。他们还用木头制作传统的拇指木琴。它的构造是把一系列按长短排列的金属条链装在一块扁平长方的木块上，乐师双手托着木制琴体，用拇指拨弄琴键，发出高亢清脆的琴声。此外，他们还用硬质圆木雕空制成木鼓。这种木鼓只在夜间敲打，据说，可为病人驱赶病魔，为困惑者排忧解难。

传统的骨制品有各种生活用品，包括刮制器、箭、烟斗、耳环、佩带品以及小巧玲珑的人物和动物骨雕像。这些骨制品的原料是牛和野生动物的骨头。

首饰和装饰品　博茨瓦纳的传统装饰品种类和式样颇多，都具有传统文化特色。它包括牛骨或葫芦制作的优美耳环和佩带品；舞蹈时佩带的项圈、手臂手腕和脚踝圈，这些套圈是用动物毛或棕榈树纤维织成，缀以用孵化后的鸵鸟蛋壳磨成的串珠或薄片，显得特别亮丽。还有用角马和羚羊毛和尾毛或龙舌兰纤维做的长假发，姆布古舒部族妇女喜欢披戴这种缀满彩色珠子或玛瑙贝的修长假发。

手工艺者已利用食用过的鸵鸟蛋制作雕花的美术电灯罩或在蛋壳上绘制野生动物形象和山川田园风景，物美价廉，颇受旅游者欢迎。

毛纺织品 全国有许多制作传统的挂毯、地毯、毛毯和披肩的毛织品厂。比如，奥迪村的兰茨韦纺织厂用本国饲养的卡拉库尔优质羊毛生产各种毛织品，尤其是挂毯，其图案是博茨瓦纳特有的野生动物：大象、长颈鹿、猎豹和斑马；有的取材于桑人岩画，造型优美，赢得国际声誉。

皮制品 这里所说的皮制品是指传统的皮制品，主要是博茨瓦纳各部族人举行舞蹈表演或参加盛大庆典和婚礼时穿的皮制胸罩和短裙子。现在仍是妇女和儿童节日歌舞爱穿的盛装。桑人还用羚羊皮、牛皮和动物蹄筋自己缝制皮背袋并缀以玻璃珠子。这种皮背袋，有的用于装弓箭等打猎用具，有的也用来装烟斗、烟草、首饰或食品。

美术绘画 独立后，特别是近些年来，美术和绘画在博茨瓦纳发展较快。博茨瓦纳政府通过举办国内、地区和国际美术绘画展，让美术爱好者和绘画者有机会交流经验，切磋技艺。现在博茨瓦纳的现代绘画作品在表现力和色彩运用方面都具有自己的特点，已经有不少油画、炭画、彩色粉笔画和招贴画等作品。国家博物馆的画展厅展出了三位现代画作者的不同流派的画作。其中有菲利普·塞霍拉（Philip Segola）的两幅彩色粉笔画和炭笔画"无题"；莫尼卡·莫萨尔瓦（Monica Mosarwa）的两幅油画"警

惕艾滋病"和"什么颜色合适";斯蒂芬·莫霍茨（Stephen Mogotsi）的油画"无题"。

在哈博罗内郊区的塔庞村有一个塔庞美术中心，展示地方和地区美术作品。

五　文化设施

为保护历史文物和民族文化传统，发展文化事业，独立以来博茨瓦纳政府建立了国家博物馆和美术馆以及部族和地区博物馆、档案馆和图书馆等文化设施。主管文化设施的部门是劳工和内政部的文化和社会福利局。

国家博物馆和美术馆（The National Museum and Art Gallery）　位于哈博罗内市中心。这是由3座建筑和一个小花园构成的建筑群。其中博物馆主楼正厅分两部分：第一部分是历史展览，展品是按社会进化过程顺序设置的，展示了博茨瓦纳从史前时期直到当代时期社会、政治、经济和文化发展情况。有化石、出土文物、实物以及反映文化传统的工艺品；第二部分是野生动物展厅，展品是博茨瓦纳各种野生动物的图像和标本及其习性说明，也介绍了国家保护野生动物及其生态环境的情况。

美术馆正厅和八角亭画廊展出的美术作品不仅有画家的作品，也有学校学生的美术图画。

建筑群还包括一个四面是绿色草木围栏的小花园。花园中央还有一个仿制的茨瓦纳人传统村社会议厅，参观者在小憩时还可以领略一下传统习俗。适逢编织品展览会的幸运者可以在展厅里欣赏到并在销售部购买到博茨瓦纳妇女能工巧匠编织的闻名遐迩的编织精品。

为了让更多人了解国家从古到今的历史和传统文化，博物馆有一辆斑马纹展览车，满载展品定期到各地区巡回展出。

博物馆和美术馆每年举办20多次国内外展览。国内主要展

览是：博茨瓦纳美术展览（4～5月），警惕艾滋病招贴画展（6～7月），全国工艺品展览（7～8月），儿童美术竞赛展（10～11月），塔庞年度展览会（12月～1月），妇女人才展（4月），国际妇女日展览（5月），古鲁艺术作品展（9～10月）和莫莱波洛莱师范学校画展（10月）。

在博茨瓦纳国家博物馆，中国曾举办过5个展览：1977年3月，中国驻博茨瓦纳大使馆与博物馆联合举办中国摄影展览；1984年11月，中国工艺美术展览；1986年4月，中国国画展览；1986年9月，中国招贴画展览；1994年6月，中国工艺品展览。此外，1996年2月至11月，《中国妇女及世界妇女大会图片展》曾在博茨瓦纳5个城镇博物馆巡回展出。

部族和地区还建立了许多小型博物馆。

大酋长卡马三世纪念博物馆（The Khama Ⅲ Memorial Museum）　　位于恩瓦托部族首府塞罗韦村。卡马三世是恩瓦托部族大酋长，曾经是主张英国保护贝专纳兰和反对南非联邦兼并的几位大酋长之一，也是博茨瓦纳共和国首任总统塞雷茨·卡马的祖父。博物馆的展品，除有关卡马三世的业绩及其个人遗物外，还有全非洲昆虫和博茨瓦纳蛇类的集锦展。展品中还有定居并安葬在塞罗韦村的博茨瓦纳籍南非著名作家黑德的生平及其撰写的以塞罗韦村为背景的关于博茨瓦纳传统风土人情的小说。国家博物馆时常在这里举办展览会。

大酋长塞切莱一世博物馆（Kgosi Sechele Ⅰ Museum）
位于南部的莫莱波洛莱村。塞切莱一世是奎纳部族的大酋长。1852年，在反对南非布尔人兼并贝专纳兰图谋的斗争中起过关键作用。主要展品有反映奎纳部族人历史的文物以及殖民统治时期影响的资料，还有优美的传统工艺品。

大酋长巴托恩二世博物馆（The Kgosi Bathoen Ⅱ Museum）
位于卡尼耶村。博物馆建筑原来是卡尼耶行政区长官办公楼，

1999 年决定在此建立博物馆。巴托恩二世是恩瓦凯策部族的大酋长。在历史上，他坚决反对南非兼并贝专纳兰的图谋，首先向英国殖民当局提出在贝专纳兰保护地建立立法会议的主张，后来积极参与争取独立的斗争。独立后，他曾辞去大酋长职位，参加反对党民族阵线，并作为该党议员候选人竞选获胜成为议员。主要展品是反映恩瓦凯策部族历史的文物和巴托恩二世的个人遗物。

普塔迪科博博物馆（Phuthadikobo Museum） 位于莫丘迪村，馆址原为有历史意义的卡特拉部族小学校。1923 年，卡特拉部族大酋长伊桑·皮拉内在莫丘迪村首先建立一所部族自办的小学。在他的带动下，其他部族大酋长也在各自领地内兴办部族小学。卡特拉部族人为建造这所小学志愿劳动制作 30 万块砖。馆内经常展品是反映卡特拉部族历史的文物和图片，还有一个传统炼铁场和丝帘幔印染厂以及一个工艺品商店。

恩哈贝博物馆（Nhabe Museum） 位于马翁。这是一座地区博物馆，欧式建筑，建于 20 世纪 40 年代，于 1996 年决定在此设博物馆。主要展品是地区多姿多彩的文物和工艺品，其中有叶伊人用的传统渔网，姆布古舒人的编织品，桑人用的石器和猎枪。令人惊奇的是，馆里有一个在空中飞动能发出传统乐曲的棺材。这里还举办"文化之夜"，旅游者可欣赏到传统的音乐舞蹈和其他表演。研究工作者可在馆内举行学术座谈会。

苏帕—恩瓦奥博物馆（Supa-Ngwao Museum） 位于弗朗西斯敦城。主要展品是反映卡兰加部族历史和传统文化的文物和工艺品，包括陶器、编织品、乐器、绘画和木雕。此外，还有关于哈斯金斯家族的资料。哈斯金斯是博茨瓦纳籍英国人后裔，曾对弗朗西斯敦城和博茨瓦纳的商业和经济发展作出过贡献。

措迪洛山博物馆（Tsodilo Hills Museum） 这座于 2001 年 3 月建成的博物馆是博茨瓦纳政府保护岩画和这个地区出土文物

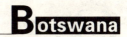

的重要举措，也是发展西北地区旅游业的重要设施。

在图书和档案方面，哈博罗内市有国家图书馆（National Library Service）和国家档案馆（National Archives）。根据法律规定，它们是博茨瓦纳出版物的收藏机构，凡是在博茨瓦纳发行的出版物必须送两份给上述两单位收藏。博茨瓦纳大学也有一个图书馆。

此外，哈博罗内市邮政大楼内有一个邮政博物馆，展出关于博茨瓦纳的邮政发展史资料和发行的各种邮票。

在文化娱乐方面，哈博罗内市和弗朗西斯敦城共有 5 家电影院，对公众开放，一般放映进口影片，有时也举行戏剧表演和音乐会。

哈博罗内市的诺特瓦内俱乐部（Notwane Club）和弗朗西斯敦城的莫法内俱乐部（Mophane Club）是著名的休闲场所，有多项运动设施，运动之后可以听听音乐，喝点饮料，轻松休闲。

第四节　医药卫生

一　概况

独立前，殖民当局一直忽视保护地各部族居民的公共医疗卫生事业。这里没有正规医院和医生，现代医务工作几乎都是懂医术的传教士作为传教手段和慈善事业兼做的。部族的普通居民生病都是求神保佑或求助于掷骨头占卜化凶为吉。

独立后，博茨瓦纳政府十分重视发展医疗卫生事业，提出的医疗卫生方针是"让所有人都健康"，预防和治病并重，强调发展初级医疗卫生网，实行免费医疗。30 多年来，博茨瓦纳政府不仅在城市建立了现代化医院，而且在行政区和农村建立了一整套便于居民就医的医疗卫生系统。在城市有综合医院；在行政区有初级医院；在农村有卫生站、流动卫生站和家庭卫生保健员。国家还派留学生在国外学医，培养医生，开办护士学校培训护士和其他医务人员。在农村已实现15公里范围内看病的目标。在医疗卫生工作方面，取得了很大进步。90年代，博茨瓦纳人的平均寿命曾达到67岁，婴儿死亡率曾降至38.1‰。但是，近几年来，由于艾滋病感染率较高，人民健康状况受到很大威胁。全国人口中艾滋病病毒感染率为37.3%，其中15岁至49岁成年人的感染率为36%。2001年人口普查结果显示，由于艾滋病的影响，博茨瓦纳人的平均寿命降至55岁，而婴儿死亡率则上升至57‰。艾滋病目前已成为博茨瓦纳政府和医务工作者亟待解决的严重问题。

二 公立医疗机构

博茨瓦纳的公立医疗机构是按地区和居民聚居密度和专科分级建立的。所有的公立医疗机构都归国家的卫生部领导。地区医院在行政上由地方政府管理，归地方政府与住房部领导，但在业务上仍归卫生部领导。

全国大城市有公立综合医院，其中最大的在哈博罗内市和弗朗西斯敦城。洛巴策镇有1所精神病医院，哈博罗内市有1所性传染病医院。综合医院有许多专科医生，包括眼科、内科、外科、妇产科、小儿科、病理学医生、麻醉师，还有现代尖端医疗设备。转至上述医院仍不能医治的病人，将送至邻国南非的专科医院治疗。

卫生部向各行政区派出医务小组，负责指导和监督地区的医疗卫生工作。医务小组的成员包括首席医务官、首席环境卫生官/环保官、首席女护士长/女护士长、社区保健护士、首席保育员、康复护理员、肺结核病协调员、卫生教育员/营养员以及后勤人员。

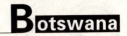

全国大村镇都设立初级医院。初级医院拥有的病床数视其服务居民的数量从 20 到 70 床位不等。这些初级医院分别设在博博隆、杭济、古马内、哥德霍普、古孔济、卡萨内、莱特拉卡内、姆马迪雷、帕拉佩、拉考普斯、塞法雷、塔马哈、萨蓬和图图梅等大村镇。每个初级医院有 3 名医生和若干名护士，配有 x 光和化验设备。

在农村地区方圆 15 公里内有 4000～8000 居民的村庄，设立医务所。医务所经常有 2 名护士并且有门诊室、治疗室、化验室和药品室。有的医务所还有产妇床位。一些医务所配备一部汽车供医务人员至周围地区卫生站巡回出诊使用。

在方圆 15 公里范围有 500～1000 居民的村庄，设立卫生站。卫生站有三间房屋：门诊室、治疗室和药品室。医务人员不是全日制的，可能是定期出诊的巡回医务人员。一些卫生站已配备全日制在编护士和 1 名卫生保健员。

在居民少于 500 人的村庄，设有流动卫生站。流动卫生站是一辆 10 吨卡车，由医务所的两名护士组成，每月巡回出诊一次或两次。巡回医务人员在当地学校或社区提供的茅屋里接待病人。与流动卫生站配合的有卫生保健员。卫生保健员是受过初级医疗知识培训的社区成员，其主要任务是宣传卫生保健和预防疾病知识，也能治头疼等简单病症，并负责把需要治疗的病人送往医务所或流动卫生站。

在人口稀少的边远地区，根据不同情况设立有 15～65 张病床的医疗站。

据 2001 年统计，全国总共有 1396 个公立医疗机构，其中 16 所综合医院、17 所初级医院、230 个医务所、321 个卫生站和 812 个流动卫生站。公立医院总共有 3704 张病床，548 名医生，每万人有 3.3 名医生；3994 名护士，每万人有 23.8 名护士。现有的医疗机构和医务人员只能满足 85% 的人口医疗需求。

三　教会和私人医院及私人医生

博茨瓦纳有 3 所教会办的医院、3 所公司办的医院，1
所私立医院，少数私人开业医生和 2000 多名传统医
生包括求神和占卜医生。

3 个教会医院是：苏格兰—利文斯通医院、卡尼耶的安息日
医院和巴马策泰—路德医院。

博茨瓦纳卫生部不干预教会医院日常医疗业务，每年给予教
会医院财政补贴。比如，1997/1998 年度，给予教会医院两千多
万普拉的补贴。但是，如属必要，卫生部可视察这些医院并提建
议。新成立的私人医院叫哈博罗内医院。

3 个公司办的医院分别是，德比尔斯矿业公司办的奥拉帕医
院和吉瓦嫩医院以及铜镍矿公司办的塞莱比—皮奎医院。此外，
洛巴策城的博茨瓦纳肉类公司在那里开办了 1 个医务所。

还有少数私人开业医生都是在哈博罗内和其他城市。私人开
业医生必须在卫生部登记并且要向卫生部通报应具报的病症和他
们看病的统计材料。

博茨瓦纳农村地区还有 2000 多名传统医生，他们组织了传
统医生协会。卫生部认为，传统医生是文化传统的一部分，正在
通过该协会和组织研讨会方式加强与他们的联系。

在医疗卫生方面，博茨瓦纳有一些志愿组织做了许多有益的
工作。主要的是博茨瓦纳红十字会。它是一个非营利性的、做慈
善事业的组织。它与卫生部合作实施一个 5 年社会康复计划，为
占居民 10% 的残疾人服务，帮助残疾人学会一种简单的谋生技
能。红十字会还与国家输血机构合作开展献血活动，并进行急救
培训。做慈善事业的志愿组织还有：基督教会、妇女协会、基督
教女青年会、狮子俱乐部、圆桌俱乐部、弗朗西斯敦牧师兄弟会
和博茨瓦纳家庭福利协会等。

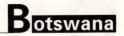

四　医务人员和培训

博茨瓦纳医务人员十分缺乏。因此，培养医生和培训医务人员是博茨瓦纳医疗卫生工作中重要任务。

独立以来，博茨瓦纳政府一直重视培训医务人员。教育部在奖学金方面，鼓励留学生选读医科专业，培养国家需要的医生。在培训一般医务人员方面，卫生部开办了 8 所护士学校和卫生学校，培训护士、药剂师、护理员、助产士、卫生员、化验员、环保卫生员和精神病护理员等医务人员。除了正规培训外，还通过函授和在职帮教提高医务人员的业务水平。博茨瓦纳大学附属的 4 所卫生学校分别是巴马莱泰·路德医院卫生学校、卡尼耶的 SDA 卫生学校、德博拉·雷蒂夫纪念医院卫生学校和国家卫生学校。其中国家卫生学校下设 5 个分校，分别在弗朗西斯敦、哈博罗内、洛巴策、莫莱波洛莱和塞罗韦 5 个城镇。第九个国家发展计划（2003～2009 年）期间，计划建立 1 所医学院，培养医生。

五　主要的流行疾病

在艾滋病流行之前，博茨瓦纳常见的主要流行病是：呼吸道疾病，特别是肺结核病，全国有 0.5% 的人患肺结核病，住院治疗的结核病人死亡率达 25%。其次是肠道疾病，尤其是泻肚，主要患者是儿童。因泻肚而死亡的儿童约占 5 岁以下儿童的 20%。再就是皮肤感染病和心血管病。此外，营养不良的 5 岁以下儿童约占儿童总数的 15%，营养不良导致儿童易于感染疾病。在博茨瓦纳北部地区还有疟疾。雨季，疟疾随蚊虫向南部传播。

导致上述疾病的原因，像大多数非洲发展中国家一样，主要是贫穷、饮食营养差、缺少卫生设施、住房条件差、水源不足和

不洁净，还有缺乏卫生常识。因营养不良而死亡的人约占病人死亡率的 10%。

90 年代后期至本世纪初，艾滋病入侵并成为博茨瓦纳最严重的流行病。联合国艾滋病联合规划署公布的《2003 年度全球艾滋病流行报告》指出，博茨瓦纳是全球艾滋病流行最严重的国家之一。该国艾滋病毒携带者从 1997 年的 25.1% 增加到 2003 年的 37.3%。2003 年下半年统计，艾滋病患者遗下的孤儿达 6 万名，比前两年增加 1 倍。鉴于艾滋病对国家人民健康和经济发展构成的严重威胁，博茨瓦纳政府采取了一系列强有力的政策措施。博茨瓦纳总统宣布，艾滋病为全国紧急状态，成立了以总统莫哈埃为主任的全国防治艾滋病协调署。2002/2003 年度预算，国民议会拨款 1.83 亿普拉防治艾滋病，约占发展预算总额的 4.2%。政府制定了防治艾滋病规划和阶段执行计划，动员全国上下包括艾滋病病人家属全力以赴防治艾滋病。在首都哈博罗内建立了博茨瓦纳—哈佛艾滋病防疫苗研究所，这是非洲最大的艾滋病防疫苗研究所，并且已于 2003 年 6 月开始对艾滋病患者进行防疫苗临床试验。与此同时，医疗机构还向艾滋病患者发放抗艾滋病药品。

第五节 体育

一 概况

独立前，对于当地的非洲人来说，他们从未参加过任何现代体育运动。个别城镇有运动俱乐部，其会员都是欧洲定居者。

独立后，体育运动在群众中迅速发展起来，特别是足球运动。博茨瓦纳首任总统塞雷茨·卡马就是首都哈博罗内的诺特瓦内足球俱乐部主席。几乎所有村庄都有简易的足球场。足球成为博茨瓦纳人最喜爱的运动。其他体育运动也开始在学校、城镇和农村兴起。在体育运动方面，博茨瓦纳政府采取的方针是，政府与社会力量共同兴办体育运动。每年政府提供一定的财政拨款，鼓励地方政府、社区和工商界积极参与资助体育运动。第七个国家发展计划（1991～1997年）要求在大村庄建设符合标准的体育运动设施，普及体育运动并提高体育运动水平，使之达到国际水准。第八个国家发展计划确定了国家体育运动政策。政策规定，体育运动不只是一种娱乐方式，还是实现"社会和谐"的建国原则的一种手段；要求在城市和农村创造有利于公民参加体育运动的环境，使体育运动成为对国家经济作出重要贡献的社会事业，努力做到让体育运动成为能自筹资金的社会事业。

在博茨瓦纳没有职业运动员，参加各项体育运动的都是业余运动员。他们成立了各种体育运动协会。这些协会都受博茨瓦纳的全国体育运动理事会领导，并且都有各自的俱乐部。博茨瓦纳各级学校也开展体育运动，并举办学生运动会。国家每年举办一次全国运动会。国家奥林匹克委员会负责选拔和培训参加国际运动会的国家队运动员。

二　体育机构和设施

体育机构

独立后，1966～1975年，博茨瓦纳的体育运动一直归中央内政部下设的一个处管理。后来主管部几经变动，曾改为卫生部、内政和劳工部。到1985年，博茨瓦纳政府决定把体育和文化处、妇女事务处和艺术表演处等6个单位合并成文化和社会事务局，而体育运动仅是这个局的一个处。1996年，考虑到体育运动的重要性及其特点，博茨瓦纳政府决定把体育运动处提升为体育运动和文娱局，归劳工和内政部领导。

博茨瓦纳还有一个自治性的全国体育运动理事会。这个体育运动组织是根据国民议会通过的关于体育运动法令于 1995 年成立的，在管理体育运动方面有自治权，每年从政府获得一定拨款，并可以接受社会各界的捐赠，然后把经费分配给它属下的各体育运动协会。这个全国体育运动理事会有一个执行委员会，其成员包括主席（由主管部部长推荐）、副主席、司库和一名执委。执委会所有成员均在年度体育运动代表大会上选举产生。此外，执委会还有两名成员：一名秘书和一名教育部代表。前者由主管部负责体育运动的局任命。

全国体育运动理事会下属行政区体育运动理事会以及各种体育运动协会。这些协会是：

博茨瓦纳业余运动员协会

博茨瓦纳业余拳击协会

哈博罗内的诺特瓦内（足球）协会

博茨瓦纳高尔夫球联合会

博茨瓦纳女高尔夫球协会

博茨瓦纳学校体育运动协会

博茨瓦纳草地网球协会

博茨瓦纳女子保龄球协会

博茨瓦纳垒球协会

博茨瓦纳墙球协会

博茨瓦纳快艇协会

博茨瓦纳板球协会

博茨瓦纳网球协会

博茨瓦纳象棋协会

此外，还有地区和大公司自办的体育运动俱乐部。比如，奥卡万戈足球俱乐部、莫霍迪沙内拳击俱乐部和德比茨瓦纳钻石公司的奥拉帕足球俱乐部。

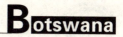

博茨瓦纳全国体育运动理事会的经费主要来源是政府的资助。理事会把收到的拨款分发给其所属协会。该组织的经费其他来源包括大工商企业的捐款以及 20% 的国家体育场的门票费和广告费。博茨瓦纳的大公司赞助体育运动。比如，德比茨瓦纳钻石公司每年在体育运动方面的捐款达 60 万普拉。

体育设施

博茨瓦纳国家建设的唯一大型体育运动设施是首都哈博罗内的国家体育场。它是 1986 年博茨瓦纳共和国独立 20 周年时建立的。这座现代化体育场可容纳 2 万观众，具有符合国际标准的设施，包括标准田径跑道。体育场座位排行空间还根据炎热气候条件配有空气流动装置。社会团体可以租用国家体育场举办体育运动会。每年独立日庆祝活动和重大的庆典都在这里举行。

各个体育运动俱乐部都有各自的运动场所和设备。一些大饭店和星级宾馆也有包括游泳池在内的多功能运动场所。哈博罗内市有一个现代化 18 眼的高尔夫球场，每年举办高尔夫球冠军赛，许多外国高尔夫球爱好者也前来参赛。

在第七个国家发展计划期间（1991～1997 年），已在农村地区的大村庄建设符合标准的运动设施，创造有利于公民参加体育运动的环境，普及体育运动。

三　学校体育运动

博茨瓦纳各级学校都开展体育活动并举办学生运动会。

在小学，体育不是课程，而是课外活动，只是在举办校际学生运动会时，才由博茨瓦纳教师联合会负责组织参赛和比赛活动。主管小学的教育部和地方政府部每年只向小学提供有限的体育运动设施和设备。正在努力建立一个小学体育运动组织，以便统一规划和管理小学体育运动。

在中学，体育是选修课程。博茨瓦纳体育运动协会负责初中和高中的体育运动。这个协会是博茨瓦纳全国体育运动理事会的一个分支，得到教育部中学教育司的资助。每年的学生运动会是分期举行的：1月至5月举办田径运动会；5月至8月举办球类运动会。9月至12月是运动淡季，因为学生要准备年终考试。

大学的体育运动是由1984年成立的高等学校联合运动协会负责。这个协会是博茨瓦纳社团运动协会的一个分支，有一个执委会。该协会在各行政区没有分会，因为大专学校都在城市或近郊区。

四　国家奥林匹克委员会

博茨瓦纳国家奥林匹克委员会负责通过举办全国运动会选拔优秀运动员组成国家代表队。博茨瓦纳参加的国际运动赛事是：世界奥林匹克运动会、全非洲运动会和英联邦运动会。博茨瓦纳国家奥林匹克委员会还为培训参赛运动员和参加国际比赛筹措经费。2003年，德比茨瓦纳钻石公司倡议给国家代表队命名为"斑马队"并为此举行了命名仪式。该公司赞助"斑马队"参加当年10月在尼日利亚首都阿布贾举行的全非洲运动会，此外，还为2003年独立日举办的足球赛赞助7.3万普拉。

现在，博茨瓦纳体育运动面临的主要问题是缺少体育教员和运动教练以及如何提高体育运动水平。

第六节　新闻出版

一　概述

博茨瓦纳在新闻出版方面有较长的历史，可追溯到19世纪初。1819年，英国传教士詹姆士·里德创作了一本茨瓦纳文拼音小册子。后来，英国传教士罗伯特·莫法特在其同行哈密尔顿协助下于 1830 年把英文的《圣卢加福音》译成茨瓦纳文并在开普敦付印，成为首本茨瓦纳文出版物。1837 年，传教士阿切尔编写出茨瓦纳文文法书。1838 年，莫法特在其他传教士帮助下把《新约全书》译成茨瓦纳文。1857 年，传教士艾什顿创办了《茨瓦纳人教员和新闻报道员》的茨瓦纳文报纸，虽然为时不长，但却是首份没有宗教色彩的茨瓦纳文报纸，并开辟茨瓦纳文新闻业先河。1857 年，传教士莫法特和艾什顿又把英文《旧约全书》译成茨瓦纳文。20 世纪 30 年代，曾出版过茨瓦纳文季刊《茨瓦纳人之光》。1962 年，酋长莱博采创办过茨瓦纳文报纸《茨瓦纳人之星》。

在印刷出版方面，1831 年，英国传教士莫法特在库杜马内村办了个印刷厂，印刷《圣经》。后来不仅印刷茨瓦纳文宗教书籍，也印刷茨瓦纳文报刊。现在，这个印刷厂仍在印刷茨瓦纳文书籍。

1961 年，英国贝专纳兰保护地政府在其设在南非境内的首府马弗京设立新闻处和广播处。广播处于 1963 年建立贝专纳兰广播电台。这两个处分别由殖民政府任命的首席新闻官和首席广播官领导。

1966 年独立后，原来的新闻处和广播电台合并为新闻和广播局，归博茨瓦纳内政部领导，1968 年改由总统办公室直接领导。现在该局归通信和科技部领导。新闻和广播局下设新闻处和广播处。前者主管博茨瓦纳通讯社和公私办的报刊及出版社，后者主管官办和私办的广播电台和电视台。

根据 1969 年颁布的有关新闻和广播的法令，博茨瓦纳新闻和广播机构的职责是，让人民了解政府的政策和施政情况；通过专题报道和新闻宣传鼓励人民参与国家的经济、政治和社会活动；在政府和公众关系中起桥梁作用；运用媒体帮助各部门履行职责；向国外宣传博茨瓦纳。

二 新闻和出版机构

博茨瓦纳新闻和广播局的新闻处主管博茨瓦纳通讯社、官方和私人办的报刊以及出版社。

博茨瓦纳通讯社（博通社）

博茨瓦纳通讯社是 1978 年新闻和广播局成立时作为其主要组成部分建立的，负责向各报刊、广播电台、电视台和国际通讯社提供该社收集、采访和编辑的关于中央各部门和全国各地的新闻稿。该通讯社作为政府的新闻机构，也就国内和国际重大事件举行由政府负责官员、新闻记者和外交使团新闻官员参加的新闻发布会或记者招待会，发送政府声明。博通社与泛非通讯社、路透社和法新社等国际通讯社通过网站和卫星保持经常联系。

博通社在以下 23 个城镇和大村庄派有该社的常驻新闻官员：莫丘迪、莫莱波洛莱、马哈拉佩、塞罗韦、洛巴策、拉莫茨瓦、卡尼耶、帕拉佩、弗朗西斯敦、图图梅、马松哈、吉瓦嫩、马翁、萨彭、杭济、胡孔茨、特洛昆、塞莱比—皮奎、博博隆、莱特拉卡内、古马泰和哈博罗内。根据第八个国家发展计划和 2016 年远景规划，博通社要在弗朗西斯敦城、塞罗韦村、莫莱波洛莱村和卡尼耶镇设立分社；此外，还要在以下 11 个地方建立办事处：帕拉佩、洛巴策、古德霍佩、莫丘迪、莱特拉卡内、莫舒帕、古马内、莱拉那、莫霍迪沙内、特洛昆和托诺塔。这样，博通社将拥有一个覆盖全国各地的新闻网络。

报纸和刊物

博茨瓦纳现在有一家日报和 6 种期刊，此外，各部门每年还出版指南、手册和专刊。

官方办的报纸和刊物：

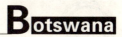

《每日新闻》（Daily News）　创立于 1965 年。它是新闻局办的官方日报，也是全国唯一的日报，每周星期一至星期五出版，英文和茨瓦纳文对照，共 8 版，计划扩大到 16 版，免费赠送给读者，发行量为 5 万份。其版面包括评论、中央和地方新闻、外国电讯、体育新闻、图片和广告。它的特点是，登载的消息和报道保持客观纪实性和独立性，不带记者的个人观点，也不受外国媒体的影响。报社的编辑部成员与中央各部门和各社会团体保持经常联系。

《互谅》杂志（Kutlwano）　这是官方办的期刊，有较长的历史。独立前 1962 年，贝专纳兰保护地政府在洛巴策镇设立的新闻处雇用埃英斯利·格拉特威克（Eainsley Gratwick）发布新闻稿并编印官方的杂志《互谅》。这个名称是设在马弗京的贝专纳兰保护地政府秘书处的 1 名通讯员起的，意思是指 60 年代初期争取独立的谈判过程中殖民当局和茨瓦纳人领袖之间应当互相谅解。这本用英文和茨瓦纳文出版的杂志很受欢迎，因为它是当时茨瓦纳人了解内部自治和独立谈判进程以及自治议会选举和独立宪法的制定及政府内阁组成等情况的唯一出版物。它也是当时引导和团结茨瓦纳人致力于争取自治和独立的唯一刊物。

独立时，《互谅》杂志登载了共和国成立、新政府内阁成员以及英国殖民代表彼得·福克斯爵士（Sir Peter Fawcus）黯然离去的消息，记载了这一伟大历史事件。

独立初期，《互谅》杂志也是罗得西亚铁路局、贝专纳兰书店和标准银行等公司刊登广告的唯一出版物。它为 1965 年创办的官方报纸《每日新闻》和后来成立的博茨瓦纳广播电台输送了新闻工作人员。它在倡导开办私人报刊方面起了重要作用。比如，1971 年 8 月号《互谅》杂志刊登了读者来信，呼吁创办私人报刊。

《互谅》还开辟了小说和卡通栏，登载年轻作者写的短篇小说和画的卡通画。1990 年以后，该周刊除封面和封底为彩页外，还增加了彩色专页。此外，每期都有一篇关于普通茨瓦纳人致力于社区发展的纪实报道，深受读者的欢迎。现在《互谅》的发行量已从过去每期的 1000 份增加到 3 万份。

为庆祝独立日周年，该杂志每年 9 月号版面扩大到 72 页，全部为彩色。

独立前夕，人们称《互谅》为"贝专纳兰人的杂志"，现在人们称它为"博茨瓦纳人的杂志"。

私人办的刊物：

1966 年独立时，曾有人想办商业报，未能成功。因此，从独立至 80 年代初期，博茨瓦纳没有私人办的报刊。80 年代中期以后，先后出现了多种私人办的期刊。它们是：《博茨瓦纳卫报》（The Botswana Guardian）、《观察者》（The Examiner）、《报道者》（The Reporter）、《公报》（Gazette）和《星期三太阳》（The Midweek Sun）。这些刊物都是每星期三出版的周刊。其中《观察者》因缺少资金，不久即消失。其它 4 种周刊至今仍存在。私人周刊内容大部分是娱乐消遣性的报道和文章，主要在城镇和大村庄销售，每种周刊的销售量不等。据 1998 年统计，《博茨瓦纳卫报》1.7 万份，《报道者》2.2 万份，《公报》1.6 万份，《星期三太阳》1.4 万 ~ 1.55 万份。《报道者》周刊从 2003年 10 月起改为日报。

地方上也出现过一些私人办的刊物，但有的为时很短即消失，有的更改名称。比如，《弗朗西斯敦人》（The Francistowner），后来更名为《呼声》（The Vioce），在弗朗西斯敦城出版。《镜子》（The Mirror）期刊在塞莱比—皮奎铜镍城出版。还有《奥卡万戈观察家》（The Okavango Observer）和《新闻联系》（The Newslink）等期刊，问世不久即消失。《经济学

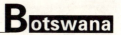

家》（The Economist）是一个不定期刊物，有时候长期停刊，有资金则出 1 期。1998 年有 1 期竟免费赠送读者。

政府印刷出版社

博茨瓦纳政府的出版社直接归新闻和广播局的新闻处领导。出版社负责官方出版物的印刷和发行，优先照顾《政府公报》和官方文件。印刷厂还承印官方日报《每日新闻》。

出版社还承担了学校课本、教材和考卷的印刷以及中央统计局和博茨瓦纳银行编制的大量统计材料。

原来设在商业大街的印刷厂，厂房小，设备陈旧，已不能应对日益增多的印刷和出版需求。1987 年 10 月，印刷厂迁移到布劳德胡斯特工业区的新建楼，安装了现代化印刷设备，因而可以在印刷出版方面为政府部门和社会各界提供现代化优质服务。

出版处　它是新闻局下属的一个单位，负责管理定期出版物，包括国民议会和内阁的公报，各部门编印的介绍博茨瓦纳各方面情况的手册、投资指南、图片集、小资料以及旅游局编印的旅游杂志等。

图像设计处　它也是新闻局的一个下属单位，负责为新闻出版物提供版面和图像设计，包括大标题、广告、刊头和图像制版等。《互谅》杂志和其他出版物（含特刊）的版面设计都由该处承担。它还为期刊做插图设计，包括卡通、图画和彩色图片。该处的摄影组还为政府工程项目、运动、国家大型活动等拍制录像片或摄制纪录影片。

三　广播和电视

1. 广播

博茨瓦纳广播电台是全国唯一的国家广播电台。它的前身是独立前的贝专纳兰广播电台。早在二次世界大战

期间，这个电台只有一部 1 千瓦的中波发射机，代号为"ZND"，是用于马弗京的兽医站向方圆 20 英里牧场工作人员传送信息的。二战期间，代号为"齐曾"（ZIZZEN）的德国反纳粹的地下广播电台雇用两名会说英文的茨瓦纳人 D. 莫凯拉（D. Mokaila）和 L. 摩马夸（L. Moumakwa）收听德国地下电台的英文广播，然后译成茨瓦纳文向茨瓦纳人转播。1963 年，这部发射机和两名广播员从马弗京迁至贝专纳兰保护地境内的洛巴策村，命名为贝专纳兰广播电台，归保护地政府的首席广播官领导，主要广播有关贝专纳兰保护地立法会议起草内部自治宪法和立法会议与英国政府谈判实行自治的消息。1965 年独立前夕，该电台和工作人员又从洛巴策村迁至拟定的首都哈博罗内村（今哈博罗内市）；设备更新为一部 10 千瓦的短波发射机、一部 1 千瓦的中波发射机和一部短程发射机，夜间广播覆盖面可达全国各地；工作人员增加到 10 人。这一时期，电台主要广播有关制定独立宪法和独立谈判以及新政府内阁组成的新闻。

1966 年 9 月 30 日，博茨瓦纳共和国宣告成立，贝专纳兰广播电台正式更名为博茨瓦纳广播电台，归当时的内政部领导。电台的工作人员和《每日新闻》日报的工作人员在同一座楼内办公。每天广播时间从 1 个半小时增加到 3 个半小时，即从下午 5 点半至晚上 9 点。

1968 年，新闻和广播局的广播处主管广播电台。电台迁至新广播楼，工作人员增至 20 人，每天分两班工作，广播时间增加到 8 个小时。

1992 年 4 月 6 日，博茨瓦纳广播电台开设第 2 台，称商业台。1 台主播新闻和文化娱乐节目，2 台主播商业消息和商业广告。

博茨瓦纳广播电台 1 台广播栏目包括《早晨新闻》、《新闻简讯》、《时事》、《今日世界》和《圆桌》等，并转播《非洲之

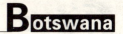

声》电台和英国广播公司电台的新闻。

《早晨新闻》节目，每天早晨 5 点开播，共 3 个小时，大部分是当地的新闻和报道，也包括体育、财经和医疗卫生等消息以及天气预报。

《时事》栏目，每周一至周五广播新闻，每天 8 小时。

《新闻简讯》是关于当地新闻以及发生在国外的有关博茨瓦纳的新闻。

《今日环球》晚 6 点至 7 点播出，播送国际新闻，包括南部非洲地区和世界其他地区新闻。

《圆桌》栏目是每周星期日 11 点播出，谈论人们关注的政治、经济和社会等问题。

博茨瓦纳广播电台 2 台（商业台）于 1995 年 10 月在哈巴内山安装了一部 5 千瓦的新发射机，其广播覆盖面可达到哈博罗内市方圆 10 公里的地区，包括 9 个大村庄和南部的洛巴策城、莫莱波洛莱村和卡尼耶镇，收听者可达 40 万人（占全国人口的 25%），主要收听者是商界人士和城乡年轻人。

商业台的播出时间是每天早晨 6 点至晚 10 点，除播出商业新闻外，星期六早晨还有 30 分钟的体育节目。此外，它的节目中还播放芭蕾舞、爵士乐、摇滚乐和迪斯科音乐等乐曲。

商业台还为工商界开辟一小时介绍和推销产品或商品的专场宣传节目，可以在电台播出，也可以由广播车在指定地点播出。

第八个国家发展计划规定，商业台的广播覆盖面将扩大至全国各地。

此外，还有两家私人办的广播电台："我们的电台"（YA Roma），频率为 106.6 兆赫；哈博罗内电台（GABZ），频率为 962 兆赫。这两家都是商业电台，其覆盖面只能达到哈博罗内市周围地区。

2. 电视

博茨瓦纳的电视事业发展滞后。电视观众可以收看南非电视台播放的电视节目和电视片。

1988年，博茨瓦纳开始有一家私人办的电视台，主要播放录像故事片。

2000年7月，博茨瓦纳才建立国家电视台，正式播放电视节目。

第七章

外　交

第一节　外交政策

博茨瓦纳奉行和平、中立、不结盟和睦邻友好的外交政策，其外交工作重点在南部非洲。从 1966 年独立起至 90 年代初，博茨瓦纳政府谨慎务实地处理与邻国南非和罗得西亚的关系，以巩固独立和维护民族生存；与此同时，支持南部非洲人民反对殖民主义和种族主义、争取民族独立和种族平等的正义斗争。在国际领域，博茨瓦纳根据中立、不结盟和睦邻友好原则，与世界各国建交并发展友好合作关系；主张通过和平协商和谈判解决地区和国际冲突和争端，维护地区和世界和平与安全；积极参加地区和国际经济合作组织，推动南南合作和南北对话，谋求共同发展。

谨慎务实地处理同南非和罗得西亚关系，巩固独立和维护民族生存

博茨瓦纳独立时，三面受敌，处境艰危。东面是罗得西亚的史密斯殖民政权，南面是种族主义堡垒南非，西北面是南非霸占的西南非洲（今纳米比亚），只有东北角的卡宗古拉镇连接非洲人的独立国家赞比亚。当时博茨瓦纳 85% 以上的消费品从南非进口，每年有 30 万吨货物通过南非的铁路和港口输出输入，还有几万名劳工在南非矿山当矿工。博茨瓦纳在铁路和通信方面依赖罗得西亚，而其东北部的乔贝区的物品完全靠罗得西亚供应。鉴于这种处境，博茨瓦纳首任总统塞雷茨·卡马在阐述博茨瓦纳外交政策时明确指出，"博茨瓦纳是南部非洲国家中有生存危机的国家之一，因为它处于敌对和种族主义少数人政权的包围之中。因此，博茨瓦纳的外交政策是由保护和促进民族利益的需要决定的，其基本目标是巩固我国的独立和逐渐扩大我们的行动自由"①。根据这些原则，博茨瓦纳在政治上不同南非和罗得西亚建交，但在经济上对这两个敌对国家采取了灵活务实的态度，把同它们的关系"限制在有关民族生存所必需的范围内"。博茨瓦纳没有退出南部非洲 4 国关税同盟，继续从南非进口所需要的商品，通过南非铁路和港口输出输入货物，几万名博茨瓦纳劳工仍在南非矿山工作。在同南非的经济和贸易交往中遇到问题时，博茨瓦纳政府创造了别具一格的"电话外交"，双方官员通过电话解决问题。非统组织和联合国对南非种族主义政权实行经济制裁，博茨瓦纳表示不反对，但不能参加制裁。

对罗得西亚，虽然自 1966 年起，联合国就宣布对它实行经济制裁，但博茨瓦纳仍允许罗得西亚铁路局的火车过境运行，但火车上不能有种族隔离做法，并实行了部分制裁，比如不允许石油和武器从博茨瓦纳过境，也不允许它的建筑公司在博茨瓦纳开业。1980 年 4 月，罗得西亚人民摆脱史密斯的殖民统治宣布建立津巴布韦共和国，博茨瓦纳的东邻才化险为夷。1992 年纳米比亚独立和 1994 年种族平等的新南非诞生，博茨瓦纳的周边环境才完全转危为安。现在，博茨瓦纳同津巴布韦、纳米比亚和南

---

① 见卡马总统在印度总理英·甘地夫人为他举行的欢迎会上的讲话，1976 年 4 月 4 日。

非都是友好邻邦。

支持南部非洲人民反对殖民主义和种族主义、争取民族独立和种族平等的斗争

博茨瓦纳一方面在经济上谨慎务实地处理它与南非和罗得西亚的关系，另一方面坚决反对它们推行的殖民主义和种族主义政策，支持南非、罗得西亚和纳米比亚的民族解放组织争取民族独立和种族平等的斗争。1969 年，博茨瓦纳总统卡马在卢萨卡举行的非统组织首脑会议上明确指出，我们现在的经济弱点并不妨碍我们说出自己对种族隔离的憎恶，我们谴责种族主义政策的理论和行为。独立后，卡马总统宣布，首先同坚决反对殖民主义和种族主义的赞比亚和坦桑尼亚建立外交关系，断然拒绝与南非和罗得西亚建交并拒绝接受南非提供的官方援助。他明确指出，只要南非继续实行种族主义政策，博茨瓦纳就不可能考虑在比勒陀利亚派驻外交代表机构。博茨瓦纳还在非统组织、不结盟运动和联合国等国际会议上，给予南部非洲的解放组织以政治和外交支持。1974 年，博茨瓦纳与安哥拉、莫桑比克、赞比亚和坦桑尼亚等南部非洲国家建立前线国家首脑会议，定期商讨支持解放斗争事宜。博茨瓦纳在前线国家首脑会议上承诺向津巴布韦解放组织的自由战士提供过境通道。此外，博茨瓦纳接受南非和纳米比亚解放组织成员到博茨瓦纳避难，并在东北部的杜奎建立了可容纳数千人的难民营。但是，博茨瓦纳政府也明确宣布，不允许解放组织利用博茨瓦纳领土作为武装进攻的基地，因为"这样做将危及博茨瓦纳的独立"①。尽管如此，在 70 年代和 80 年代，博茨瓦纳仍分别遭到罗得西亚和南非的多次武装袭击，造成人员和财产损失。但是，博茨瓦纳政府没有退缩，继续支持民族解放组织的斗争，直到他们取得最后

---

① 见 1974 年 9 月博茨瓦纳民主党竞选纲领。

胜利。

根据和平、不结盟和睦邻友好原则与世界各国建交并发展友好合作关系

博茨瓦纳首任总统塞雷茨·卡马在阐述博茨瓦纳的中立和不结盟政策时指出，"我们的不结盟政策要求我们不管意识形态如何，要与世界上所有国家发展关系。不仅要使我们的对外关系多元化，而且要使外国投资和我们的贸易关系多样化，以增加我们执行独立外交政策的能力，使我们对重要的国际事务持独立的立场。"① 根据这个原则，博茨瓦纳独立后首先与非洲国家赞比亚和坦桑尼亚建交，随后又不论社会制度如何分别与以美国为代表的西方集团国家和以苏联为代表的东方集团国家建交并发展关系，没有受"集团外交"的冲击，反而从中受益。80 年代末和90 年代初，纳米比亚独立和新南非诞生，博茨瓦纳本着睦邻友好原则同这两个邻国建交并发展友好合作关系。截至 2003 年，博茨瓦纳已同世界上 74 个国家建交。由于国家小，财力和人力有限，博茨瓦纳只在下列国家设立大使馆和总领馆：

驻南非共和国大使馆并在约翰内斯堡和开普敦设总领事馆

驻英国高级专员，兼管罗马尼亚和俄罗斯

驻欧盟大使，兼管德国、法国、意大利、卢森堡和荷兰

驻瑞典大使馆，兼管丹麦、芬兰、冰岛和挪威

驻津巴布韦高级专员，兼管马拉维、莱索托、斯威士兰和南部非洲发展共同体

驻赞比亚高级专员，兼管尼日利亚、肯尼亚、埃塞俄比亚、非洲联盟和坦桑尼亚

驻美国大使馆，兼管加拿大、墨西哥和巴西

驻纳米比亚高级专员

---

① 见 1975 年 3 月 28 日卡马总统在博茨瓦纳民主党年会上讲话。

驻中国大使馆，兼管朝鲜民主主义人民共和国、韩国、新加坡、马来西亚和巴基斯坦

驻日本大使馆

联合国常驻代表，兼管古巴、圭亚那和牙买加。

在博茨瓦纳设大使馆的国家有：安哥拉、英国、法国、德国、利比亚、纳米比亚、尼日利亚、中国、俄罗斯、南非、瑞典、美国、赞比亚、津巴布韦和印度。

在博茨瓦纳派驻代表或设领事馆的国家是：阿尔巴尼亚、阿尔及利亚、孟加拉、比利时、保加利亚、加拿大、古巴、捷克、丹麦（贸易代表和领事）、埃及、圭亚那、伊拉克、以色列、意大利、日本、肯尼亚、朝鲜、科威特、莱索托、马拉维、莫桑比克、荷兰、挪威、罗马尼亚、西班牙、斯威士兰、坦桑尼亚和南斯拉夫。

在博茨瓦纳派常驻代表的国际组织是：

南部非洲发展共同体（SADC）

联合国儿童基金（UNCEF）

联合国开发计划署（UNDP）

联合国教科文组织（UNESCO）

世界卫生组织（WHO）

欧盟委员会代表团（EU）。

主张通过协商和谈判和平解决地区和国际冲突和争端，维护地区和世界和平与安全

博茨瓦纳在联合国、不结盟运动、非统组织和前线国家首脑会议等国际场合都主张通过协商和谈判和平解决地区和国际冲突和争端。博茨瓦纳参加了联合国采取的国际维持和平行动。1992～1994年，博茨瓦纳参加了"联合国索马里行动计划"；1993～1994年，又参加了"联合国莫桑比克维持和平行动"；1994～1996年，博茨瓦纳派军事观察员参加卢旺达的维和行

动。1998 年，邻国莱索托发生军队内部冲突，推翻民选政府。作为"萨达克"首脑会议主席的博茨瓦纳总统马西雷和南非总统曼德拉、津巴布韦总统穆加贝一起，对莱索托进行了集体干预，要求恢复民选政府，促成莫赫勒首相和国王莱齐耶三世通过谈判签署了和解协议。2001 年，马西雷总统退休后，应联合国和非统组织的要求，担任刚果（金）冲突各方和平谈判的协调员，协调各方意见，保持谈判继续进行，直到问题的最终和平解决。

博茨瓦纳是不结盟运动的成员，并于 1977 年和 1979 年期间，担任该国际组织执行局委员，致力于结束冷战和争取世界和平。

博茨瓦纳为维护地区和世界和平所作的努力和贡献，受到国际社会的赞誉。

积极参与地区和国际经济合作组织，推动南南合作和南北对话

独立后，博茨瓦纳没有退出南部非洲 4 国关税同盟，并于 1969 年与莱索托和斯威士兰一起同南非谈判，提高了三个小成员国的关税总额分成。现在，纳米比亚加入后已成为 5 国关税同盟。1980 年，在博茨瓦纳倡议和推动下，南部非洲 9 国建立了南部非洲发展协调会议，以加强南部非洲国家之间的经济合作和减少对南非的经济依赖。该组织的秘书处设在博茨瓦纳首都哈博罗内，第一任首脑会议主席是博茨瓦纳总统卡马。同年 7 月，卡马逝世后，博茨瓦纳第二任总统马西雷接任首脑会议主席，一直到 1996 年，共 16 年。在马西雷担任首脑会议主席期间，1992 年该地区经济合作组织转为南部非洲发展共同体（简称"萨达克"），并于 1995 年签订了两个务实的文件：《共同利用河流水源条约》和《建立南部非洲联合电网的政府间谅解备忘录》。该地区组织发展了它同欧盟及东盟和南方共同市场等其他洲经济集团的经济合作和贸易往来，还建立了拉美研究所，开展同拉美地区集团的合作。博茨瓦纳还按照"萨达克"成员国分工和战略目标，在博茨瓦纳建立了兽疫苗研究所，生产防治牛口蹄疫疫苗，向南部非洲8个成员国提供4300万支防疫苗，为防治牛口蹄疫作出贡献。博茨瓦纳还于1998年建成长达595公里的横跨卡拉哈里沙漠的公路，把"萨达克"西边大西洋岸的成员国纳米比亚与东边印度洋岸的成员国莫桑比克连接起来，实现了"萨达克"交通网连成一片的战略目标。此外，马西雷主席还倡议建立了"萨达克"政治、防务和安全机构，以解决成员国在政治、外交、国防、安全等方面的问题，巩固地区的和平、安全与和睦。

马西雷总统还是"非洲事务全球联盟"的两主席之一。这个国际组织是他1990年倡议并于1991年成立的。它是撒哈拉以南非洲国家、发达国家和一些主要国际金融机构（如世界银行）组成的非正式集团，旨在让参与者更好地了解非洲国家面临的问题并通过了解给予非洲国家更多的援助，以应对经济全球化的挑战。他领导的这个国际组织为非洲国家争取国际援助，受到非洲国家的赞誉，为推动南南合作和南北对话作出贡献。

第二节　博茨瓦纳与英国的关系

独立前，博茨瓦纳受英国殖民统治长达80年之久。因此，它在政治、经济和文化教育等方面受英国影响很深，关系密切。独立后，博茨瓦纳保持并发展了与英国的双边关系，特别是经济关系。

独立后，博茨瓦纳与英国两国领导人和高级政府官员互访频繁。博茨瓦纳已故总统卡马于1976年和1978年先后访问英国；前总统马西雷于1980年和1991年访问英国；2001年9

月，现任总统莫哈埃访问英国并出席"非洲—英国首脑会议"。访问英国的博茨瓦纳政府高层官员还有外交部长和工商部长。在博茨瓦纳政府、经济和教育部门有大批英国专家担任要职。

英国国家领导人和政府高级官员访问博茨瓦纳的有：1979年，英国女王伊丽莎白二世访问博茨瓦纳并主持博茨瓦纳贸展会开幕式；查尔斯王子于1984年和1985年两度访问博茨瓦纳；安妮公主于1996年访问博茨瓦纳；此外，还有外交和联邦事务大臣（1985年）、外交大臣（1986年）、海外发展大臣（1995年）以及议员代表团（1996年）。

英国是博茨瓦纳最重要的援助国，也是博茨瓦纳出口贸易主要的伙伴国。在1966～1972年的6年期间，博茨瓦纳政府的一半开支靠英国补贴。到1979年底，英国提供援款为8350万普拉。1979～1982年，英国又提供1800万普拉的经济援助。1994年9月，博茨瓦纳和英国两国政府签订一项谅解备忘录，英国每年向博茨瓦纳提供2500万普拉的技术合作援助。

在对外贸易方面，英国是博茨瓦纳最主要的出口贸易伙伴国。钻石占博茨瓦纳出口商品总值的74%，而钻石的销售配额和价格都由设在伦敦的钻石贸易公司确定。博茨瓦纳与英国的钻石出口贸易占博茨瓦纳出口总值的81.5%（2003年）。博茨瓦纳牛肉出口主要也是销往英国。由此可见，英国在博茨瓦纳经济中具有举足轻重的地位。

在文化教育方面，英语在博茨瓦纳是通用语言。博茨瓦纳发行量最大的日报《每日新闻》半版茨瓦纳语，半版英语。博茨瓦纳广播电台有英语广播。茨瓦纳语小学最初4年，母语茨瓦纳语是教学语言，此后，各级学校的教学语言都是英语。2003年，博茨瓦纳有300名留学生在英国学习。

在军事方面，英国帮助培训军官和警官。

第三节 博茨瓦纳与南非的关系

博茨瓦纳与南非的关系源远流长。博茨瓦纳人口的主体茨瓦纳人是在 13、14 世纪时从南非的德兰士瓦地区迁移到博茨瓦纳这块土地定居的。如今，在南非的西北省约有 300 万茨瓦纳人（占南非人口的 7%）与博茨瓦纳的茨瓦纳人有着紧密的亲缘和血缘关系。

1883 年，布尔人占领德兰士瓦并在那里建立德兰士瓦共和国，策划夺取茨瓦纳人在贝专纳兰（当时英国人称博茨瓦纳为贝专纳兰）的土地。而贝专纳兰是英国殖民者从它在南非的开普殖民地向北通往矿产丰富的津巴布韦和赞比亚的通道，也是英国商人、传教士和在南非的钻石矿招募劳工的必经之路。为保护大英帝国在南部非洲的这条经济大动脉，英国于 1885 年派军队进入贝专纳兰并宣布贝专纳兰是它的保护地，由它在南非的开普殖民总督管辖。

1910 年，英国人和布尔人建立南非联邦。在联邦法案里就写明，开普殖民地管辖的贝专纳兰保护地应转交给南非联邦。

1924 年，布尔人狂热的种族主义者赫尔佐格担任南非联邦总理。他要求英国的开普殖民总督遵守联邦法案，立即把贝专纳兰保护地转交给南非联邦。但是，贝专纳兰保护地的茨瓦纳人部族酋长坚决反对把贝专纳兰并入推行种族主义的南非联邦。在茨瓦纳人坚决斗争和英国的同情者的支持下，茨瓦纳人挫败了这个兼并图谋，并顶住了随后南非联邦施加的各种经济压力。

1959 年，英国宣布给予其殖民地自治和独立，贝专纳兰才解除了被南非兼并的危险。

1966 年独立时，博茨瓦纳在经济、贸易、海关、交通和金融等方面基本上依赖南非并受其控制。但是，在政治上，博茨瓦

纳政府坚决不同奉行种族主义的南非建交，并断然拒绝南非当局提供的官方援助。在经济方面，博茨瓦纳仍然保持与南非的传统经济关系，继续是南部非洲关税同盟成员国。另一方面，博茨瓦纳支持南非人民反对种族主义、争取种族平等的正义斗争，接纳南非的难民，但不允许南非的解放运动组织利用博茨瓦纳领土进行反对南非的武装活动。为此，80年代博茨瓦纳曾遭到南非的多次武装袭击，蒙受生命和财产损失。1984年，博茨瓦纳和南非的外长和官员曾就"安全问题"举行过多次会谈。南非曾强迫博茨瓦纳签订放弃支持解放运动的"和平条约"，遭博茨瓦纳拒绝。1987年，博茨瓦纳外长切佩访问南非。1988年9月和12月，博茨瓦纳外长切佩和南非外长博塔就双边关系和地区问题两次会晤。

90年代初，南非政府采取政治改革措施。博茨瓦纳主张南非政府与国内黑人政党领导人对话，寻求政治解决，并努力推动政治解决进程，希望南非早日建立一个民主、自由和不分种族的新南非。1991年，博茨瓦纳在南非设代表处。1992年，南非政府与黑人政党阿扎尼亚泛非主义者大会在博茨瓦纳举行了三次会谈。1993年6月，南非交通、邮电部长访问博茨瓦纳。

1994年4月，新南非诞生。博茨瓦纳于7月与新南非建交，并按照睦邻友好政策与南非发展友好合作关系。1995年9月，南非总统曼德拉访问博茨瓦纳。这一年访问博茨瓦纳的还有南非的外长、贸易和工商部长以及土地事务部长和国防部长。1996年4月，博茨瓦纳总统马西雷访问南非，与南非缔结了"经济合作和国防、安全协议"并拟成立两国在政治、经济、军事、文化、教育和卫生等领域全面合作的常设合作委员会。1997年12月，博茨瓦纳副总统兼财政与发展规划部长莫哈埃率博茨瓦纳工商企业家赴南非约翰内斯堡与南非企业家举行对话会议。1999年6月，博茨瓦纳总统莫哈埃赴南非出席南非新当选总统姆贝基的就职仪式。同年 7 月,博茨瓦纳副总统伊恩·卡马赴南非德班出席第 9 届南部非洲经济论坛并参观了南非的一些企业。两国的政治和经济关系进一步加强。

南非是博茨瓦纳最大的进口贸易伙伴国。博茨瓦纳从南非的进口商品值占其进口总值的 73%,而博茨瓦纳对南非的出口商品值仅占其出口总值的 10%,对南非的贸易有很大的逆差。两国签订了《避免双重税协议》。博茨瓦纳的钻石矿生产基本上由南非的德比尔斯公司控制。约有 1 万名博茨瓦纳人在南非的矿山工作。

近些年来,两国在贸易方面出现摩擦。90 年代中期,博茨瓦纳向南非出口大量组装汽车,引起南非国内汽车制造商的不满。1997 年 5 月,南非海关以博茨瓦纳改变零件进口路线和逃避关税为由扣押博茨瓦纳向南非出口的汽车。博茨瓦纳对此提出抗议。1999 年,韩国在博茨瓦纳的现代汽车装配厂因其在南非的母公司破产而关闭。

第四节　博茨瓦纳与美国的关系

博茨瓦纳与美国的政治和经济关系密切。两国高层往来不断,美国是博茨瓦纳主要的援助国之一并把博茨瓦纳列为美国的贸易优惠国。两国在军事和其他方面也有不少合作关系。

一　高层互访频繁,政治关系密切

1. 访问美国的博茨瓦纳领导人和高级官员

1967 年,博茨瓦纳开国总统塞雷茨·卡马以私人身份访问美国。

1984、1989 和 1996 年,前总统马西雷三次访问美国。1993

年，马西雷总统赴美国出席在美国召开的非洲国家政府首脑和美国南部州长联合高级会议。

1997年，博茨瓦纳副总统莫哈埃赴美国参加国际经济会议并会晤美国助理国务卿托尔伯特。

1998和2000年，博茨瓦纳现任总统莫哈埃两度访问美国出席国际经济会议并借此机会广泛接触美国工商企业家，呼吁美国企业家增加对博茨瓦纳的投资。

2000年6月和2002年2月，现任总统莫哈埃两度访问美国。

2003年6月，博茨瓦纳总统莫哈埃出席在美国举行的美国—非洲商业峰会，向美国工商界人士发表演讲，鼓励美国企业家到博茨瓦纳投资。

访问美国的博茨瓦纳政府高级官员有：外长（三次）和国防军司令。

2. 访问博茨瓦纳的美国领导人和高级官员

1998年3月29日至31日，美国总统克林顿访问博茨瓦纳，称赞博茨瓦纳是"非洲民主和经济发展的典范"。马西雷总统在其为克林顿总统举行的招待会上感谢美国通过其国际开发署、和平队、大使基金和南部非洲发展基金等向博茨瓦纳提供的援助。

2003年7月10日，美国总统布什对博茨瓦纳进行了7个小时的短暂访问，高度评价博茨瓦纳在政治和经济建设方面取得的成就，承诺在美国《非洲增长和机遇法案》的框架下继续加强与博茨瓦纳的经济关系，扩大双边贸易。

访问博茨瓦纳的美国政府高级官员有：国务卿、商业部长、美国欧洲驻军副总司令以及参众两院的议员代表团。

二　经济和贸易关系

博茨瓦纳独立后至90年代末，美国通过国际开发署、和平队、大使基金和南部非洲发展基金等向博茨瓦纳总共提供了 2.03 亿美元的各种援助。援款用于教育、卫生事业以及促进私人企业发展和环保，培训财政和技术人员，还有防治艾滋病。

1995 年，美国决定将其国际开发署南部非洲办事处设在博茨瓦纳首都哈博罗内。

两国的贸易量很小。80 年代，博茨瓦纳曾向美国出口铜镍锭，年出口值从 400 多万美元至 8000 多万美元。近些年来，根据美国的《非洲增长和机遇法案》的优惠条件，已有 5 家博茨瓦纳纺织品公司获准按优惠条件向美国出口纺织品，出口值从 2002 年的 307 万美元增加到 2004 年的 2001 万美元。

三 其他方面的合作关系

美国在 1966～1996 年的 30 年期间曾向博茨瓦纳派遣和平队（1996 年停止），共 2500 人，在博茨瓦纳教育、卫生、经济和环保部门服务。美国曾为博茨瓦纳培训 300 名企业家并接受 800 多名博茨瓦纳留学生。

根据 1980 年 3 月 28 日博茨瓦纳和美国两国签订的协定，美国于 1991 年在博茨瓦纳的塞莱比—皮奎建立了《美国之音》电台的中转站，目的是"促进国际了解和合作以及两国新闻传播和交流"。

美国非洲发展基金会与博茨瓦纳政府于 1997 年 8 月签署协议，规定在两年内双方共同出资发展博茨瓦纳非政府组织、地方社团和小型企业。

博茨瓦纳与美国签署了关于允许美国公民免受国际法庭审判的协议。该协议规定，未经美国政府许可，博茨瓦纳政府不能将在博茨瓦纳境内被指控有种族清洗罪、战争罪和反人权罪的美国公民移交给国际法庭审讯。此协议遭到博茨瓦纳众多人士反对，认为此举有损博茨瓦纳国家主权。

在军事方面，1987年，博茨瓦纳与美国签订军事协定。两国军队定期在博茨瓦纳举行联合军事演习。博茨瓦纳国防军很多军官在美国军事院校培训。

1996年6月，博茨瓦纳国防军司令伊恩·卡马应邀访问美国。

1998年4月，美国驻欧洲军队副总司令代表美军向博茨瓦纳赠送1架C-130运输机并赠款850万普拉，建1所军医院和培训军人。

1998年10月，美国国防部向博茨瓦纳医院和学校等单位捐赠价值700万普拉的物资，包括家具、电脑、电器、复印机、木工机械、书籍和医疗设备等。

1999年8月，博茨瓦纳国防军司令费希尔中将访问美国并会见了美参谋长联席会议副主席和国防部副部长，两国军事合作进一步加强。

第五节　博茨瓦纳与南部非洲
国家的关系

茨瓦纳与南部非洲国家（不含南非）都有同样的历史遭遇，都经过斗争摆脱殖民统治取得民族独立。博茨瓦纳独立后首先与已经独立的南部非洲国家建立外交关系，同时支持这个地区尚未独立的国家人民争取民族独立的斗争。现今，博茨瓦纳与这些国家都按睦邻友好政策发展友好合作关系，并且通过友好协商和平解决彼此之间出现的争端和纠纷。博茨瓦纳还积极参加本地区的维和行动，维护地区和平与安全，努力推动地区经济合作。

1. 与津巴布韦的关系

博茨瓦纳和津巴布韦是有历史渊源和部族亲缘关系的邻国。

早在公元 10 世纪，一个部族群体就居住在津巴布韦西南部和博茨瓦纳的东北部弗朗西斯敦周围与津巴布韦交界的狭长地带。后来，这个群体称卡兰加人。19 世纪，殖民者人为地划分边界，把大部分卡兰加人划入津巴布韦境内，少数人划入博茨瓦纳境内。如今，博茨瓦纳的东北行政区就是卡兰加人聚居区。

12～14 世纪的大津巴布韦国的版图曾扩张到博茨瓦纳的塔蒂地区。1889 年，英国殖民者约翰·罗得斯成立英国南非公司时就把贝专纳兰保护地（今博茨瓦纳）划入该公司的管辖范围。1894 年，罗得斯的公司在实现南北罗得西亚（今津巴布韦和赞比亚）殖民化目标后，要求英国把贝专纳兰保护地转交给他的公司管辖。但是，茨瓦纳人部族坚决反对该公司的兼并图谋，因为该公司掠夺非洲人的土地和财产，虐待和屠杀非洲人。英国政府提出一个照顾双方利益的妥协办法：茨瓦纳人三个部族的领地继续归英国管辖，但是茨瓦纳人要割让部分土地给罗得斯的公司在贝专纳兰东南部建筑一条过境铁路。这条铁路的所有权和管理权属该公司。津巴布韦独立前，这条铁路归南罗得西亚殖民当局所有。1980 年，津巴布韦独立后，铁路所有权归津巴布韦共和国。1987 年，经过多次协商，博茨瓦纳政府以 3800 万美元赎买了这条过境铁路。

博茨瓦纳独立后，在 70 年代，曾支持津巴布韦民族解放运动组织争取民族独立的斗争，直到他们取得最后胜利。

1980 年 4 月，津巴布韦独立。1983 年 5 月，博茨瓦纳与津巴布韦建立外交关系。建交后，两国领导人互访并建立了执政党之间的党际关系，发展友好合作关系。两国设有混合委员会、防务和安全联合委员会，分别在两国首都定期举行会议，商讨两国合作和安全等问题。两国还在海关和移民，野生动物管理，打击恐怖主义、药品走私和跨境犯罪等方面进行合作。

津巴布韦是博茨瓦纳在南部非洲第二大贸易伙伴国。博茨瓦

纳从津巴布韦进口商品不需要许可证。

两国曾通过友好协商解决大批津巴布韦非法移民进入博茨瓦纳的问题。

博茨瓦纳和津巴布韦都是"萨达克"和英联邦成员国。

2. 与纳米比亚的关系

在纳米比亚独立前，博茨瓦纳支持纳米比亚解放运动组织争取民族独立的斗争，并在 1989 年联合国实施关于纳米比亚独立的"435"号决议过程中起了重要作用：博茨瓦纳常驻联合国大使约瑟夫·莱夸伊拉担任联合国过渡时期协助团的副特别代表，监督为实现纳米比亚独立举行的制宪会议选举。1990 年 3 月，纳米比亚独立，博茨瓦纳即与纳米比亚建交。建交后，两国领导人互访，发展友好合作关系。两国设有混合委员会，定期举行会议，商讨双边合作问题。两国还签订了加强文化和教育合作协议以及防务与安全谅解议定书。2003 年 11 月，博茨瓦纳、纳米比亚和南非就共同利用博茨瓦纳境内的横跨卡拉哈里沙漠公路签订了"横跨卡拉哈里走廊谅解备忘录"。这条在博境内的横跨卡拉哈里沙漠的公路使南部非洲地区国家向美国和欧洲市场出口贸易运输缩短了 5～10 天，从而降低了出口商品成本和提高了国际竞争力。博茨瓦纳从纳米比亚进口部分石油产品。

两国在边界河岛屿归属、边界地段划线和卡普里维分离主义者要求在博茨瓦纳避难等问题上有过争端和纠纷，但都能通过友好协商得到和平解决，没有影响两国友好合作关系的发展。

两国都是南部非洲关税同盟和"萨达克"成员国。

3. 与莱索托和斯威士兰的关系

博茨瓦纳、莱索托、斯威士兰 3 国从 19 世纪到现今一直有着息息相关的政治和经济关系，并且在高等教育方面一度还有过良好的合作。

19 世纪末至 20 世纪中叶，博茨瓦纳、莱索托、斯威士兰 3

国都曾是英国保护地，分别称贝专纳兰保护地、巴苏陀兰保护地和斯威士兰保护地。在那个时期，南非联邦曾试图把这三个保护地并入它的版图。但是，三个保护地的部族酋长坚决反对并入种族主义者统治的南非，联合斗争，挫败了南非联邦的兼并图谋，保住了国土的完整。

1910年，南非与英国的这三个保护地签订了南部非洲关税同盟条约，建立了由南非控制的关税同盟区。由于地理位置和经济原因，三个保护地独立后仍留在关税同盟区。因此，博茨瓦纳、莱索托、斯威士兰3国在关税同盟框架下有着密切的经济关系。1969年，3国联合起来同南非谈判，修改了关税同盟条约的有关条款，增加了3国在关税总额中的分成，改善了3国经济状况。

在高等教育方面，3国有过良好的合作关系。由于南非实行种族隔离制，禁止黑人上南非大学，1964年，罗马的天主教会和英国政府达成协议，决定把天主教会设在巴苏陀兰的庇护十二世学院改为"巴苏陀兰—贝专纳兰—斯威士兰大学"。60年代末，3国独立后，这所大学更名为"博茨瓦纳—莱索托—斯威士兰大学"，3国共同分担大学的经费。1975年，莱索托退出，建立莱索托大学。该大学遂改名为"博茨瓦纳—斯威士兰大学"，大学本部设在博茨瓦纳首都哈博罗内，直到1982年才解散，因为博茨瓦纳和斯威士兰各自都建立了自己国家的大学。

3国也都是"萨达克"的成员国，并在此框架内共同维护地区和平与稳定，推动地区经济合作和发展。1998年，莱索托发生军队内部冲突，推翻民选政府。作为"萨达克"首脑会议主席的博茨瓦纳总统马西雷与南非总统曼德拉和津巴布韦总统穆加贝，根据"萨达克"条约关于维护地区和平与稳定的规定和"国家间防务和安全协议"，对事件进行了集体干预。博茨瓦纳和南非向莱索托派出维和部队，维持那里的社会秩序并促使问题

和平解决，恢复了民选政府，维护了地区和平与稳定。

1974年，博茨瓦纳、莱索托、斯威士兰3国建立联合协商委员会，3国领导人定期磋商合作问题。3国还建立了常设联合合作委员会。

4. 与赞比亚和坦桑尼亚的关系

赞比亚和坦桑尼亚是南部非洲最早独立的国家。1966年博茨瓦纳独立后首先与赞比亚和坦桑尼亚建交。70年代，3国发起建立前线国家首脑会议，支持南部非洲民族解放运动争取民族独立和种族平等的斗争。1980年，3国又共同创建了南部非洲九国发展协调会议（今南部非洲发展共同体），加强南部非洲国家间的经济合作。3国领导人互访，加强了彼此的传统友好合作关系。博茨瓦纳与赞比亚建立了常设合作委员会，定期磋商合作事宜，并制定了运输、教育、通信和科技领域的合作计划；签订了"防务与安全协议"；还在监测和控制艾滋病方面进行合作。

5. 与安哥拉和莫桑比克的关系

博茨瓦纳、安哥拉和莫桑比克3国都是前线国家首脑会议的发起国，支持南部非洲的民族解放运动。它们也都是南部非洲发展共同体成员国，在此框架下进行经济合作。安哥拉和莫桑比克都是70年代独立的，但独立后，由于陷于长期内战，它们的经济建设迟迟不能进行，博茨瓦纳与它们的经济和贸易往来很少。直到90年代，它们的内战才平息。博茨瓦纳总统马西雷曾为莫桑比克政府与反政府武装派别的谈判进行过斡旋。两国领导人互访，加强了传统的友好关系。90年代中期以后，安哥拉国内恢复和平。1998年6月，安哥拉总统多斯桑托斯访问博茨瓦纳，与博茨瓦纳总统莫哈埃商谈了两国在奥卡万戈三角洲资源利用方面的合作。与此同时，博茨瓦纳、安哥拉和联合国难民署三方还签署了关于遣返在博茨瓦纳的安哥拉难民的协议。

第六节 博茨瓦纳与其他欧洲
国家的关系

独立后，博茨瓦纳除保持和发展与原宗主国的传统关系外，还根据不结盟政策，分别与属于东西方两大对立集团的国家建交和发展关系。博茨瓦纳与前苏联和东欧国家建交并发展经贸关系，也与属于西方集团和中立的欧洲国家建交和发展经贸关系。20世纪90年代初，苏联瓦解后，博茨瓦纳继续保持与俄罗斯和其他东欧国家业已存在的友好合作关系。

1. 与苏联/俄罗斯和东欧国家的关系

博茨瓦纳与苏联于1970年建交。70年代，苏联只在教育方面向博茨瓦纳提供25名奖学金名额。80年代中期以后，两国才开始发展经贸关系。1987年和1988年，两国先后签订了双边贸易协定和经济技术合作协定以及苏联向博茨瓦纳派遣医疗队的协议。1988年，苏联还通过其"非洲基金"在博茨瓦纳建立职工技术培训中心，并在博茨瓦纳设立商务处。1990年6月，博茨瓦纳矿业与水利部长访问苏联，商谈两国在钻石生产和加工方面的合作。

苏联解体后，90年代初至今，博茨瓦纳与俄罗斯交往较少。1991年，俄罗斯的卡玛兹公司在博茨瓦纳建立一个汽车装配厂。

博茨瓦纳与东欧国家交往也很少。1983年9月，博茨瓦纳总统马西雷曾访问罗马尼亚和南斯拉夫。博茨瓦纳与罗马尼亚签订了双边贸易协定。

2. 与德国的关系

冷战时期，博茨瓦纳与德意志民主共和国和德意志联邦共和国都建立了外交关系。德国统一后，1991年6月，博茨瓦纳总统马西雷访问德国。此后，博、德两国经贸关系发展很快，德国成为博茨瓦纳的主要援助国之一。90 年代以来，德国总共向博茨瓦纳提供各种援助约 10 亿普拉。1994 年，德国非政府组织德国发展局就向博茨瓦纳提供 2.7 亿普拉的援助并派出 250 名专家在博茨瓦纳从事职业培训、扶植中小企业、中学教育、社区发展和农林等方面工作。德国还曾于 1994 和 1995 年赠送给博茨瓦纳国防军价值数百万普拉的军用运输车辆。1996 年 7 月，德国副总理兼外长金克尔率领大型投资考察团访问博茨瓦纳。2003 年 8 月，博茨瓦纳国防军司令费希尔中将访问德国，参观了德国欧洲安全研究中心。博茨瓦纳向德国出口铜镍锭。

3. 与法国的关系

博茨瓦纳与法国的交往较少，也较晚。20 世纪 70 年代，法国的"美优"（Meieux）兽疫苗研究所曾帮助博茨瓦纳建立了一座兽疫苗研究所。1996 年，两国签订了水利合作协议，由法国拨款为博茨瓦纳培训水利管理人员。1997 年 4 月，博茨瓦纳总统马西雷率多位部长和工商企业家赴法国招商引资。两国合作关系进一步加强。同年 2 月和 8 月，法国合作部长和参议院主席访问博茨瓦纳。随后，法国又向博茨瓦纳派出几个投资和贸易考察团。2003 年 7 月，法国"标志"汽车公司在博茨瓦纳开设汽车销售行。

4. 与瑞典、挪威和芬兰的关系

瑞典是向博茨瓦纳提供援助最多的欧洲国家之一。自博茨瓦纳独立至 90 年代末，瑞典向博茨瓦纳提供的援助已超过 10 亿普拉，主要用于教育、水利资源开发、农村发展和电信等方面。1993 年起，瑞典调整对外援助方式，即由政府直接无偿援助改为贷款和合资方式。1993 年，瑞典的沃尔沃汽车公司在博茨瓦纳建立汽车装配厂。1996 年，瑞典向博茨瓦纳提供为期 10 年的 6000 万普拉的无息贷款，用于农村电气化。1997 年，瑞典向博茨瓦纳提供为期 3 年的 120 万普拉的贷款，用于改善三个地区的卫生设施。同年 6 月，瑞典又通过联合国开发计划署向博茨瓦纳提供 250 万普拉援助，用于防治艾滋病。从 1998 年底起，瑞典已停止对博茨瓦纳的官方援助，转为扩大商业合作。2001 年，瑞典的移动电话公司在博茨瓦纳开展营销业务。

挪威是博茨瓦纳公路发展的主要援助国之一。自 1972 年至 1999 年，挪威总共向博茨瓦纳提供了 8.5 亿普拉的发展援助资金，主要用于公路建设、农村发展、自然资源利用、卫生和通信等方面。1996 年，挪威政府计划内拨款 1570 万普拉和计划外拨款 1445 万普拉，用于博茨瓦纳卫生、农村发展、公路建设、自然资源利用和环境保护。1997 年 12 月，博茨瓦纳与挪威签订协议，规定 1998～2000 年期间，博茨瓦纳和挪威两国政府各提供 200 万和 600 万普拉，用于公路发展技术项目。此外，挪威还通过联合国儿童基金会向博茨瓦纳提供 200 万普拉，用于边远地区的初等教育。过去，挪威对博茨瓦纳援助完全由政府负担，现在已改为与博茨瓦纳政府分担，并逐步减少官方无偿援助，增加技术合作项目。

芬兰于 1990～1996 年曾向博茨瓦纳农学院提供 400 万普拉的赠款。1998 年 10 月，博茨瓦纳与芬兰签订了一项赠款协议。根据协议，在 1997～2001 年期间，芬兰向博茨瓦纳农学院提供 190 万普拉的无偿援助，用于该学院开设森林学课程。

第七节　博茨瓦纳与日本和东南亚国家的关系

1. 与日本的关系

20世纪 80 年代以来，博茨瓦纳重视与日本的关系。日本对博茨瓦纳的援助逐渐增多，已成为博茨瓦纳最

大的援助国之一。1988年，博茨瓦纳副总统兼财政与发展规划部长姆西与日本"海外援助合作基金会"签订一项贷款协议，日本政府给博茨瓦纳3570万普拉（偿还期30年）贷款，用于博茨瓦纳购买470辆火车车厢。1992年，博茨瓦纳总统马西雷访问日本，双方就日本人免签证入博茨瓦纳达成协议。1993年以来，日本向博茨瓦纳提供了1.27亿普拉的贷款，用于建筑横跨卡拉哈里沙漠公路和扩建莫鲁普莱发电厂。1994年，日本给博茨瓦纳130万普拉赠款，用于博茨瓦纳购买日本制造的汽车。同年7月，日本再赠款1500万普拉，用于博茨瓦纳购买客车。1997年，博茨瓦纳在日本设立大使馆。1989年以来，日本多次免除博茨瓦纳所借债务，至1999年，共免除博茨瓦纳债务5440万普拉。1993年以来，日本根据其海外合作志愿者计划，总共向博茨瓦纳派出382名志愿者，分别在博茨瓦纳农业、建筑、机械工程、卫生和工商等部门向博茨瓦纳提供技术援助。

2. 与东南亚国家的关系

90年代以来，为借鉴东南亚国家发展经济的成功经验，博茨瓦纳开始大力促进这些国家在博茨瓦纳投资。1991年，马来西亚在博茨瓦纳投资兴办了一家大型多国合资运动衫厂。1993年，韩国现代汽车公司与博茨瓦纳合营建立一家汽车装配厂。1997年3月，新加坡总理吴作栋率工商企业家代表团访问博茨瓦纳考察投资和贸易机会。新加坡为博茨瓦纳培训了200多名技术人员。1997年5月，马来西亚总理马哈蒂尔率工商企业家代表团访问博茨瓦纳考察投资环境和进行贸易的机会。7月，博茨瓦纳总统马西雷赴马来西亚出席"互惠合作伙伴对话会议"。1999年7月，博茨瓦纳总统莫哈埃赴马来西亚出席第三届"国际紧密伙伴对话会议"，并对马来西亚和新加坡进行了访问。

博茨瓦纳与印度的经贸关系从 80 年代末起逐步加强。1988年，印度总理特使访问博茨瓦纳。两国签订了备忘录，印度向博茨瓦纳提供医疗设备、水泵，为博茨瓦纳建设农机厂和电机维修站。同年，印度古典舞蹈团访问博茨瓦纳。2001 年 1 月，博茨瓦纳与印度签订贸易协定。印度毛坯钻石公司在博茨瓦纳建立一个钻石切割和打磨厂。

第八节　博茨瓦纳与中国的关系

19 66 年独立时，博茨瓦纳同中国台湾当局建立 "外交关系"。台湾当局在博茨瓦纳设立 "大使馆"。1970年以后，博茨瓦纳政府曾在不同场合多次表示愿同中国发展关系。1971 年，在第 26 届联合国大会上，博茨瓦纳投票赞成恢复中华人民共和国在联合国的合法席位。1974 年 3 月 25 日，博茨瓦纳政府发表声明，承认中华人民共和国政府是中国唯一的合法政府，并要求台湾当局结束在博茨瓦纳的一切活动（当时台湾当局在博茨瓦纳有农耕队）。此后，两国常驻联合国代表商谈建交事宜。1975 年 1 月 6 日，博茨瓦纳和中国建立大使级外交关系。在建交公报中，博茨瓦纳承认中华人民共和国政府是代表中国人民的唯一合法政府，台湾省是中华人民共和国领土不可分割的一部分；中华人民共和国坚决支持博茨瓦纳维护民族独立和国家主权、发展民族经济的正义斗争；双方政府同意在互相尊重主权和领土完整、互不侵犯、互不干涉内政、平等互利和和平共处的原则基础上发展两国之间的友好合作关系。

建交后，中国即在哈博罗内设立大使馆，两国关系顺利发展，高层政治往来不断，经济技术合作卓有成效，其他方面的友好交往也逐渐增多。

一 高层往来不断，增进相互了解和友好合作关系

1. 访问中国的博茨瓦纳高层领导人

76 年 7 月 26 日至 8 月 9 日，博茨瓦纳首任总统卡马对中国进行了为期两周的工作访问，签订了两国政府经济技术合作协定，为发展两国友好合作关系奠定了基础。此后，博茨瓦纳国家领导人和政府高级官员访问中国的有：

1980 年 6 月和 1985 年 6 月，博茨瓦纳副总统马西雷和姆西分别率领博茨瓦纳民主党代表团访华，与中国共产党建立并发展了党际关系。

1991 年 9 月 13～20 日，马西雷总统对中国进行了正式友好访问。访问期间，马西雷总统宣布，博茨瓦纳在中国设立博茨瓦纳在亚洲的第一个大使馆。他说，中国是博茨瓦纳的老朋友，建交以来，两国关系一直在发展。他感谢中国给予博茨瓦纳的援助并赞扬中国援博茨瓦纳人员的出色工作。他希望两国不仅在中央政府一级发展关系，而且能发展两国省区之间的合作。

1996 年 6 月，莫哈埃副总统访华。

2000 年 6 月 12～17 日，莫哈埃总统对中国进行国事访问。访问期间，两国签订了两国政府关于鼓励促进和保护投资协定、中国政府向博茨瓦纳政府提供优惠贷款的框架协议、两国间外交部建立政治磋商机构的协议以及两国政府文化合作协定 2001～2003 年执行计划。

2001 年 10 月，博茨瓦纳国民议会议长马特拉彭·摩洛莫率议会代表团访华。

建交以来，访问中国的除上述博茨瓦纳国家领导人外，还有博茨瓦纳外交、工商、农业、卫生、总统事务、工程运输和交通、劳工和内政等部部长。

2. 访问博茨瓦纳的中国领导人和高层官员

建交以来，访问博茨瓦纳的中国政府领导人和高级官员有：

1986 年 9 月，中国政府副总理李鹏访问博茨瓦纳并出席博茨瓦纳独立 20 周年庆典。访问期间，两国签署了经济技术合作协定和贸易协定。

1995 年 7 月，中国政府副总理朱镕基访问博茨瓦纳。访问期间，双方签订了中国政府向博茨瓦纳政府提供贷款和赠送物资协议。

截至 2003 年，访问博茨瓦纳的中国政府高级官员还有全国人民代表大会副委员长、国务委员以及外交、国防、冶金、文化、商业、外贸和地质等部的部长和副部长。

在台湾问题上，博茨瓦纳坚持一个中国原则，希望中国早日完成国家统一。1999 和 2000 年在联合国人权会议上，博茨瓦纳支持中国立场。

二　经济技术合作和贸易

1. 经济合作

从建交至 2001 年，根据两国签订的经济技术合作协定和优惠贷款框架协议，中国先后向博茨瓦纳提供各种援助 26 笔，总金额为 6.31 亿元人民币。其中包括无息贷款、优惠贷款、军援贷款和无偿援助。

在无息和优惠贷款及赠款项下，中国为博茨瓦纳承担并完成了以下 5 个工程项目：

①全长 641 公里铁路干线的更新和改造工程；

②建造 424 套低价住房；

③全长 350 公里的莱泰哈肯—坎公路（一期）工程；

④建成性传染病治疗中心；

⑤建成多功能青年活动中心。

2. 技术合作

建交以来，中国在农业、医疗卫生、土地测量和人员培训等方面与博茨瓦纳进行了以下合作：

试种水稻合作：1977 年，中国派水稻专家在博茨瓦纳北部马翁试种水稻，获得成功，但由于所产大米成本高以及其他原因，于 1989 年停止种植。

医疗卫生合作：1980 年两国政府签订中国向博茨瓦纳派遣医疗队议定书。至今已是第 9 期。此外，从 1999 年起，中国派出 3 人医疗设备维修小组，在博茨瓦纳工作，合同期为 3 年。

土地测量和规划技术合作：1991 年起，中国派遣技术人员帮助博茨瓦纳开展土地测量和规划工作。

人力资源培训：1994 年以来，中国以发展中国家技术合作方式在中国举办各类培训班，先后为博茨瓦纳培训了十几名技术人员，其专业涉及兽医、气象预报、放射应用、淡水养鱼和蔬菜种植。1998 年至今，博茨瓦纳官员参加中国举办的非洲经济管理官员研修班。

3. 双边贸易

博茨瓦纳和中国贸易始于 1982 年，初期年贸易额仅 30～50 万美元。1986 年 9 月 29 日，两国政府签订贸易协定后，贸易额有所增加。2000 年 6 月两国又签订投资保护协定。由于博茨瓦纳市场需求量小，两国相距甚远以及其他制约因素，两国直接贸易量有限。除个别年份外，中国长期保持顺差。据中国海关统计，2004 年，两国贸易额为 5240 万美元，其中中国出口额 4954 万美元，从博茨瓦纳进口额 296 万美元。中国出口的主要商品是纺织和机电产品，从博茨瓦纳进口的商品主要是钻石（277 万美元）。

4. 承包工程和劳务合作

从 1988 年起，中国公司进入博茨瓦纳承包工程和劳务市场。

截至 2003 年，共有 10 个中国公司在博茨瓦纳注册并开展业务。其中中国土木工程公司、中国建筑总公司和中国海外工程公司为主。截至 2000 年底，中国公司在博茨瓦纳共签订承包劳务合同 383 个，合同额累计 6.34 亿美元。其中工程承包合同 319 个，合同额 6.12 亿美元；劳务合同 64 个，合同额 0.22 亿美元。承包工程主要是房建项目，还有污水处理厂和市政设施等项目。

根据博茨瓦纳移民局 2000 年统计，中国在博茨瓦纳的华人华侨总共 2699 人，其中 3 人已入博茨瓦纳籍。华人和华侨在博茨瓦纳城乡开设了 237 家商店，8 家中餐馆以及 7 家小建筑承包公司。他们成立了博茨瓦纳华人华侨总商会。

5. 文化、教育和体育合作及交流

1975 年建交以来，博茨瓦纳与中国两国在文教和体育领域的合作和交流不断发展。1976 年，中国新闻摄影组赴博茨瓦纳拍摄了博茨瓦纳独立 10 周年庆典纪录片。此后，根据两国政府签订的文化合作协定，1986 年和 1997 年，博茨瓦纳文化局长萨伊塞和主管文化事务的内政部长泰马内曾分别率领博茨瓦纳艺术团访华演出。1996 年，博茨瓦纳在中国举办了博茨瓦纳工艺品展览。

1993 年，中国文化部副部长刘德有率领的中国文化代表团访问博茨瓦纳。中国还曾派出足球队、武术队、女子垒球队、杂技团（5 次）访问博茨瓦纳进行比赛和表演。中国曾派体操教练协助博茨瓦纳编排独立 20 周年和 30 周年庆典的团体操，并于 1994 年在博茨瓦纳举办了中国工艺品展览。

在教育方面，1976 年以来，中国为博茨瓦纳学生提供奖学金，有 10 多名博茨瓦纳学生在中国留学。1992～1996 年，中国曾向博茨瓦纳派出 16 名教师，在博茨瓦纳教育学院和中学任教。2001～2003 年，博茨瓦纳派学员参加中国东南大学为非洲国家举办的高级计算机研修班学习。

第九节　博茨瓦纳与国际组织的关系

1. 与联合国的关系

茨瓦纳 1966 年 9 月 30 日独立，10 月 17 日加入联合国。博茨瓦纳在联合国有常驻代表团，积极参加联合国的各种活动；支持联合国大会和安理会通过的关于声援和支持南部非洲人民争取民族独立和种族平等斗争的决议和采取的行动；参加联合国采取的多次国际维和行动。1995 年和 1996 年，博茨瓦纳担任过两年的安理会非常任理事国。

另一方面，联合国通过其机构向博茨瓦纳提供各种援助。联合国开发计划署援助博茨瓦纳许多发展项目；世界粮食计划署在博茨瓦纳灾荒时提供救济粮；世界卫生组织帮助博茨瓦纳开展卫生保健工作；联合国儿童基金向博茨瓦纳学生和弱势群体提供食品；联合国难民署照顾在博茨瓦纳的国际难民。70 年代，在博茨瓦纳遭受罗得西亚殖民政府武装袭击时，联合国曾给博茨瓦纳政治和外交支持。

2. 与非洲统一组织/非洲联盟的关系

博茨瓦纳 1966 年 9 月独立，10 月 31 日即加入非洲统一组织（今非洲联盟）。在非统组织内，博茨瓦纳与其他成员国一起讨论非洲大陆的政治、经济和社会等重大问题并集体通过相应的决议。博茨瓦纳参加非统组织与联合国共同采取的地区维和行动。非统组织在上个世纪 70 年代罗得西亚战争期间曾给博茨瓦纳一些财政援助，还通过非洲开发银行向博茨瓦纳提供贷款。

3. 与不结盟运动的关系

博茨瓦纳是不结盟运动成员国，积极参与该国际组织的活动，特别是关于支持南部非洲解放运动的活动。1977 年和 1979 年，博茨瓦纳曾是该国际组织的执委会委员。

4. 与英联邦的关系

博茨瓦纳是英联邦成员国，积极参与该国际组织的活动，与其他成员国定期讨论如何在英联邦范围内进行经济发展、教育、医疗卫生和体育等领域的合作。1980年，博茨瓦纳参与该组织为解决津巴布韦问题所作的努力。博茨瓦纳是英联邦部长行动小组的成员，该小组负责执行1991年英联邦通过的"关于民主和良政的哈拉雷宣言"。

5. 与欧洲联盟的关系

博茨瓦纳与欧洲联盟有着密切的经济和贸易关系。欧盟是给博茨瓦纳官方发展援助最多的国际组织，也是博茨瓦纳重要的贸易伙伴。1996～2000年，欧盟总共向博茨瓦纳提供了31.18亿普拉的官方发展援助，包括贷款和赠款。2002～2007年，欧盟给博茨瓦纳2.26亿普拉的发展援助，用于保护自然资源、防治艾滋病和促进贸易发展。此外，欧盟还向博茨瓦纳提供3.02亿普拉的应急款项，作为发生重大自然灾害时的紧急援助。

博茨瓦纳向欧盟的成员国出口牛肉，出口值占博茨瓦纳总出口值的7.9%（2003年）。根据《科托努协定》，博茨瓦纳产品进入欧盟国家免税并不受配额限制。

6. 与南部非洲发展共同体（萨达克）的关系（见本章第一节）

7. 与"非洲全球联盟"的关系（见本章第一节）

第十节　博茨瓦纳对重大国际问题的态度

1. 关于联合国改革

博茨瓦纳赞成联合国进行改革，支持非统组织（今非洲联盟）关于安理会改革的建议，不结盟运动关于

联合国改革的立场和联合国秘书长安南的改革报告；认为联合国安理会常任理事国席位至少应增加到 11 席，以确保代表权的平等；安理会工作方法和程序应民主化，应更具有透明度；应对否决权的使用加以限制，最后逐渐取消否决权；应保证发展中国家在安理会的代表权。

2. 关于南北关系

博茨瓦纳认为，南北关系中最重要的问题是使全球化成为所有国家和人民促进发展的有效工具。南方国家拥有全球 2/3 的人口，有能力影响全球化的步骤和发展方向。要求发达国家减免最不发达国家的债务，建立国际经济新秩序并希望发达国家减少军费开支，增加对最不发达国家的援助。

3. 关于南南合作

博茨瓦纳认为，南南合作是发展中国家之间进行技术转让的有效途径，应继续挖掘发展中国家的技术能力，使各国分享技术。南南合作是有成效的，发展中国家在医疗卫生和农业等方面的合作是有益的。在当前形势下，南南合作需要建立一种新型的伙伴关系，经济发展较快的国家应向其他发展中国家传授有关知识和经验，应加强南南地区和次区域的合作，使各个发展中国家能从世界经济发展中受益。

4. 关于经济全球化

博茨瓦纳认为，没有任何国家能抗拒经济全球化的猛烈冲击，特别是第三世界国家。它们对全球化别无选择，只能加入其中。经济全球化规则只有利于那些强国和富国。第三世界国家对国际贸易规则的决策毫无影响力，但却要遵守并按那些规则行事。应改革世界贸易组织、世界银行和国际货币基金组织的工作，使它们能为发展中国家参与经济全球化进程并从中受惠提供一个全球框架。

5. 关于中东问题

博茨瓦纳认为，中东问题的核心是巴勒斯坦问题；承认巴勒斯坦解放组织是巴勒斯坦人民的合法代表，同时承认以色列有生存的权利；主张尽快地政治解决中东问题；认为阿拉伯国家之间以及阿拉伯人和犹太人之间存在着和解条件；以色列和阿拉伯国家都应权衡利弊，认识到只有和解才能生存。

主要参考文献

一 英文图书

Thomas, Tlou & Campbell, Alec, Botswana: *History of Botswana*, Macmillan Botswana, 2000.

R. M. K., Silitshena & Mcleod, G., Botswana: *Botswana-A Physical, Social and Economic Geography*, Longman Botswana (Pty) Ltd, Gaborone, 1990.

The Publicity Unit of the Botswana Department of Information and Broadcasting, Gaborone: Botswana: *An Official Handbook 1999*, Gaborone.

Constitution of Botswana.

Peter, Ginn, South Africa: *Birds of Botswana*, Chris van Rensburg Publications (Pty) Ltd., Johannesburg, South Africa, 1981.

The Botswana Government Infomation Services, Gaborone: *Mining in Botswana*, the Govenment Printer, 1982.

Department of Trade and Investment Promotion, Ministry of Commerce and Industry, Gaborone: *Botswana Export Directory* (*1997 ~ 1999*), Printing & Publishing Company Botswana.

Botswana Ministry of Commerce and Industry, Gaborone:

Botswana -A Land of Opportunity, Gaborone, 1992.

Botswana Department of Tourism, Gaborone: *Botswana's Finest Arts & Crafts*, 2003.

Christopher C. L., Calclough & McCarthy, Stephen: *The Political Economy of Botswana*, Oxford University Press, New York, 1980.

Selebi-Phikwe Regional Development Project & the Trade and Investment Promotion Agency of the Ministry of Commerce and Industry, Botswana: *Selebi-Phikwe, Botswana*, 1982.

二 英文报刊

Daily News: Botswana.

Discover Botswana (2003 ~ 2005): Botswana Department of Tourism, Gaborone.

Annual Report (2003 ~ 2005): Botswana Central Statistics Bureau, Gaborone.

Annual Report (2003 ~ 2005): Bank of Botswana, Gaborone.

Central Elections Report (2001 and 2004): Government of Botswana.

Know Botswana (2003 ~ 2005): Botswana Embassy, Beijing, China.

I. F. S. C. Bulletin (Guarterly): Botswana Internaitional Financial Service Centre, Gaborone, 2003.

Phatsimo: Debswana Group Magazine, Debswana House, Gaborone, 2003.

Bajanala (*A Tourist Guide to Botswana*) *Volume 5*: Botswana Department of Tourism, Gaborone.

New African (April 2002 and 2005): I C Publications, London.

African Research Bulletin (*Economic, Financial and Technical Series*): Blackwell Publishers Ltd. , Oxford, England.

三　中文图书

王晓明主编《世界各国议会全书》，世界知识出版社，2001。

葛佶主编《简明非洲百科全书》（撒哈拉以南），中国社会科学出版社，2000。

陈公元、唐大盾、原牧主编《非洲风云人物》，世界知识出版社，1989。

刘月平、蒋宝恩主编《世界各国经济概况》，经济科学出版社，2001。

非洲教育概况编辑组编《非洲教育概况》，中国旅游出版社，1997。

《不列颠百科全书》国际中文版，北京，1999。

黄泽全编著《话说非洲》和《认识非洲》，北京，京华出版社，1998。

《2003 年世界军事年鉴》，解放军出版社，2003。

《外国风俗事典》，四川辞书出版社，1988。

《非洲岩石艺术》，上海人民美术出版社，1982。

《非洲音乐》，人民音乐出版社，北京，1982。

现代国际关系研究所世界人物研究室编《现代非洲名人录》，时事出版社，1987。

《列国志》已出书书目

2003 年度

吴国庆编著《法国》

张健雄编著《荷兰》

孙士海、葛维钧主编《印度》

杨鲁萍、林庆春编著《突尼斯》

王振华编著《英国》

黄振编著《阿拉伯联合酋长国》

沈永兴、张秋生、高国荣编著《澳大利亚》

李兴汉编著《波罗的海三国》

徐世澄编著《古巴》

马贵友主编《乌克兰》

卢国学编著《国际刑警组织》

2004 年度

顾志红编著《摩尔多瓦》

赵常庆编著《哈萨克斯坦》

张林初、于平安、王瑞华编著《科特迪瓦》

鲁虎编著《新加坡》

王宏纬主编《尼泊尔》

王兰编著《斯里兰卡》

孙壮志、苏畅、吴宏伟编著《乌兹别克斯坦》

徐宝华编著《哥伦比亚》

高晋元编著《肯尼亚》

王晓燕编著《智利》

王景祺编著《科威特》

吕银春、周俊南编著《巴西》

张宏明编著《贝宁》

杨会军编著《美国》

王德迅、张金杰编著《国际货币基金组织》

何曼青、马仁真编著《世界银行集团》

马细谱、郑恩波编著《阿尔巴尼亚》

朱在明主编《马尔代夫》

马树洪、方芸编著《老挝》

马胜利编著《比利时》

朱在明、唐明超、宋旭如编著《不丹》

李智彪编著《刚果民主共和国》

杨翠柏、刘成琼编著《巴基斯坦》

施玉宁编著《土库曼斯坦》

陈广嗣、姜琍编著《捷克》

2005 年度

田禾、周方冶编著《泰国》

高德平编著《波兰》

刘军编著《加拿大》

张象、车效梅编著《刚果》

徐绍丽、利国、张训常编著《越南》

刘庚岑、徐小云编著《吉尔吉斯斯坦》

刘新生、潘正秀编著《文莱》

孙壮志、赵会荣、包毅、靳芳编著《阿塞拜疆》

孙叔林、韩铁英主编《日本》

吴清和编著《几内亚》

李允华、农雪梅编著《白俄罗斯》

潘德礼主编《俄罗斯》

郑羽主编《独联体（1991～2002）》

安春英编著《加蓬》

苏畅主编《格鲁吉亚》

曾昭耀编著《玻利维亚》

杨建民编著《巴拉圭》

贺双荣编著《乌拉圭》

李晨阳、瞿健文、卢光盛、韦德星编著《柬埔寨》

焦震衡编著《委内瑞拉》

彭姝祎编著《卢森堡》

宋晓平编著《阿根廷》

张铁伟编著《伊朗》

贺圣达、李晨阳编著《缅甸》

施玉宇、高歌、王鸣野编著《亚美尼亚》

董向荣编著《韩国》

2006 年度

章永勇编著《塞尔维亚和黑山》

李东燕编著《联合国》

杨灏城、许林根编著《埃及》

李文刚编著《利比里亚》

李秀环编著《罗马尼亚》

任丁秋、杨解朴等编著《瑞士》

王受业、梁敏和、刘新生编著《印度尼西亚》

李靖堃编著《葡萄牙》

钟伟云编著《埃塞俄比亚　厄立特里亚》

赵慧杰编著《阿尔及利亚》

王章辉编著《新西兰》

张颖编著《保加利亚》

刘启芸编著《塔吉克斯坦》

陈晓红编著《莱索托　斯威士兰》

汪丽敏编著《斯洛文尼亚》

张健雄编著《欧洲联盟》

国际形势黄皮书
2007 年：全球政治与安全报告
（附 SSDB 光盘）

李慎明　王逸舟　主编
2007 年 1 月出版　39.00 元
ISBN 978-7-80230-381-2/D·079

本书在总结 2006 年全球安全形势时，提出了三大现象：超级大国美国的持续受挫、"新两极对抗"的若隐若现、全球范围核扩散危险不断加剧。围绕三大现象全书分别从美国政治、全球武装冲突、地区政治（俄罗斯的强势复兴）核不扩散问题研究、联合国研究等角度展开了深入翔实的分析，在此基础上得出了关于 2007 年的政治形势发展的一系列结论，包括美国的 9.11 后遗症何时解脱？伊朗和朝鲜两场核危机怎样发展？全球范围美国主导的格局与各种反美势力之间的斗争何以进行等等。

世界经济黄皮书
2006～2007 年：世界经济形势分析与预测
（附 SSDB 光盘）

王洛林　李向阳　主编
2007 年 1 月出版　39.00 元
ISBN 978-7-80230-383-6/F·100

由中国社科院世界经济与政治研究所专家学者编写的《世界经济黄皮书》无疑是国内这一领域的权威著作，全书从国别与地区、专题、热点等角度系统地分析了 2006 年世界经济发展状况，并对 2007 年的发展形势做出了预测，书后还附有 2006-2007 年世界经济统计资料。

国际形势黄皮书
中东非洲发展报告 No.8（2004~2005）：防范
石油危机的国际经验
（附 SSDB 光盘）

杨 光 主编
2005 年 10 月出版　38.00 元
ISBN 7-80190-734-5/F·228

　　本书汇集了国内中东非洲问题研究的专家、学者的最新研究成果。他们对石油价格节节攀升后的中东政治形势、经济形势及国际环境的回顾、分析，以及对未来这些地区发展情况的预测，全面翔实而又客观公正。本年度报告以"防范石油危机的国际经验"为研究重点，约 30 万字。随着进入 21 世纪，石油危机的阴影再度出现，2004 年以来世界石油产量已经接近现有生产能力的极限。世界能源安全又一次面临着严峻考验，防范石油危机再次成为摆在人们面前的重大课题。本报告的目的，就是归纳世界上防范石油危机的既有经验，并对防范石油危机的战略作进一步探讨。

非洲一体化与中非关系

罗建波 著
2006 年 12 月出版　28.00 元
ISBN 7-80230-325-7/D·065

　　本书主要有两大特点，一是从全球化和非洲民族主义的角度阐释非洲一体化的历史、现实及其内涵，全面解读了非洲一体化面临的若干问题及非洲一体化的未来发展出路，二是将半个世纪中非关系的发展与非洲一体化进程相结合，深入探讨了中非关系在内容与形式上的调整，以及未来中国对非多边外交政策的基本框架。本书有助于丰富和完善我们对"非洲发展问题"、"南北问题"、"地区一体化"等理论问题的深入理解，有助于我们从新的视角解读中非关系的历史变迁与未来发展。

全球化时代的国际政治理论

李云霞　靳利华　著

2005 年 8 月出版　25.00 元

ISBN 7-80190-733-7/D·228

　　本书从全球化的视角，重点审视西方国际政治理论、马克思主义国际政治理论和发展中国家国际政治理论的发展变化，以战争与和平、合作与冲突、强权与民主为中心论述了国际政治演变、发展的规律，从而揭示了全球化时代国际政治理论的新走向。

埃及现代化与政治稳定

毕健康　著

2005 年 11 月出版　38.00 元

ISBN 7-80190-812-0/D·243

　　该书可以说是首次系统全面地研究当代埃及政治问题的一本专著，命题有所创新，论点系统全面，涉及了与埃及政治稳定有关的方方面面的问题，不仅对深入进行埃及问题的研究有较大参考价值，而且对研究当代恐怖主义产生的根源及如何实现政治稳定问题也有一定的参考价值。

社会科学文献出版社网站

www.ssap.com.cn

1. 查询最新图书　　2. 分类查询各学科图书
3. 查询新闻发布会、学术研讨会的相关消息
4. 注册会员，网上购书

　　本社网站是一个交流的平台，"读者俱乐部"、"书评书摘"、"论坛"、"在线咨询"等为广大读者、媒体、经销商、作者提供了最充分的交流空间。

　　"读者俱乐部"实行会员制管理，不同级别会员享受不同的购书优惠（最低7.5折），会员购书同时还享受积分赠送、购书免邮费等待遇。"读者俱乐部"将不定期从注册的会员或者反馈信息的读者中抽出一部分幸运读者，免费赠送我社出版的新书或者光盘数据库等产品。

　　"在线商城"的商品覆盖图书、软件、数据库、点卡等多种形式，为读者提供最权威、最全面的产品出版资讯。商城将不定期推出部分特惠产品。

咨询/邮购电话：010-65285539　　邮箱：duzhe@ssap.cn
网站支持（销售）联系电话：010-65269967　　QQ：168316188　　邮箱：service@ssap.cn
邮购地址：北京市东城区先晓胡同10号　社科文献出版社市场部　邮编：100005
银行户名：社会科学文献出版社发行部　　开户银行：工商银行北京东四南支行　　账号：0200001009066109151

图书在版编目（CIP）数据

博茨瓦纳/徐人龙编著. - 北京：社会科学文献出版社，
2007.2
（列国志）
ISBN 978 - 7 - 80230 - 451 - 2

Ⅰ. 博⋯ Ⅱ. 徐⋯ Ⅲ. 博茨瓦纳 - 概况 Ⅳ. K947.6

中国版本图书馆 CIP 数据核字（2006）第 160593 号

博茨瓦纳（Botswana） ·列国志·

编 著 者／徐人龙
审 定 人／陈宗德　张世华　温伯友

出 版 人／谢寿光
出 版 者／社会科学文献出版社
地　　址／北京市东城区先晓胡同 10 号　（邮政编码：100005）
网　　址／http://www.ssap.com.cn
网站支持／(010) 65269967
责任部门／《列国志》工作室　　 (010) 65232637
电子信箱／bianjibu@ssap.cn
项目经理／宋月华
责任编辑／李正乐
责任校对／李　衎
责任印制／盖永东

总 经 销／社会科学文献出版社发行部
　　　　　 (010) 65139961　65139963
经　　销／各地书店
读者服务／市场部　 (010) 65285539
法律顾问／北京建元律师事务所
排　　版／北京中文天地文化艺术有限公司
印　　刷／北京智力达印刷有限公司

开　　本／880×1230 毫米　1/32 开
印　　张／10.25
字　　数／240 千字
版　　次／2007 年 2 月第 1 版　2007 年 2 月第 1 次印刷

书　　号／ISBN 978 - 7 - 80230 - 451 - 2/K · 059
定　　价／25.00 元

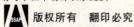

《列国志》主要编辑出版发行人

出　版　人　谢寿光

总　编　辑　邹东涛

项目负责人　杨　群

发　行　人　王　菲

编辑主任　宋月华

编　　　辑　（按姓名笔画为序）

　　　　　　朱希淦　杨　群　宋月华

　　　　　　陈文桂　李正乐　周志宽

　　　　　　范明礼

封面设计　孙元明

内文设计　熠　菲

责任印制　盖永东

编　　务　李　敏

编辑中心　电话：65232637

　　　　　　网址：ssdphzh_cn@sohu.com